An einem Wochenende den Garten verschönern

Susanna Longley

An einem Wochenende den Garten verschönern

Neue zeitsparende Ideen

Bechtermünz Verlag

Originaltitel: The Weekend Gardener
Zuerst veröffentlicht in London
durch The Reader's Digest Association Limited

Deutsche Erstausgabe

Produktion der deutschen Ausgabe:
DER BUCHMACHER, Arthur Lenner, München
Übersetzung: Feryal Kanbay, München
Redaktionelle Bearbeitung der deutschen Ausgabe:
Elke Hesse, München
Umschlaggestaltung: Studio Höpfner-Thoma, München
Umschlagmotiv (Hintergrund): Staudenbeet (© Strauß/Perder)
Gesamtherstellung: LEGO SpA
Printed in Italy
ISBN 3-8982-1529-9

Inhalt

Planen Sie Ihren Freizeitgarten

Ob wir es gerne hören oder nicht, die meisten von uns sind »Freizeitgärtner«. Die Gartenarbeit muß in der Regel in wenigen sehr entspannenden Stunden erledigt sein – neben anderen Alltagsbeschäftigungen wie Einkaufen, Hausarbeit sowie Freizeit mit der Familie und Freunden. Aber Zeitmangel bedeutet nicht auch Mangel an Qualität. Sie müssen Ihren Garten nur so anlegen, daß er Ihren Wünschen und Möglichkeiten gerecht werden kann.

Dieses Buch soll Ihnen dabei helfen. Die meisten Gartenbücher sind zu ehrgeizig: Sie tun so, als ob jeder Gartenfreund am Zeichenbrett eine neue Anlage entwerfen, dazu sämtliche Pflanzen ausreißen und den Garten völlig neu gestalten müßte. Aber nur wenige Menschen haben die Zeit, die Kraft und die Möglichkeit dazu. *An einem Wochenende den Garten verschönern* zeigt Ihnen, wie Sie durch eine Reihe von kleinen und schnell zu realisierenden Ideen bereits bestehende Gestaltungselemente aufwerten können, ohne dabei den ganzen Garten umgraben zu müssen.

Stellen Sie sich zunächst einmal die folgenden Fragen, um zu wissen, was Sie von Ihrem Garten erwarten:

Wieviel Zeit habe ich für die Gartenarbeit?

Wenn Sie nur einige Stunden in der Woche für Gartenarbeit erübrigen können, brauchen Sie einfache Ideen, die innerhalb weniger Stunden realisiert werden können und pflegeleichte Pflanzen, die sich in dieser Umgebung wohl fühlen. Alle Gestaltungsvorschläge in diesem Buch sind schnell zu verwirklichen und lassen Ihnen genügend Zeit zum Entspannen und um das Ergebnis Ihrer Arbeit zu genießen.

Schnell und einfach

Passen Sie Ihre Gartengestaltung der Zeit an, die Ihnen zur Verfügung steht. Gefäße sind eine schnelle Möglichkeit, große und blühende Pflanzen in den Garten zu integrieren.

Gartenarbeit macht Spaß!

Ob Sie es lieben, stundenlang herumzuwerkeln (oben) *oder schnelle und einfache Ideen mit sofortigem Ergebnis bevorzugen, wie zum Beispiel einen Topf bepflanzen* (rechts): An einem Wochenende den Garten verschönern *bietet viele Anregungen.*

Welche Gartenarbeit macht mir Freude?

Werkeln Sie gerne herum, machen Ihre Hände schmutzig und setzen am liebsten zu jeder Jahreszeit andere Pflanzen ein –, oder bevorzugen Sie eine dauerhafte Bepflanzung, die einmal vorgenommen, nur noch etwas Pflege braucht? Ist Rasenmähen für Sie die richtige Entspannung am Wochenende, oder ist schon der Gedanke, am Samstagmorgen das Gras schneiden zu müssen, ein Greuel für Sie? Machen Sie eine Liste von den Gartenarbeiten, die Sie gerne tun und die Sie nicht mögen; Ihren Garten sollten Sie dann nach diesen Gesichtspunkten verschönern, so daß Sie die größtmögliche Freude an der Arbeit haben. Bevor Sie einen der Vorschläge in diesem Buch in Angriff nehmen, sollten Sie die Abschnitte *Planung und Anlage* sowie *Pflege* (*siehe Seite 11*) durchlesen – und wenn Ihnen das Projekt nicht behagt, dann lassen Sie es einfach!

Wie will ich meinen Garten nutzen?

Ist Ihr Garten in erster Linie ein Ort zum Entspannen? In diesem Fall sollten attraktive Pflanzen, die wenig Pflege erfordern, im Vordergrund stehen. Ist der Garten aber eher ein Bereich, in dem die Kinder spielen, dann dürfte

Gestalten Sie einen Garten, der Ihren Bedürfnissen entspricht

Statt sich zum Sklaven von Ideen anderer Menschen zu machen, wie ein Garten auszusehen hat, gestalten Sie Ihren Garten nach Ihrem Geschmack und Stil. Ob Sie einen Vorzeigegarten mit üppig bepflanzten Beeten anlegen wollen (oben) *oder nur einen Ort brauchen, wo Sie die Sonne genießen und entspannen können* (links), *bleibt Ihnen überlassen.*

eine große Rasenfläche, die von robusten Sträuchern und Bodendeckern umgeben wird, denen Kinderfüße nichts anhaben können, die beste Lösung sein. Auch hier sollten Sie nach eigenen Wünschen und Bedürfnissen vorgehen und nicht etwas Unpassendes gestalten.

Denken Sie auch voraus, denn die Bedürfnisse werden sich mit der Zeit ändern. Wenn die Kinder groß sind, können Sie die Spielwiese bepflanzen oder sie in einen gepflasterten Bereich umgestalten. Als Rentner werden Sie wahrscheinlich mehr Freizeit haben, und das gepflegte Beet, von dem Sie schon immer geträumt haben, kann vielleicht bald realisiert werden. Die Vorschläge in diesem Buch bieten Ihnen viele Möglichkeiten für einfache und schnelle Veränderungen in Ihrem Garten.

Wie kann mein Garten schöner werden?

Wählen Sie Pflanzen aus, die unter den gegebenen Bedingungen in Ihrem Garten gut gedeihen – zum Beispiel schattenliebende Pflanzen für einen Schattenplatz. Dadurch wird die Gartenarbeit für Sie als Freizeitgärtner einfacher, denn Pflanzen, die sich wohl fühlen, brauchen weniger Pflege. Das Kapitel über *Praktisches Gärtnern* (*Seite 12–51*) zeigt Ihnen, wie man Bodenanalysen vornimmt. Bei jedem Projekt wird angegeben, für welche Bedingungen es geeignet ist. Wenn Sie andere Pflanzen als die vorgeschlagenen einsetzen wollen, können Sie die Pflanzenliste auf den Seiten 182–185 zu Hilfe nehmen. Ergänzen Sie diese Informationen zusätzlich durch ein gutes Pflanzenlexikon und lesen Sie die Begleitinformation bei den gekauften Pflanzen gut durch.

Mit einer Checkliste Ihrer Gartenwünsche und -bedingungen können Sie jetzt viel besser einschätzen, welche Gestaltungsideen in *An einem Wochenende den Garten verschönern* Ihren Bedürfnissen entsprechen.

Pflanzen, die zu Ihrem Gartentyp passen

In dem Kapitel Praktisches Gärtnern (Seite 12–51) *wird erklärt, wie Sie Ihren Gartenboden analysieren können, damit Sie die richtigen Pflanzen und Anlagen für eine erfolgreiche Bepflanzung auswählen können.*

Über dieses Buch

An einem Wochenende den Garten verschönern beginnt mit einer kurzen Einführung über Grundlagen des Gärtnerns, in der Sie erfahren, wie man den Boden verbessert, wie man Samen aussät, Zwiebeln einsetzt, den Garten gießt sowie über allgemeine Pflegemaßnahmen wie den Pflanzschnitt nachlesen können. Benützen Sie dieses Kapitel zum Nachschlagen, wenn Sie einmal nicht ganz sicher sein sollten. Die Schritt-für-Schritt-Anleitungen in diesem Buch verweisen auf dieses erste Kapitel, wenn es sich um Routinearbeiten handelt.

Am Ende dieses Kapitels finden Sie einen Jahreskalender für den Freizeitgärtner. Hier erfahren Sie, welche Routinearbeiten im Garten während eines Jahres zu erledigen sind. Wenn Sie nur wenig Zeit haben, ist die Vorausplanung sehr wichtig. Studieren Sie diesen Kalender jeden Monat; er wird Sie daran erinnern, was Sie tun müssen. Wenn Sie die notwendigen Dinge zum richtigen Zeitpunkt erledigen, werden Sie langfristig viel Zeit sparen: Schneiden Sie die Sträucher in der richtigen Jahreszeit, werden diese immer ordentlich aussehen und üppig

Kapitel: Praktisches Gärtnern

Dieses Kapitel (Seite 12–51) *informiert Sie schnell und übersichtlich über die wichtigsten praktischen Dinge, die Sie als Freizeitgärtner wahrscheinlich brauchen werden.*

Schritt-für-Schritt-Anleitungen in Bildern
Detaillierte Fotos und Angaben helfen jedem Freizeitgärtner, alle Arbeitsabläufe im Garten leicht nachzuvollziehen.

PRAKTISCHES GÄRTNERN

Mulchen

Als Mulchen bezeichnet man das Abdecken des Bodens mit organischem Material oder synthetischen Mulchfolien, um die Bodenfeuchtigkeit länger zu erhalten, Unkrautwuchs zu unterdrücken oder Erosion zu verhindern. Mulchen bedeutet Zeitersparnis: Sie müssen während der Wachstumsperiode nicht so häufig gießen und Unkraut entfernen. Das Mulchmaterial kann in loser Form um die Pflanzen aufgetragen oder in Form von Folien vor dem Einpflanzen ausgelegt werden. Das organische Mulchmaterial sollte unkrautfrei sein.

Die beste Zeit zum Mulchen ist, wenn der Boden sich erwärmt und viel Feuchtigkeit enthält. Wird das Mulchmaterial auf einen kalten Boden gegeben, wirkt es isolierend, und der Boden bleibt kalt, da die Sonnenstrahlen nicht die Erde erreichen; die Pflanzen können nicht richtig gedeihen. Organisches Mulchmaterial kann nach etwa sechs Monaten unter die Erde gemischt werden, um die Bodenstruktur zu verbessern.

Unkrautbekämpfung durch Mulchen

Mit Mulchfolien aus Kunststoff können auch große Flächen, die starkes Unkrautwachstum aufweisen, von den lästigen Gewächsen befreit werden. Sie können auch alte Teppiche oder lagenweise Zeitungspapier nehmen.

Die Kanten der Folien werden in kleine Erdvertiefungen eingeschlagen und so befestigt (*siehe nächste Seite*). Lassen Sie die Folien etwa ein Jahr liegen, entfernen Sie sie anschließend und graben Sie den Boden um. Dadurch werden Sie sogar das hartnäckigste Unkraut los, da dieses kein Licht bekommt.

Mulchmaterialien

Welche Art von Mulchmaterial Sie aussuchen, hängt von den Faktoren Kosten, Beständigkeit und Aussehen ab. Mulchfolien aus Kunststoff können zusammen mit einer dünnen Schicht von organischem Material aufgelegt werden, damit es besser aussieht. Loses Mulchmaterial muß mindestens 5 cm dick sein, damit das Unkraut nicht herauswachsen kann.

Gartenkompost Er kostet zwar nichts, aber Sie können wahrscheinlich keine ausreichenden Mengen produzieren. Auch gehäckseltes Schnittgut von Gehölzen und Rasenschnitt ist geeignet (kann aber Unkrautsamen enthalten).

Kakaoschalen Dieses Abfallprodukt der Schokoladenindustrie eignet sich als Mulchmaterial für kleinere Pflanzen. Es ist teuer und nicht beständig, sieht aber dekorativ aus und ist einfach auszubringen.

Kies Kies ist sehr dekorativ für Beete und Wege und hält die Feuchtigkeit lange, aber das einjährige Unkraut kann durchwachsen. Es gibt verschiedene Korngrößen und Farben. Sehr feiner Kies wird von Katzen gerne als Toilette benutzt.

Gewebte Kunststoffolie Dieses Material ist relativ teuer, aber sehr effektiv und beständig. Es kann als Unterlage für Wege verwendet werden.

Spezielles Vlies Es wird speziell zum Mulchen hergestellt und ist leicht zu handhaben und zu schneiden. Es ist wasser- und luftdurchlässig. Es ist teuer, aber auch sehr effektiv.

Schwarze Folie Sie ist billiger, aber schwieriger zu legen als Mulchfolien. Die Beständigkeit hängt von der Folienstärke ab.

Rindenmulch Prüfen Sie vor dem Kauf die Qualität nach, da es große Unterschiede geben kann. Nehmen Sie lieber echte Rindenschnitzel als Holzhäcksel. Sie sind dekorativer. Die Beständigkeit hängt von der Größe ab.

22

MULCHEN

Rindenmulch auftragen

1 Entfernen Sie das Unkraut. Bringen Sie bei Bedarf Universaldünger aus und wässern Sie den Boden.

2 Legen Sie anschließend eine 5 cm hohe Schicht Rindenmulch auf.

Kakaoschalen als Mulchmaterial

1 Entfernen Sie das Unkraut und bringen Sie bei Bedarf Dünger aus. Wässern Sie den Boden, wenn er trocken ist.

2 Verteilen Sie die Kakaoschalen etwa 5 cm hoch. Wässern Sie, um sie zu binden und vor dem Wegschwemmen zu schützen.

TIPS ZUM MULCHEN

- Decken Sie das Substrat von Kübelpflanzen mit Mulchmaterial ab, um die Feuchtigkeit zu halten. Kieselsteine und Kies sehen sehr dekorativ aus.
- Wenn Sie einen Baum in die Rasenfläche einsetzen, entfernen Sie das Gras in der Umgebung und legen Sie eine runde Mulchfolie auf.
- Wenn Sie die Pflanzenreste aus Ihrem Garten kompostieren, haben Sie jederzeit billiges Mulchmaterial zur Hand: Rasenschnitt, gehäckseltes Holzschnittgut, Laub und Gartenkompost eignen sich hervorragend zum Mulchen.
- Kaufen Sie Mulchmaterial in großen Mengen, um Geld zu sparen.

VERLEGEN VON MULCHFOLIE

Mulchfolien können auf neu angelegten Beeten oder unbebauten Flächen ganz einfach verlegt werden. Sie können schnell kaschiert werden und bieten die Möglichkeit, große Bereiche schnell zu mulchen.

1 Entfernen Sie das Unkraut und bereiten Sie den Boden vor. Legen Sie die Folie auf. Geben Sie einen Sprühschlauch unter die Folie, falls das Wässern später problematisch werden sollte.

2 Schlagen Sie die Folienkanten ein. Heben Sie V-förmige Gräben aus und schieben Sie die Kanten der Folie mit der Hand in die Erde.

3 Schneiden Sie die Folie mit einem Messer kreuzförmig auf. Schlagen Sie die Ecken zurück und graben Sie ein Loch in die Erde.

4 Setzen Sie die Pflanze ein und drücken Sie die Erde fest. Es ist wichtig, daß die Wurzeln ausreichend tief im Boden sitzen.

5 Im Ziergartenbereich wird die Folie mit dekorativem Rindenmulch abgedeckt. Spezielle Mulchfolien sind relativ teuer, aber sehr stabil.

23

Werkzeug und Material
Farbfotos von Gartenwerkzeug und -material finden Sie in allen Abschnitten, so daß Sie danach Ihr eigenes Werkzeug zusammenstellen können.

Tips
In übersichtlichen Kästen finden Sie nützliche Tips, die Ihnen weiterhelfen werden.

wachsen; lassen Sie sich damit aber ein oder zwei Jahre Zeit, werden Sie anschließend ganz schön viel zu tun haben. Wenn Sie die Gartenarbeit vorausplanen, sollten Sie diese auf mehrere Wochenenden verteilen und nicht versuchen, alles an einem Tag zu erledigen.

An einem Wochenende den Garten verschönern ist auf einer Reihe von projektbezogenen Kapiteln aufgebaut. Ein System von Querverweisen hilft Ihnen zu entscheiden, welcher Vorschlag am besten zu Ihrem Garten paßt. Alle Gestaltungsideen sind so konzipiert, daß sie in der Regel an einem Wochenende zu realisieren sind; für viele von ihnen benötigen Sie nur wenige Stunden.

Jedes der ersten fünf Kapitel von *Gefäße* bis *Beete und Rabatten* beginnt mit einer Reihe von Fragen, die allgemeine Gartenprobleme ansprechen. Einige dieser Probleme haben eher gestalterischen Charakter (z. B. »Hat Ihr Rasen eine strenge, geometrische Form?«), während andere sich auf gärtnerische Fragen beziehen (z. B. »Haben Sie einen großen Baum, unter dem nichts gedeihen will?«). Sie werden dann an ein spezifisches Projekt auf den folgenden Seiten verwiesen. Diese Seiten sollen eine Hilfestellung sein, aber auch zur Inspiration dienen. Sie werden Ihnen Möglichkeiten vor Augen führen, an die Sie vielleicht nie gedacht hätten.

Frage- und Antwort-Seiten

Diese Seiten sind eine Besonderheit dieses Buches. Typische Probleme, die in jedem Garten auftreten können, werden hervorgehoben und sollen Ihnen bei der Auswahl der Gestaltungsideen für Ihren Garten behilflich sein.

Typische Gartenprobleme
Die Fragen betreffen typische Gartenprobleme oder -situationen, die auch in Ihrem Garten auftreten können.

MAUERN, ZÄUNE UND HECKEN

Ideen für Mauern, Zäune und Hecken

Die Begrenzungen Ihres Gartens nach außen – Mauern, Zäune und Hecken – bilden den Rahmen für all die Pflanzen, die innen zur Geltung kommen sollen. Sie sind auch nützlich für das Mikroklima in Ihrem Garten, denn sie sorgen für Schutz und Schatten und sind wichtig für die Entscheidung, welche Pflanzentypen Sie einsetzen. Bei der Auswahl der Pflanzen sollten Sie aber nicht nur deren Lagebedingungen beachten, sondern auch ästhetische Aspekte – ob Ihre Pflanzen mit den Begrenzungen in Farbe und Struktur harmonieren oder einen Kontrast dazu bilden.

Viele Leute übersehen, daß Mauern, Zäune und Hecken auch dazu dienen können, den Garten in verschiedene Bereiche zu teilen oder einen Platz zu schaffen, an dem man die Nachmittagssonne genießen kann.

Die Fragen und Antworten auf diesen beiden Seiten zeigen Ihnen Möglichkeiten, wie Sie Ihre Zäune, Mauern und Hecken verschönern oder passende Begrenzungen neu gestalten können. Auf den folgenden Seiten finden Sie Beispiele mit Schritt-für-Schritt-Anleitungen sowie Vorschläge für Pflanzen, die sich vielleicht auch für Ihren Garten eignen.

? Wirkt Ihr Garten zu weitläufig?

Setzen Sie Trennhilfen mitten im Garten ein, um verschiedene Bereiche zu schaffen, und machen Sie Ihren Garten dadurch interessanter. *Rechts:* Dieser Gartenbereich ist umgeben von einer 2,1 m hohen Eibenhecke. Die Margeriten passen gut zu der weißen Statue.
SIEHE *Den Garten teilen, Seite 110; Architektonische Hecken, Seite 114.*

? Sieht Ihr Gartenzaun etwas baufällig aus?

Mit etwas handwerklichem Geschick können Sie einen schönen Zaun bauen, der auch einen passenden Rahmen für Ihre Pflanzen bildet.
SIEHE *Gartenzäune, Seite 118.*

100

IDEEN FÜR MAUERN, ZÄUNE UND HECKEN

? Umgeben hohe Gebäude Ihren Garten?

Erhöhen Sie Ihre Mauern oder Zäune (erkundigen Sie sich beim Bauamt), und lassen Sie das Ganze von attraktiven Kletterpflanzen bewachsen. *Oben:* Ein Spalier, bewachsen mit der schönen Kletterrose *Rosa* 'Handel', erhöht die Mauer und schützt den Garten vor neugierigen Blicken.
SIEHE *Mauer oder Zaun mit Spalier, Seite 104.*

? Bildet Ihre Hecke eine einfarbige Fläche?

Pflanzen Sie eine blühende Heckenpflanze, oder setzen Sie eine Reihe blühender Kletterpflanzen ein, die für Farbvielfalt sorgen. *Oben:* An der gestutzten dunkelgrünen Eibe klettert eine feuerrote Kapuzinerkresse empor.
SIEHE *Farbe für grüne Hecken, Seite 108; Eine Hecke als Abgrenzung, Seite 112.*

? Sehen Ihre Beetränder unordentlich aus?

Pflanzen Sie eine Mini-Hecke als Beeteinfassung ein. *Links:* Diese Miniatur-Buchsbaumhecke bildet eine ordentliche Beeteinfassung und versteckt die kahlen Rosenstämme. Steingarten-Gänseblümchen und Katzenminze fließen über die Mauer vor der Mini-Hecke.
SIEHE *Beeteinfassungen, Seite 116.*

? Wird Ihr Garten von einer kahlen und langweiligen Mauer umgeben?

Verwenden Sie Spaliere, an denen Kletterpflanzen hochwachsen, um eine kahle Wand zu beleben. Wenn der Platz sonnig ist, können Sie hier einen duftenden Sitzplatz einrichten.
SIEHE *Verschönern von kahlen Mauern, Seite 102; Pflanzen für eine Sonnenwand, Seite 106.*

101

Schnelle und einfache Antworten
Die Lösung für jedes Problem bietet Ihnen ein einfacher und schneller Gestaltungsvorschlag, der in der Regel an einem einzigen Wochenende zu verwirklichen ist.

Querverweise
Die Querverweise führen Sie innerhalb des jeweiligen Kapitels zu einer oder mehreren Gestaltungsideen, die Ihr Gartenproblem lösen können.

Jede Gestaltungsidee wird von einer Illustration begleitet. Hier wird gezeigt, wie die Anlage aussehen wird, wenn die Pflanzen ausgewachsen sind. In der Einführung zu jedem Vorschlag erfahren Sie, welche Lage dafür passend ist und welche Vorteile er bringt. Häufig finden Sie alternative Pflanzvorschläge, so daß Sie die gleiche Idee auch in einer anderen Lage oder Farbgebung realisieren können. *An einem Wochenende den Garten verschönern* überläßt es Ihnen, die passenden Vorschläge für Ihren Wunschgarten zu übernehmen.

Haben Sie sich entschieden, welche Idee Sie verwirklichen wollen, dann sollten Sie die Anleitung zunächst gut durchlesen, damit Sie wissen, was Sie erwartet. Wichtig ist, nicht nur zu wissen, wie man das Ganze ausführt, sondern auch die späteren Pflegemaßnahmen kennenzulernen. Fertigen Sie eine Liste mit dem notwendigen Werkzeug und Material sowie den geeigneten Pflanzen an – und schon können Sie mit der Arbeit beginnen!

Im letzten Kapitel werden spezielle Themengärten vorgestellt. Diese vier Gartentypen zählen zu den belieb-

Gestaltungsideen für den Freizeitgärtner

In diesem Buch werden etwa 50 Ideen vorgestellt, die helfen sollen, Ihren Garten an einem Wochenende zu verschönern; viele von ihnen sind innerhalb weniger Stunden zu realisieren. Alle Vorschläge werden in ausführlichen Schritt-für-Schritt-Anleitungen erklärt.

Pflanzenlisten
Diese Listen (*Seite 182–185*) sollten Sie zuerst zu Rate ziehen, wenn Sie wissen wollen, ob eine bestimmte Pflanze sich in Ihrem Garten wohlfühlen würde.

Die Vorteile von jedem Vorschlag
Der Einführungstext stellt Ihnen die Vorteile, die jeder Vorschlag Ihrem Garten bringen würde, vor. Zusätzlich erhalten Sie wertvolle Informationen zur Auswahl der Pflanzen oder Gartengestaltung.

Speziell angefertigte Zeichnungen
Anhand von farbigen Illustrationen wird veranschaulicht, wie die Pflanzvorschläge am Ende aussehen werden.

Pflanzenporträts
Nahaufnahmen in Farbe zeigen die vorgeschlagenen Pflanzen, damit sie gut zu erkennen sind.

PFLANZEN FÜR VERSCHIEDENE ZWECKE

Pflanzen für verschiedene Zwecke

BEETE UND RABATTEN

Einen Blickpunkt gestalten

Laube mit duftenden Lilien und Rosen

Eine freistehende Laube oder ein Bogengang, bewachsen mit verschiedenen Blüten, kann unterschiedlich genutzt werden: als Trennhilfe, als Rahmen für eine besondere Aussicht oder zum Kaschieren einer unschönen Stelle. Außerdem ist eine Laube ein richtiger Blickfang – ein ganz besonderes Gestaltungselement für den Garten.

Sie können den Bogengang selbst bauen, aber es ist einfacher, ihn als Fertigbauteil in einem Gartencenter zu erwerben. Es gibt verschiedene zur Auswahl – aus Holz oder Metall, preiswert oder teuer. Ist die Laube erst einmal ganz fest und sicher im Garten aufgestellt, können Sie mit dem Einsetzen der Kletterpflanzen beginnen.

Ein Bogengang ist sehr wirkungsvoll, um duftende Kletterpflanzen wie Rosen oder Geißblatt zur Geltung zu bringen. Manche Rosensorten, besonders wenn sie an Mauern oder anderen soliden Oberflächen wachsen, neigen dazu, unter feuchten Bedingungen an Mehltau zu erkranken. An einem Bogengang jedoch kann die Luft gut durch die Triebe der Pflanze zirkulieren.

Ein duftender Bogen in Rosa und Weiß

Herrlich duftende rosafarbene Rosen umschlingen den Bogengang, während die Lilientöpfe ihren Duft am Boden verströmen. Prachtstorchschnabel und Duftveilchen bedecken die Erde und verhindern das Wachstum von Unkraut.

1 Rosa Strauchrose wie *Rosa* 'New Dawn'

2 Madonnenlilie (*Lilium candidum*)

3 Pinkfarbene Kletterrose wie *Rosa* 'Zéphirine Drouhin'

4 Prachtstorchschnabel (*Geranium × magnificum*)

5 Duftveilchen (*Viola odorata*), – hier im Frühling blühend

130

testen: Kräutergärten, Naturgärten, Waldgärten und Wassergärten. Natürlich gibt es noch mehr Gartentypen, die Sie in ähnlicher Weise realisieren können. Dieses Kapitel will Sie inspirieren, auch Ihre eigenen Ideen in die Tat umzusetzen.

Schließlich finden Sie eine Auflistung von Pflanzen, die sich für besondere Lagen und Böden eignen. Wenn Sie andere Pflanzen als die in diesem Buch vorgeschlagenen einsetzen oder Ihre eigenen Pflanzideen verwirklichen wollen, sollten Sie zunächst in dieser Liste nachschauen. Sie sparen viel Zeit, wenn Sie nicht ausführlich Pflanzenbücher studieren müssen. Aber Sie können natürlich solche Bücher zusätzlich zu Rate ziehen, wenn Sie es wünschen.

Was dieses Buch Ihnen vermitteln will, ist, daß Gartenarbeit Spaß macht – und um dieses Ziel zu erreichen, sollten Sie sich vor Augen führen, daß der Garten für Sie da sein sollte und nicht umgekehrt. Entscheiden Sie nach Ihren persönlichen Vorlieben und gestalten Sie Ihren Garten so, daß Ihnen genug wertvolle Freizeit übrigbleibt. Und genießen Sie es, ein Freizeitgärtner zu sein!

Pflege
Pflegetips sollen Ihnen zeigen, wie Sie die neue Gestaltung am besten erhalten können.

Zeitbedarf
An der Zeitangabe läßt sich ablesen, wieviel Zeit ein Projekt beanspruchen wird. So können Sie Ihr Wochenende entsprechend planen.

EINEN BLICKFANG GESTALTEN

PFLEGE

- Jäten Sie regelmäßig Unkraut.
- Gießen Sie regelmäßig, besonders an heißen Tagen.
- Geben Sie den Rosen im Frühjahr Dünger zu.
- Binden Sie die Triebe der Kletterrosen an den Bogengang. Winden Sie die wachsenden Triebe um den Bogen herum.
- Entfernen Sie verwelkte Rosen.
- Schneiden Sie die Rose 'New Dawn' zurück, wenn Sie verblüht ist. Entwinden Sie Triebe und schneiden diejenigen, die Blüten getragen haben, bis auf den Haupttrieb zurück (*siehe Seite 42*). Die andere Rose ist eine Kletterrose und benötigt keinen regelmäßigen Rückschnitt. Totes Holz und unerwünschte Triebe sollten jedoch im Frühjahr entfernt werden.
- Wenn die Lilien verblüht sind, ersetzen Sie sie durch andere blühende Topfpflanzen.
- Entfernen Sie im Herbst das Fallaub und andere Abfälle, und decken Sie den Boden mit Rindenmulch ab.

Pflanzvariationen

Ein Bogen in Gold

Für einen Bogengang in Gold und Creme können Sie die gezeigten Pflanzen durch die aufgelisteten ersetzen.

1 *Rosa* 'Golden Showers'
3 *Rosa* 'Madame Alfred Carrière'
4 Frauenmantel (*Alchemilla mollis*)
5 Wilde Stiefmütterchen (*Viola tricolor*)

PLANUNG UND ANLAGE

Zeitbedarf 1 Tag

Werkzeug und Material
Fertigbauteil Bogengang • Holzhammer • Fäustel oder Gummihammer • Wasserwaage • Grabgabel • Spaten • organischer Dünger • Rindenmulch

1 Wählen Sie den Standort für den Bogengang. Messen Sie den Platz ungefähr aus, damit Sie einen passenden Bogen bauen (oder kaufen).

2 Setzen Sie die Seiten und den oberen Teil des Bogens nach Herstelleranleitung zusammen.

3 Setzen Sie den ersten Stützpfosten aus Metall in den Boden ein. Legen Sie ein Schutzstück darauf und klopfen Sie das Ganze mit dem Holzhammer in die richtige Position.

4 Legen Sie ein Seitenteil auf den Boden, um nachzuprüfen, wo der zweite Stützpfosten plaziert werden soll. Schlagen Sie ihn ähnlich wie den ersten in den Boden ein.

5 Klopfen Sie das erste Seitenteil mit dem Gummihammer in die Stützpfosten. Ein Querbalken auf dem Boden hilft Ihnen, die Halterung für das zweite Seitenteil in die richtige Position zu bringen. Treiben Sie den Stützpfosten wie bei den Schritten 3 und 4 ein.

6 Setzen Sie das zweite Seitenteil in den Stützpfosten wie bei Schritt 5. Kontrollieren Sie mit einer Wasserwaage, ob die beiden Seitenteile gleich hoch sind. Falls nötig, klopfen Sie sie mit dem Gummihammer nach.

7 Bringen Sie die oberen Kreuzbalken an. Prüfen Sie nach, ob sie gleich hoch und gerade sind. Wenn nötig, klopfen Sie sie mit dem Gummihammer nach.

8 Graben Sie den Boden um, und bringen Sie den Dünger aus, damit der Boden für die Pflanzen vorbereitet ist.

9 Pflanzen Sie auf jeder Seite des Bogengangs eine Rose ein. Setzen Sie den Storchschnabel und die Duftveilchen als Bodendecker ein.

10 Gießen Sie gründlich und decken Sie den Boden mit Rindenmulch ab.

11 Stellen Sie an beiden Seiten des Bogengangs je einen Topf mit Madonnenlilien auf.

131

Werkzeug und Material
Diese Auflistung gibt an, was Sie für jedes Projekt an Material und Werkzeug benötigen. Vor dem Beginn können Sie überprüfen, ob Sie auch alles, was Sie brauchen, zur Hand haben.

Übersichtliche Schritt-für-Schritt-Anleitungen
Einfach zu befolgende Angaben begleiten Sie Schritt für Schritt durch die verschiedenen Phasen des Projekts.

Pflanzvariationen
Bei den meisten Gestaltungsideen finden Sie weitere Pflanzvorschläge, damit Sie das Thema nach den Bedürfnissen Ihres Gartens oder Ihren Wünschen abwandeln können –, um vielleicht andere Farben oder Schattenpflanzen statt Sonnenanbeter zu wählen.

PRAKTISCHES GÄRTNERN

Einfach und doch schön

Mit einigen wenigen gärtnerischen Grundregeln und einer sorgfältigen Planung können Sie einen Garten anlegen, auf den Sie schon in kurzer Zeit stolz sein werden. Diese Anlage mit den herrlichen Farben und interessanten Strukturen sieht nicht nur eindrucksvoll aus, sondern ist auch leicht zu realisieren.

Lernen Sie Ihren Garten kennen

Wenn Sie die Bedingungen, die in Ihrem Garten herrschen – ob sonnige oder schattige, geschützte oder ungeschützte Lage – kennen und die Bodenart analysieren, steht dem erfolgreichen Gärtnern nichts mehr im Wege. Pflanzen, die sich in Ihrem Garten wohl fühlen, gedeihen auch gut und werden seltener von Schädlingen und Krankheiten befallen.

Wie sonnig oder schattig ist Ihr Garten?

Die meisten Gärten haben sowohl sonnige als auch schattige Bereiche. Zunächst sollten Sie feststellen, welche Gartenteile sonnenbeschienen sind und welche im Schatten liegen; die Sonnenintensität kann zu verschiedenen Tages- und Jahreszeiten variieren. Wichtig sind auch die windgeschützten bzw. völlig offenen Standorte. Beobachten Sie Ihren Garten während eines Jahres und machen Sie sich Notizen. Wenn Sie Ihren Garten genau kennen, können Sie jede Ihrer Pflanzen an der passenden Stelle einsetzen.

Welche Bodenart hat Ihr Garten?

Die Pflanzenwurzeln brauchen eine ausgewogene Zufuhr an Feuchtigkeit, Sauerstoff und Nährstoffen. Aber es hängt von der Bodenart ab, über wieviel davon die Pflanze verfügen kann. Es gibt verschiedene Bodenarten, die sogar innerhalb eines Gartens variieren können.

Die Fähigkeit eines Bodens, Luft und Feuchtigkeit zu halten, hängt von der Zusammensetzung und Teilchengröße ab. Erde besteht aus zerfallenem Felsgestein und mineralischen Substanzen. Wenn Sie die Erde zwischen den Fingern reiben, können Sie die Größe der Partikel grob schätzen. Größere Teilchen, wie sie im Sandboden vorkommen, fühlen sich wie Kies an. Wenn die Partikel sehr

Bodentypen

Gärten können sehr unterschiedliche Böden besitzen. Es kann sogar innerhalb eines Gartens Unterschiede geben. Hier sehen Sie die häufigsten Bodentypen.

Moorboden
Er ist dunkel, feucht und sauer. Er hat einen hohen Anteil an organischem Material, aber nur wenig Nährstoffe. Er ist nur für wenige Gartenpflanzen wie Azaleen und Heidekrautgewächse geeignet und fühlt sich wie ein Schwamm an.

Tonboden
Der Tonboden ist fruchtbar, in starkem Maße wasserundurchlässig und birgt akute Staunässegefahr, was besonders für empfindliche Wurzeln kritisch ist. Bei Hitze kann die Oberfläche steinhart werden.

Lehmboden
Das ist der ideale Gartenboden. Diese Bodenart enthält Ton – ist also sehr nährstoffreich – und Sand, ist daher gut durchlässig.

Sandboden
Diese Bodenart ist leicht, feinkörnig und wenig fruchtbar. Wasser rinnt durch den Sandboden einfach hindurch und nimmt die wenigen vorhandenen Nährstoffe beim ersten Regen mit in den Untergrund.

Basischer Boden
Basischer Boden kann Sand- oder Tonboden sein und ist mehr oder weniger kalkhaltig. Manche Pflanzen können diesem Boden schwer Nährstoffe entziehen.

fein sind, fühlt sich der Boden weicher an. Ein Boden, der sich zu Figuren formen läßt, ist ein Lehm- oder Tonboden *(siehe unten)*. Der Moorboden enthält soviel organisches Material, daß die Größe der Partikel bedeutungslos ist.

Sie lernen Ihren Gartenboden kennen, wenn Sie die Erde in die Hand nehmen. Der Sandboden rinnt durch die Finger, während der tonhaltige Boden sich zu einem Ball formen läßt (*siehe unten*)

Ein Ball aus Erde

1 Kneten Sie die feuchte Erde in der Hand und formen Sie einen Ball. Ist die Struktur wie Knetmasse, ist der Boden tonhaltig.

2 Formen Sie aus der Erde eine Wurst und biegen Sie sie um. Wenn die Erde sich so formen läßt, enthält der Boden mehr als ein Drittel an Ton.

Wie durchlässig ist Ihr Gartenboden?

Sie sollten feststellen, wie groß die Wasserdurchlässigkeit des Bodens ist. Graben Sie in der kalten Jahreszeit ein Loch von etwa 60 cm Tiefe. Füllen Sie das Loch mit Wasser und bedecken Sie es, wenn Regen angesagt ist. Beobachten Sie, wie lange das Wasser benötigt, bis es versickert. Ist das Wasser innerhalb von 24 Stunden verschwunden, wird es kaum Entwässerungsprobleme geben. Bei einem schlecht durchlässigen Boden wird das Loch nach 24 Stunden immer noch Wasser enthalten. In einem sandigen Boden zum Beispiel versickert das Wasser innerhalb weniger Stunden. Wenn mehr Wasser in das Loch einsickert, muß eine Wasserquelle in der Nähe sein.

Pflanzen sind unterschiedlich tolerant gegenüber Nässe oder Trockenheit. Extrem trockene oder nasse Gartenböden, die nicht verbessert werden, beeinträchtigen das Pflanzenwachstum.

Wie sauer oder basisch ist Ihr Gartenboden?

Der Säure- bzw. Kalkgehalt des Bodens ist ebenfalls wichtig für die Auswahl der Pflanzen. Die meisten Pflanzen bevorzugen einen Boden, der leicht sauer ist (pH 6,5), aber es gibt auch Ausnahmen, wie Rhododendron, Kamelie oder Heidekraut. Andere Pflanzen wiederum können in kalkhaltigen Böden wachsen, es sind sogenannte kalkliebende Pflanzen wie zum Beispiel Akelei, Clematis, Wilder Majoran und Ehrenpreis. Die meisten Böden haben einen pH-Wert von 5,5 bis 7,5. Es gibt einfache Tests, mit denen Sie den pH-Wert Ihres Gartenbodens feststellen können.

NEHMEN SIE EINE BODENPROBE

Sie können nachprüfen, ob Ihr Gartenboden sauer, basisch oder neutral ist. Es gibt einfache Tests, mit denen sich der pH-Wert feststellen läßt. Entnehmen Sie dem Boden an verschiedenen Stellen Proben, mischen Sie diese miteinander und führen Sie den Test mit der Mischung durch. Der pH-Test sollte vor der Düngerbeigabe und immer mit sauberem Werkzeug erfolgen. Es gibt auch Bodenmeßgeräte, die den Wert direkt anzeigen, aber die pH-Tests sind billiger und zuverlässiger.

1 Legen Sie Bambusstäbe in W-Form auf den Boden. Entnehmen Sie am Ende jedes Stabs walnußgroße Bodenproben. Sie sollten fünf Proben haben, die Sie miteinander mischen.

2 Entfernen Sie Steine und Unkraut und geben Sie die Erde in eine saubere Schale. Zerkrümeln Sie alle Erdklümpchen und mischen Sie sie gut durch.

3 Füllen Sie das Testglas halbvoll mit Erde. Geben Sie Wasser zu und schütteln Sie gut durch. Wenn die Erde sich abgesetzt hat, lesen Sie den Wert ab.

4 Vergleichen Sie die Farbe Ihrer Probe mit der Testfarbskala. Die Beschreibung oder die Nummer, die Ihrer Probe am nächsten ist, gibt den pH-Wert Ihres Bodens an.

Verbessern Sie Ihren Gartenboden

Die Art Ihres Gartenbodens kann die Zahl der Pflanzen, die Sie einsetzen wollen, stark einschränken. Es gibt aber eine Reihe von Möglichkeiten, um den Boden zu verbessern. Guter Boden ist sehr wichtig, daher lohnt sich die Arbeit, bevor Sie mit der Pflanzung beginnen. Ein Boden, der Wasser, Sauerstoff und Nährstoffe in ausgewogenem Verhältnis enthält, erleichtert später die Pflege und läßt Ihre Pflanzen voll entfalten.

Die Bodenverbesserung können Sie in der Regel auf den Oberboden – etwa spatentief – beschränken, da nur wenige Pflanzen tiefere Wurzeln bilden. Durch das Umgraben des unbebauten Bodens können sich die Wurzeln später besser entwickeln. Wenn der Oberboden flach ist, werden jedes Jahr Bodenverbesserer ausgebracht. Wenn Sie im flachen Oberboden Bäume und Sträucher pflanzen wollen, heben Sie ein tiefes Pflanzloch aus und füllen es mit Oberboden aus einem anderen Bereich des Gartens (oder mit gekaufter Erde), damit die Pflanzen tiefere Wurzeln bilden können.

Ist der Gartenboden sehr nährstoffarm, tragen Sie den Oberboden ab und ersetzen Sie ihn durch neue Erde, bevor Sie die Pflanzen einsetzen.

Innerhalb von wenigen Jahren können Sie das Ergebnis Ihrer Verbesserungsmaßnahmen sehen. Die Pflanzenwurzeln können leichte Böden davor bewahren, weggewaschen zu werden.

Werkzeug zum Graben und Rechen

Gartenwerkzeug sollte aus einem beständigen Material bestehen, einfach zu säubern sein und gut in der Hand liegen. Es lohnt sich, für gute Qualität etwas mehr Geld auszugeben.

Kleine Grabgabel
Sie wird beim Unkrautjäten und Bearbeiten des Bodens um Pflanzen herum verwendet.

Pflanzschaufel
Sie wird zum Einpflanzen kleiner Gewächse wie Stauden verwendet.

Grabgabel
Sie wird beim oberflächlichen Einarbeiten oder Mischen von Kompost oder Erde verwendet; zur tiefgründigen Bodenlockerung, aber auch zum Aufnehmen von Pflanzen. Sie kann auch bei der Rasenverbesserung eingesetzt werden (*siehe Seite 77*). Kleine Grabgabeln für Rabatten sind auch erhältlich.

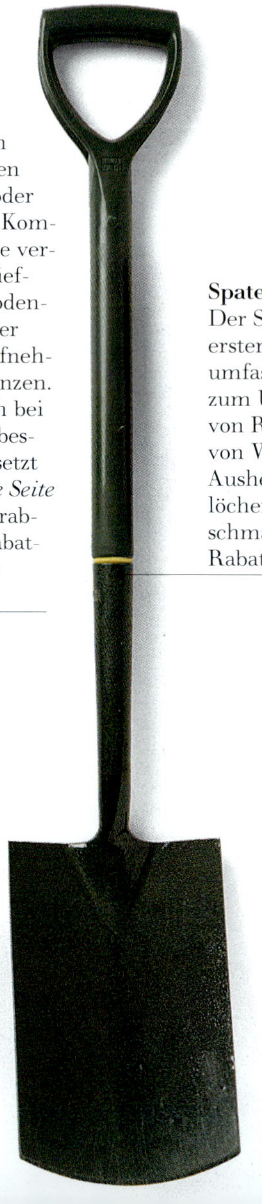

Spaten
Der Spaten eignet sich in erster Linie für gröbere und umfassende Erdarbeiten – zum Umstechen, Abstechen von Rasenkanten, Teilen von Wurzelballen und Ausheben von Pflanzlöchern. Es gibt auch schmalere Spaten für Rabatten, die leichter sind.

Rechen
Er wird zum oberflächlichen Einarbeiten von Saatgut und Dünger sowie zum Zerkleinern von Erdklumpen verwendet.

Bodenprofil

Der Boden besteht aus horizontalen Schichten. Pflanzen siedeln sich lediglich im Oberboden an, weshalb Bodenverbesserer dieser Schicht zugegeben werden.

Oberboden
Der Oberboden ist die Schicht, in der die Pflanzen ihre Wurzeln bilden. Sie enthält Humus (organisches Material) und Mikroorganismen und ist wichtig für gesunde Pflanzen. Der Oberboden sollte mindestens spatentief sein.

Unterboden
Er ist meistens heller als der Oberboden und grober in der Struktur. Mischen Sie keinen Unterboden in den Oberboden, da dieser kein organisches Material und keine Mikroorganismen enthält.

Bodenverbesserer

Es gibt eine Reihe von Möglichkeiten, organisches Material als Bodenverbesserer einzusetzen. Der Gartenabfall kann genauso gut kompostiert werden wie das Herbstlaub. Alle Blätter (Ausnahme: Schnittgut von Koniferen) eignen sich zum Kompostieren. Füllen Sie das Laub in einen Plastikbeutel, befeuchten Sie es, falls nötig, und schneiden Sie einige Löcher in den Beutel. Das Ganze wird etwa zwei Jahre gelagert. Blätter verrotten sehr langsam, daher sollten Sie auch anderen Kompost aufsetzen.

Oft hat man nicht große Mengen an Kompost zur Hand, und es kann sein, daß Sie zusätzliche Quellen benötigen. Sehr gut eignet sich Pferdemist, den Sie, gemischt mit Stroh, von einem Reiterhof holen können. Auch der Fachhandel bietet tierischen Mist abgepackt in Tüten und Säcken an.

Halten Sie sich bei den Mengen generell an die Angaben des Herstellers, um eine Überdüngung zu vermeiden. Der Mist wird in den Boden eingearbeitet.

Sie können auch Fertigprodukte vom Gartencenter oder Versandhandel verwenden, obwohl diese nicht immer ökologisch ganz einwandfrei sind. Es handelt sich in der Regel um eine Mischung von Abfallprodukten wie Geflügelmist und Rinde oder Torf. Diese Produkte sind oft basisch, deshalb achten Sie auf die Herstellerangaben, wenn Sie das Produkt für säureliebende Pflanzen verwenden wollen.

Was braucht der Boden?

Der Oberboden sollte Mineralpartikel wie Ton und Sand und viel Humus enthalten. Humus entsteht, wenn pflanzliche und tierische Reste von Bodenmikroorganismen zersetzt werden. Er bedeckt den Boden und erleichtert den Anbau.

Wenn Sie das verrottete Material umgraben, wird das Ganze belüftet und die Humusbildung angeregt. Der Boden ist dann feucht, jedoch ohne Staunässe. Da sich der Humus zersetzt, sollten Sie reichlich organisches Material in den Boden geben. Wenn Ihr Gartenboden sehr sauer oder basisch ist, können Sie mit speziellen Bodenverbesserern das Gleichgewicht regulieren.

Verbessern Sie den basischen Boden

Ein alkalischer Boden entsteht gewöhnlich durch übermäßiges Ausbringen von Kalk. In diesem Fall sollte man im nächsten Jahr auf die Kalkzugabe verzichten. Wählen Sie für den kalkhaltigen Boden Pflanzen aus, die dieses Milieu lieben, und lassen Sie Ihre säureliebenden Pflanzen im Topf wachsen.

Verbessern Sie den sauren Boden

Ein leicht saurer Boden (pH 6,5) ist ideal für den Rasen, für Obstbäume und viele andere Pflanzen. Im stark sauren Boden (pH 5) können auch einige Pflanzen wie Rhododendron, Heidekraut und Heidelbeeren gedeihen. Sie können einen sauren Boden durch Streuen von Kalk in den optimalen Bereich bringen und haben dann mehr Auswahl an Pflanzen. Eine Kalkzugabe kann jederzeit erfolgen, außer direkt nach einer Düngergabe oder kurz vor oder nach dem Einpflanzen. Das Substrat für die Anzucht von Pilzen (*siehe Seite 19*) ist ebenfalls ein gutes Mittel, um den Säuregehalt des Bodens zu reduzieren.

Streuen von Kalk
Streuen Sie 100–200 g Kalk (Calciumkarbonat) pro m^2 aus. Eine gute Zeit dafür ist der Herbst, wenn der Boden umgegraben oder gelockert wird. Arbeiten Sie den Kalk mit dem Rechen in den Boden ein. Ein Bodentest im Frühjahr zeigt, ob er danach weniger sauer ist.

Verbessern Sie den Moorboden

Moorboden ist sauer und besteht größtenteils aus organischem Material. Nur wenige Pflanzen wachsen auf Moorböden. Wenn Sie Gemüse oder andere Pflanzen, die einen neutralen oder leicht sauren Boden bevorzugen, anbauen wollen, müssen Sie Kalk zugeben. Aber völlig verändern können Sie den Moorboden nicht. Er saugt Wasser stark auf und muß meistens künstlich entwässert werden.

KOMPOST AUFSETZEN

Kompost aufsetzen ist der nützlichste Weg, um organische Abfälle wiederzuverwerten. Sie können den Komposter selbst bauen oder einen kaufen. Die Mindestgröße, um genug Hitze zu entwickeln, ist ein Quadratmeter. Geben Sie das Kompostmaterial in 30-cm-Schichten in den Behälter und wässern Sie, falls es trocken sein sollte. Zur Beschleunigung der Zersetzung können Sie zwischen die einzelnen Schichten handelsübliche Rottelenker geben. Als letzte Schicht kommt Erde darauf. Die Kompostanlage sollte einen Deckel haben oder abgedeckt werden, um sie vor Dauerregen zu schützen.

1 Setzen Sie den Kompost aus verschiedenen Materialien auf. Die Schichten sollten etwa 15 cm dick sein. Das Material wird alle 2–3 Monate mit einer Grabgabel umgeschichtet, damit der Verrottungsprozeß beschleunigt wird.

2 Decken Sie den Komposthaufen mit einer wasserdichten Folie ab.

3 Nach 3–6 Monaten ist der Kompost fertig. Er kann als Bodenverbesserer in den Boden eingearbeitet oder an der Oberfläche ausgebracht werden.

UNGEEIGNETE MATERIALIEN

Folgende Stoffe eignen sich nicht zum Kompostieren:

- fette Speisereste, Fleisch- und Fischabfälle
- kalte Asche (Asche von Holz kann in geringen Mengen verwendet werden)
- kranke Pflanzenteile, vor allem viruserkrankte
- Blütenköpfe, Samenstände und alle Unkrautpflanzen

Selbst aufgesetzter Kompost

Selbst aufgesetzter Kompost ist der kostengünstigste Bodenverbesserer. Viele Stoffe aus dem Haushalt und Garten können wiederverwertet werden. Geeignete Materialien sind:

Obst- und Gemüseabfall
Sie können gekochte oder rohe Teile, Tee, Blätter, Kaffeesatz und Eierschalen verwenden.

Streu von Haustieren
Geeignet sind Streu von Hamstern und Kaninchen, nicht aber von Katzen und Hunden.

Zeitungspapier und Pappe
Schneiden Sie alles klein und machen Sie es naß, damit es schneller verrottet.

Schnittgut
Verwelktes von Sommerblumen und Stauden ist geeignet. Schnittgut von Gehölzen muß vorher gehäckselt werden.

Heu, trockenes Gras
Der Rasenschnitt muß zuerst getrocknet werden, bevor er mit dem anderen Material gemischt werden darf.

Totes Laub
In kleinen Mengen kann es daruntergemischt werden.

Brennessel
Die Blätter und Stengel beschleunigen den Zersetzungsvorgang.

Weitere organische Bodenverbesserer

Diese Bodenverbesserer sind in größeren Mengen als der Gartenkompost erhältlich und wertvoll für den Boden.

Mist vom Bauernhof
Mist sollte nicht frisch ausgebracht werden, da sonst die jungen Wurzeln verbrennen. Frischer Mist sollte sechs Monate bis ein Jahr gelagert werden (nicht in der Nähe von Wasser und Kindern), bevor er verwendet wird. Pferde- oder Rindermist eignet sich am besten.

Rinde
Kompostierte oder gehäckselte Rinde ist ein Abfallprodukt von Sägewerken. Sie kann zur Verbesserung der Bodenstruktur verwendet werden. Gehäckseltes Gehölzschnittgut hat ähnliche Eigenschaften. Alles muß vor dem Gebrauch kompostiert werden.

Substrat für Pilzanzucht
Das Substrat, das man für die Anzucht von Pilzen verwendet, ist eine Mischung aus Pferdemist, Torf und Kalk. Es ist ein guter Bodenverbesserer für Gemüseanbau und reduziert den Säuregehalt des Bodens.

Verbesserung der Durchlässigkeit

Meist genügt die Lockerung der Pflanzstelle mit der Pflanzschaufel und Grabgabel. In schwere Tonböden wird Sand, feiner Kies oder Splitt beigemengt. Das ist teuer und mühevoll, braucht aber in der Regel nur einmal gemacht zu werden.

Kies für den Boden
Kies (mindestens 3 mm Durchmesser) kann als Bodenlockerungsmittel für schlecht durchlässige Böden verwendet werden.

Einarbeiten von Kies

1 Berechnen Sie für eine 2–3 m² große Fläche eine Schubkarre voll Kies. Verteilen Sie ihn in kleinen Haufen über das Beet.

2 Arbeiten Sie den Kies gründlich ein. Er sorgt schnell und längerfristig für eine Bodenlockerung in Ihrem Garten.

UMGRABEN

Das Umgraben ist mühsam, aber äußerst wichtig bei einem schweren, tonhaltigen Boden. Das Umstechen und Wenden der Erde sorgt für gute Durchlüftung, wodurch die Wurzeln besser wachsen können. Gleichzeitig wird das vorhandene Unkraut mit umgegraben und dient als organisches Material.

Achten Sie darauf, daß Sie beim Umgraben keinen Unterboden an die Oberfläche tragen, da dieser keinen Humusanteil hat und unfruchtbar ist. Schwere Böden sollten am besten zu Winteranfang umgegraben werden. Grobe Erdklumpen werden durch das Winterwetter zerkleinert, und diese bröcklige Bodenstruktur eignet sich sehr gut für die Aussaat oder das Pflanzen im Frühling. Graben Sie den Boden niemals um, wenn er naß und klebrig ist. Leichte Böden können jederzeit umgegraben werden. Aber alle Bodenarten sollten nach dem Umgraben mindestens ein oder zwei Wochen ruhen, bevor sie bepflanzt werden.

Einzeln umgraben

1 Heben Sie den ersten Graben spatentief aus. Halten Sie den Spaten gerade und geben Sie den Aushub in eine Schubkarre, oder häufen Sie ihn außerhalb des zu grabenden Bereiches an.

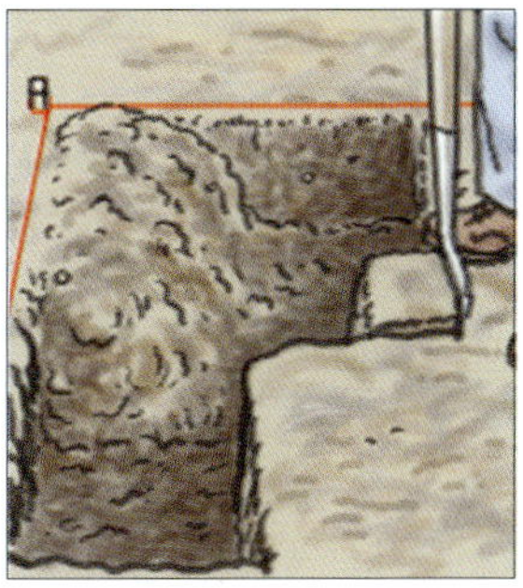

2 Heben Sie den zweiten Graben aus und geben den Aushub in den ersten Graben. Fahren Sie so fort, bis alles umgegraben ist. Den Aushub des ersten Grabens füllen Sie in den letzten Graben ein.

Diese Art von Umgraben ist sehr effektiv. Teilen Sie die Fläche in gleich große Gräben von etwa 30 cm Breite ein. Beginnen Sie an einer Ecke , indem Sie auf dem jeweils nächsten Graben stehen. Die Zeichnung unten zeigt den richtigen Verlauf der Umgrabearbeit.

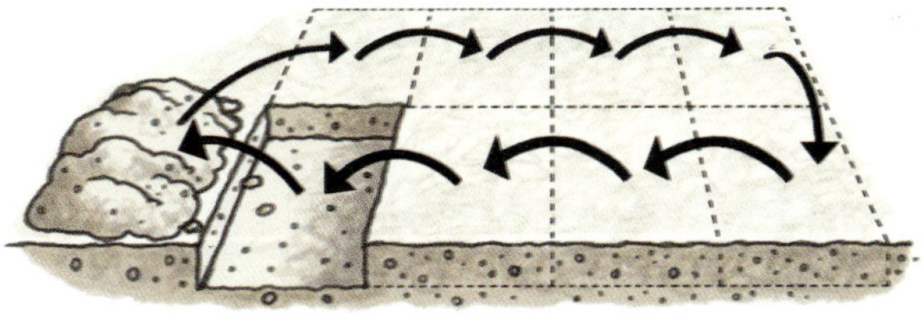

Düngen und Unkraut jäten

Düngemittel bedeuten Nahrung für Pflanzen. Anders als Bodenverbesserer, die man meist in größeren Mengen ausbringt, sind Düngemittel konzentriert und müssen nach Herstellerangaben angewandt werden.

Es gibt drei Hauptnährstoffe, die die Pflanzen benötigen: Nitrat-Stickstoff (N), Phosphor (P) und Kalium (K). Düngemittel, die alle drei Komponenten enthalten, bezeichnet man als Universaldünger; oft sind ihnen in geringen Mengen auch Spurenelemente beigemischt. Auf den Packungen ist der Inhalt angegeben. Wichtig ist der Anteil von NPK und das Verhältnis zwischen den Nährstoffen. Eine ausgewogene Mischung fördert zum Beispiel das Blattwachstum, während eine höhere Dosierung von Kalk die Blüten- und Fruchtbildung anregt.

Es gibt verschiedene Universal- und Spezialdüngemittel, die im Fachhandel erhältlich sind. Manche wie Blut-, Fisch- und Knochenmehl können überall im Garten eingesetzt werden und sind kostengünstig. Spezialdünger für bestimmte Bereiche wie für Rasen, Kübelpflanzen oder Rosen sind etwas teurer, dafür aber auch effektiver. Es gibt auch Fertigpräparate, die Sie gleichzeitig als Düngemittel und Unkrautmittel für den Rasen einsetzen können. Viele Düngemittel für Kübelpflanzen enthalten langsam wirkenden Stickstoff und müssen nur einmal zu Beginn der Vegetationszeit zugegeben werden.

Manche Gärtner bevorzugen organische Produkte, die tierischen oder pflanzlichen Ursprungs sein können. Sowohl mit organischen als auch mineralischen Düngemitteln erzielen Sie die gleichen Resultate.

Düngen
Tragen Sie beim Düngen Handschuhe und waschen Sie danach die Hände. Düngemittel brauchen nicht eingearbeitet zu werden, da Regen oder Gießwasser sie in den Boden schwemmt. Fester Dünger kann die Blätter verbrennen; entfernen Sie ihn sofort mit einer Bürste oder mit Wasser und gießen Sie nach dem Düngen gründlich.

Organische Düngemittel

Düngeart	Anwendung	Düngezeit
Knochenmehl 	Pulverisierte Mischung von schnell und langsam wirkenden Nährstoffen.	Wird im Frühjahr und während der ganzen Wachstumsperiode bei Windstille ausgebracht.
Geflügelmist 	Enthält schnell und langsam wirkende Nährstoffe; kann im ganzen Gartenbereich eingesetzt werden.	Kann im Frühjahr und während der ganzen Wachstumsperiode angewandt werden.
Seetangmehl 	Langsam wirkende Nährstoffe und Spurenelemente fördern das Wachstum.	Wird im Frühjahr ausgebracht.

Mineralische Düngemittel

Düngeart	Anwendung	Düngezeit
Universaldünger 	Schnell wirkendes Düngemittel aus gleichen Teilen N, P und K; flüssig oder als Granulat erhältlich.	Kann im Frühjahr und während der ganzen Wachstumsperiode ausgebracht werden.
Rasendünger 	Schnell wirkendes Produkt, das Wachstum von Gras, Blättern und Wurzeln fördert.	Beigabe erfolgt im Frühjahr und während der ganzen Wachstumsperiode.
Rosendünger 	Schnell wirkendes Produkt mit hohem Anteil an K und Spurenelementen.	Wird im Frühjahr und während der ganzen Wachstumsperiode angewandt.
Langzeitdünger 	Wird von einer Folie umgeben, die sich auflöst und Nährstoffe freigibt, wenn es wärmer wird.	Wird im Frühjahr der Erde beigemischt.
Tomatendünger 	Schnell wirkendes Produkt mit hohem K-Anteil, fördert Blüte und Fruchtbildung.	Wird Blüten- und Fruchtpflanzen in der Wachstumsperiode zugegeben.

Unkrautbekämpfung

Ein Unkraut ist eine Pflanze, die gerade da wächst, wo sie unerwünscht ist und Ihren ausgewählten Pflanzen Nährstoffe, Feuchtigkeit und Licht entzieht.

Anwendung von Unkrautmitteln

Ausdauernde Unkrautpflanzen sind nicht leicht unter Kontrolle zu halten. Mittel, die Glyphosphat enthalten, helfen meistens, aber sie müssen häufiger ausgebracht werden. Die besten Resultate erzielt man, wenn man sie vor der Blüte einsetzt. Es gibt verschiedene Produkte in Sprühdosen und als Stäbchen.

Unkrautmittel für Wege können mit der Gießkanne schnell und gleichmäßig verteilt werden. Verwenden Sie dafür aber keine Pflanzen-Gießkanne. Das Unkraut zwischen den Platten kann mit einem speziellen Jätemesser entfernt werden. Rasen benötigt meistens handelsübliche Unkrautmittel (*siehe Seite 75*).

Unkrautbekämpfung ohne Chemie

Werfen Sie die Unkrautpflanze mit dem ganzen Wurzelwerk in die Mülltonne. Einjährige Unkrautpflanzen können Sie mit der Hacke entfernen. Unkraut hacken ist an warmen Tagen besonders effektiv, da die Samen schnell vertrocknen. Pflanzen ohne Blüten werden kompostiert.

Werkzeug zur Unkrautbeseitigung

Es gibt eine Reihe von nützlichen und preisgünstigen Geräten, mit denen Sie das Unkraut entfernen können.

Kleine Gabel Geeignet für Wurzelunkraut in Blumen- und Gemüsebeeten.

Unkrautstecher Geeignet für Rasen mit wenigen, großen Unkrautpflanzen.

Unkrauthacke Besonders geeignet für das Jäten kleinerer Flächen.

Ziehhacke Zum Entfernen einjähriger Unkrautpflanzen, die zwischen den anderen Pflanzen wachsen.

Jätemesser Geeignet zur Bekämpfung von Unkraut an Wegen und zwischen Pflastersteinen.

TIPS ZUR UNKRAUTBEKÄMPFUNG

- Lassen Sie keine großen kahlen Stellen frei, die von Unkrautpflanzen besiedelt werden können. Decken Sie den Boden mit Mulch ab oder pflanzen Sie Bodendecker ein.
- Entfernen Sie das Unkraut, bevor Sie Ihre Pflanzen einsetzen. Unbepflanzte Bereiche lassen sich einfacher von Unkraut befreien.
- Beginnen Sie mit dem Jäten im Vorfrühling; wenn sie klein sind, lassen sich die Unkrautpflanzen leichter entfernen. Entfernen Sie die Pflanzen, bevor sie Samen bilden.
- Jäten Sie regelmäßig Unkraut. Dadurch können Sie das Wachstum unerwünschter Pflanzen besser kontrollieren.
- Graben Sie tiefwurzelnde Unkrautpflanzen aus. Versuchen Sie, soviel Wurzelwerk wie möglich zu entfernen.
- Falls Sie chemische Unkrautmittel verwenden, befolgen Sie unbedingt die Herstellerangaben. Unkrautmittel müssen mehrmals ausgebracht werden.

Der Unkrautstecher

Mit dem Unkrautstecher können Sie lange Wurzeln ausstechen. Die Pflanze und das Wurzelwerk können herausgeholt werden, ohne größere Löcher zu hinterlassen.

Das Jätemesser

Bewegen Sie das Jätemesser zwischen den Bodenplatten hin und her, um das Unkraut zu lockern. Kleines Bild: *Mit dem hakenförmigen Ende können Sie das Unkraut herausziehen. Alle Unkrautteile gehören in die Mülltonne.*

Die Ziehhacke

Durch regelmäßiges Hacken kann das Wachstum einjähriger Unkrautpflanzen zwischen den Zierpflanzen in Grenzen gehalten werden. Die breitflächige Hacke wird ziehend durch die Erdoberfläche bewegt.

Mulchen

Als Mulchen bezeichnet man das Abdecken des Bodens mit organischem Material oder synthetischen Mulchfolien, um die Bodenfeuchtigkeit länger zu erhalten, Unkrautwuchs zu unterdrücken oder Erosion zu verhindern. Mulchen bedeutet Zeitersparnis: Sie müssen während der Wachstumsperiode nicht so häufig gießen und Unkraut entfernen. Das Mulchmaterial kann in loser Form um die Pflanzen aufgetragen oder in Form von Folien vor dem Einpflanzen ausgelegt werden. Das organische Mulchmaterial sollte unkrautfrei sein.

Die beste Zeit zum Mulchen ist, wenn der Boden sich erwärmt und viel Feuchtigkeit enthält. Wird das Mulchmaterial auf einen kalten Boden gegeben, wirkt es isolierend, und der Boden bleibt kalt, da die Sonnenstrahlen nicht die Erde erreichen; die Pflanzen können nicht richtig gedeihen. Organisches Mulchmaterial kann nach etwa sechs Monaten unter die Erde gemischt werden, um die Bodenstruktur zu verbessern.

Unkrautbekämpfung durch Mulchen

Mit Mulchfolien aus Kunststoff können auch große Flächen, die starkes Unkrautwachstum aufweisen, von den lästigen Gewächsen befreit werden. Sie können auch alte Teppiche oder lagenweise Zeitungspapier nehmen.

Die Kanten der Folien werden in kleine Erdvertiefungen eingeschlagen und so befestigt (*siehe nächste Seite*). Lassen Sie die Folien etwa ein Jahr liegen, entfernen Sie sie anschließend und graben Sie den Boden um. Dadurch werden Sie sogar das hartnäckigste Unkraut los, da dieses kein Licht bekommt.

Mulchmaterialien

Welche Art von Mulchmaterial Sie aussuchen, hängt von den Faktoren Kosten, Beständigkeit und Aussehen ab. Mulchfolien aus Kunststoff können zusammen mit einer dünnen Schicht von organischem Material aufgelegt werden, damit es besser aussieht. Loses Mulchmaterial muß mindestens 5 cm dick sein, damit das Unkraut nicht herauswachsen kann.

Gartenkompost
Er kostet zwar nichts, aber Sie können wahrscheinlich keine ausreichenden Mengen produzieren. Auch gehäckseltes Schnittgut von Gehölzen und Rasenschnitt ist geeignet (kann aber Unkrautsamen enthalten).

Kakaoschalen
Dieses Abfallprodukt der Schokoladenindustrie eignet sich als Mulchmaterial für kleinere Pflanzen. Es ist teuer und nicht beständig, sieht aber dekorativ aus und ist einfach auszubringen.

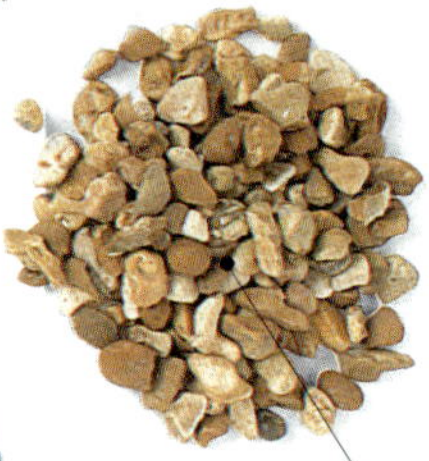

Kies
Kies ist sehr dekorativ für Beete und Wege und hält die Feuchtigkeit lange, aber das einjährige Unkraut kann durchwachsen. Es gibt verschiedene Korngrößen und Farben. Sehr feiner Kies wird von Katzen gerne als Toilette benutzt.

Gewebte Kunststoffolie
Dieses Material ist relativ teuer, aber sehr effektiv und beständig. Es kann als Unterlage für Wege verwendet werden.

Spezielles Vlies
Es wird speziell zum Mulchen hergestellt und ist leicht zu handhaben und zu schneiden. Es ist wasser- und luftdurchlässig. Es ist teuer, aber auch sehr effektiv.

Schwarze Folie
Sie ist billiger, aber schwieriger zu legen als Mulchfolien. Die Beständigkeit hängt von der Folienstärke ab.

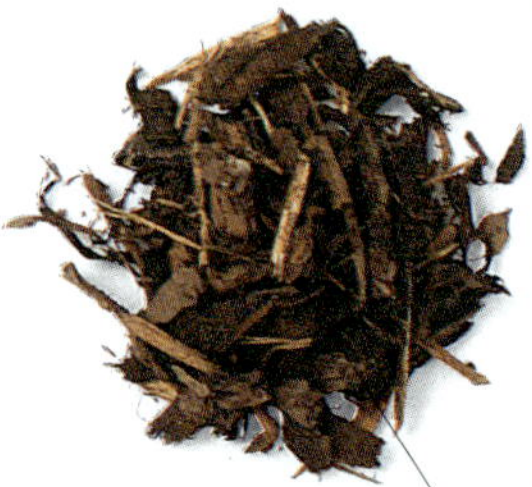

Rindenmulch
Prüfen Sie vor dem Kauf die Qualität nach, da es große Unterschiede geben kann. Nehmen Sie lieber echte Rindenschnitzel als Holzhäcksel. Sie sind dekorativer. Die Beständigkeit hängt von der Größe ab.

Rindenmulch auftragen

1 Entfernen Sie das Unkraut. Bringen Sie bei Bedarf Universaldünger aus und wässern Sie den Boden.

2 Legen Sie anschließend eine 5 cm hohe Schicht Rindenmulch auf.

Kakaoschalen als Mulchmaterial

1 Entfernen Sie das Unkraut und bringen Sie bei Bedarf Dünger aus. Wässern Sie den Boden, wenn er trocken ist.

2 Verteilen Sie die Kakaoschalen etwa 5 cm hoch. Wässern Sie, um sie zu binden und vor dem Wegschwemmen zu schützen.

TIPS ZUM MULCHEN

- Decken Sie das Substrat von Kübelpflanzen mit Mulchmaterial ab, um die Feuchtigkeit zu halten. Kieselsteine und Kies sehen sehr dekorativ aus.
- Wenn Sie einen Baum in die Rasenfläche einsetzen, entfernen Sie das Gras in der Umgebung und legen Sie eine runde Mulchfolie auf.
- Wenn Sie die Pflanzenreste aus Ihrem Garten kompostieren, haben Sie jederzeit billiges Mulchmaterial zur Hand: Rasenschnitt, gehäckseltes Holzschnittgut, Laub und Gartenkompost eignen sich hervorragend zum Mulchen.
- Kaufen Sie Mulchmaterial in großen Mengen, um Geld zu sparen.

VERLEGEN VON MULCHFOLIE

Mulchfolien können auf neu angelegten Beeten oder unbebauten Flächen ganz einfach verlegt werden. Sie können schnell kaschiert werden und bieten die Möglichkeit, große Bereiche schnell zu mulchen.

1 Entfernen Sie das Unkraut und bereiten Sie den Boden vor. Legen Sie die Folie auf. Geben Sie einen Sprühschlauch unter die Folie, falls das Wässern später problematisch werden sollte.

2 Schlagen Sie die Folienkanten ein. Heben Sie V-förmige Gräben aus und schieben Sie die Kanten der Folie mit der Hand in die Erde.

3 Schneiden Sie die Folie mit einem Messer kreuzförmig auf. Schlagen Sie die Ecken zurück und graben Sie ein Loch in die Erde.

4 Setzen Sie die Pflanze ein und drücken Sie die Erde fest. Es ist wichtig, daß die Wurzeln ausreichend tief im Boden sitzen.

5 Im Ziergartenbereich wird die Folie mit dekorativem Rindenmulch abgedeckt. Spezielle Mulchfolien sind relativ teuer, aber sehr stabil.

Pflanzenkauf

Pflanzen werden in reicher Auswahl angeboten: nicht nur in Gärtnereien, sondern auch in Gartencentern und auf Wochenmärkten. Obwohl die Kennzeichnung der Pflanzen in den letzten Jahren besser geworden ist, kann der Pflanzenkauf doch verwirrend sein. Die Auflistung auf Seite 26–27 soll Ihnen deshalb eine Hilfe sein.

Ausdauernde Pflanzen werden einzeln als sogenannte Containerpflanzen verkauft. Sie können jederzeit eingepflanzt werden, da sie einen voll entwickelten Wurzelballen besitzen. Aber die beste Pflanzzeit ist im Frühjahr oder Herbst, da man nicht viel gießen muß.

Pflanzen ohne Topf, nur mit Wurzelballen, sind zwar billiger, aber das Wurzelwerk ist mit Vorsicht zu behandeln.

Qualitätspflanzen kaufen

Die meisten Pflanzen aus dem Fachhandel haben eine gute Qualität und werden sich in Ihrem Garten bald wohl fühlen. Kaufen Sie Pflanzen mit vielen neu austreibenden Blättern oder Knospen.

Blütenpflanzen
Wenn Sie Blütenpflanzen kaufen, nehmen Sie solche mit zahlreichen Knospen.

Großblättrige Pflanzen
Alle Blätter sollten gesund und kräftig sein.

Kleine Töpfe
Pflanzen in kleinen Töpfen trocknen sehr schnell aus und benötigen reichlich Nährstoffe. Wählen Sie die frischesten Pflanzen aus.

Buschige Pflanzen
Kaufen Sie kräftige Exemplare, die viel Laub und zahlreiche Blüten tragen.

Blattfarbe
Wählen Sie Pflanzen aus, deren Blätter eine gesunde Farbe (nicht gefleckt oder unnatürlich gelb) haben.

Pflanzennamen

Die wissenschaftlichen (lateinischen) Namen sind sehr nützlich, wenn Sie mehr über eine Pflanze wissen wollen. Der wissenschaftliche Name setzt sich aus dem Gattungs- und Artnamen zusammen; die Pflanzen gleicher Art haben oft ähnliche Eigenschaften. Folgt eine zusätzliche, nicht lateinische Bezeichnung in Anführungsstrichen, so handelt es sich um eine Sorte (Varietät), die von der Art etwas abweicht. Sie wurde wahrscheinlich speziell gezüchtet, um eine besondere Blütenfarbe oder Pflanzenform zu erhalten: zum Beispiel *Thymus* (Thymian) *vulgaris* (gewöhnlich) 'Silver Posie' (eine besondere Sorte).

TIPS FÜR DEN KAUF VON GESUNDEN PFLANZEN

Wo kann man Pflanzen kaufen?

Kaufen Sie Ihre Pflanzen bei einem Händler, der viel verkauft, denn frische Exemplare sind in der Regel gesünder als ältere. Pflanzen können Sie in Gartencentern, Gärtnereien und sogar in Supermärkten kaufen. Aber nicht überall erfahren Sie etwas über die Eigenschaften, Pflege und Wuchsform. Gärtnereien und Fachgeschäfte kennzeichnen die Pflanzen, können genaue Auskünfte geben und bieten eine größere Auswahl an Pflanzen an.

Frische Pflanze
Diese Pflanze ist schön verzweigt und buschig, mit einer gesunden Farbe und reichem Blattwerk.

Älteres Exemplar
Diese hohe, ausgedünnte Pflanze hat die Wurzeln an der Erdoberfläche und eine mickrige Form.

Pflanzenkontrolle

Bevor Sie eine Pflanze kaufen, kontrollieren Sie sie genau. Auf fünf Punkte sollten Sie achten: Pflanzen mit zahlreichen neuen Trieben und Knospen; schön verzweigte, buschige Exemplare mit gleichmäßiger Form; gesundes Wurzelwerk; sie sollte richtig gewässert worden und frei von Schädlingen und Krankheiten sein. In der nächsten Spalte finden Sie Informationen, wie man die Anzeichen erkennen kann.

Gesunde Blätter
Die Blattunterseiten sollten frei von Schädlingen sein.

Kontrollieren sie die Wurzeln

Wenn Sie die Pflanze aus dem Topf herausholen, befühlen Sie die Wurzeln. Gesundes Wurzelwerk hält das Substrat zusammen, junge weißliche Wurzeln sind zu sehen. Wenn das Substrat sich leicht löst und ein relativ kleines Wurzelwerk zurückbleibt, ist dies ein Zeichen, daß die Pflanze sich nicht wohl fühlt. Die Wurzeln solcher Gewächse sind dunkelbraun und wachsen seitlich und unten aus dem Topf heraus.

Gesunde Wurzeln
Gesundes Wurzelwerk, das den Topf ausfüllt, wird sich in Ihrem Garten schnell wohl fühlen.

Schwache Wurzeln
Pflanzen, deren Wurzeln aus dem Topf herauswachsen, haben es später im Garten nicht leicht.

Prüfen Sie, ob die Pflanze richtig gewässert wurde

Verwelkte Pflanzenteile; Substrat, das sich vom Topfrand löst und frühzeitige Blüte sind Zeichen für ungenügendes Gießen. Übermäßig gegossene Pflanzen können verfaulte Wurzeln und Blätter, Grauschimmel und eine muffig riechende Erde haben.

Prüfen Sie auf Krankheits- und Schädlingsbefall

Dicht eingesetzte Pflanzen werden dünn und sind anfällig für Schädlinge und Krankheiten. Kaufen Sie keine Pflanzen, deren Blätter und Triebspitzen von Blattläusen befallen sind. Pflanzen mit verdrehten Blättern, verschimmelter Erde, unnatürlich gelbem Laub, feinem Gespinst zwischen den Blättern und Blattausfall sollten Sie ebenfalls vermeiden (siehe Seite 36–37).

Pflanzenkauf über den Versandhandel

Packen Sie die Pflanzen gleich nach der Ankunft aus. Eventuelle Probleme melden Sie dem Züchter. Pflanzen mit losen Wurzelballen sollten sofort eingepflanzt werden. Wenn dies nicht möglich sein sollte, setzen Sie die Pflanzen mit Erde in Töpfe ein.

Man wird leicht in Versuchung geführt, Pflanzen zu kaufen, ohne sich vorher überlegt zu haben, wo man sie einpflanzt und ob sie zusammenpassen. Planen Sie deshalb voraus, welche Pflanzen Sie kaufen wollen.

Wenn Sie ein Pflanzenthema nachgestalten wollen, sollten Sie alle benötigten Gewächse auflisten und dann überlegen, wieviel Exemplare Sie für Ihren Garten brauchen. Bei eigenen Ideen können Sie Gartenbücher zu Rate ziehen. Wenn Sie sich nicht entscheiden können, notieren Sie die Größe der Fläche, die Sie bepflanzen wollen. Beim Kauf können Sie anhand der Etiketten feststellen, wie groß und breit die Exemplare werden.

Wählen Sie Pflanzen aus, die zu Ihrem Garten passen, je nachdem, ob dieser beschattet oder sonnig ist und welche Bodenart (*siehe Seite 14–15*) er aufweist. Falls Sie Zweifel haben, lassen Sie sich vom Fachpersonal beraten.

In der folgenden Auflistung finden Sie die beste Kaufzeit für bestimmte Pflanzentypen und eine ausführliche Beschreibung.

Führer für den Pflanzenkauf

Pflanzentyp	Kaufzeit	Beschreibung
Sträucher und Bäume	Ganzjährig erhältlich. Die frischesten Exemplare bekommt man im Frühjahr und Herbst.	Sträucher und Bäume sind ausdauernde Gehölze. Jüngere Pflanzen gewöhnen sich besser ein und holen bald die teuren großen ein. Kontrollieren Sie den Wurzelballen genau. Wählen Sie gut geformte Pflanzen mit gesundem Laub. Versandhäuser schicken Pflanzen mit Wurzelballen gewöhnlich vom Herbst bis zum Frühjahr.
Heckenpflanzen	Ganzjährig erhältlich.	Containerpflanzen können Sie im Gartenfachhandel kaufen; sie sind aber recht teuer. Wenn Sie viele Heckenpflanzen brauchen, kaufen Sie Gewächse mit Wurzelballen über den Versandhandel oder beim Züchter. Setzen Sie sie im Herbst oder Frühjahr ein.
Kletterpflanzen	Ganzjährig erhältlich.	Die meisten Kletterpflanzen sind ausdauernd und werden in großen Töpfen mit Kletterhilfe verkauft. Einige, wie die Duftwicke, sind einjährig und können als Samen oder junge Pflänzchen gekauft werden. Beim Clematiskauf sollten Sie blühende Pflanzen kaufen, damit Sie genau wissen, welche Farbe die Blüten haben. Die Etiketten sind häufig falsch beschriftet.
Rosen	Kaufen Sie im Herbst Rosen mit Wurzelballen. Containerpflanzen sollten vom Frühjahr bis Herbst gekauft werden.	Pflanzen mit Wurzelballen sind nicht teuer, haben aber beim Kauf keine Blüten. Containerrosen kosten mehr. Achten Sie bei diesen Rosen darauf, daß sie einen kräftigen Wurzelballen haben.
Stauden	Ganzjährig erhältlich, die frischesten Exemplare gibt es im Frühjahr und Herbst.	Das sind ausdauernde, nicht verholzte Pflanzen, die vom Frühjahr bis Sommer wachsen. Grüne Teile sterben im Winter ab. Einige Stauden sind frostempfindlich und müssen geschützt werden. Kleinere Töpfe sind im Frühjahr erhältlich, größere und teurere vom Spätfrühling bis Sommer. Herbst ist eine gute Pflanzzeit, die oberen Pflanzenteile sterben bereits ab. Die Wurzelpflanzen werden vom Versandhandel von Herbst bis Frühjahr verschickt.

Pflanzentyp	Kaufzeit	Beschreibung
Einjährige Pflanzen	Aus dem Samenkatalog im Winter, im Gartencenter von Winter bis Frühjahr erhältlich.	Diese Pflanzen blühen und bilden Samen im ersten Jahr. Sie können aus Samen herangezogen oder als Pflanzen gekauft werden.
Pflanzen für das Sommerbeet	Im Frühjahr oder Frühsommer erhältlich.	Diese Pflanzen sind nicht ausdauernd und bleiben nur für eine Saison im Garten. Manche sind frostempfindlich, andere halbwinterhart. Sie werden oft in Beeten und Gefäßen eingepflanzt. Sie können in verschiedenen Entwicklungsstadien gekauft werden: vom Sämling über die Jungpflanze bis zu ausgewachsenen Exemplaren. Sie können im Fachhandel oder über den Versandhandel bezogen werden. Je entwickelter die Pflanze ist, umso leichter lebt sie sich ein. Aber sie kostet auch mehr. Setzen Sie die empfindlichen Pflanzen erst ein, wenn die Frostgefahr vorüber ist.
Pflanzen für das Frühlingsbeet	Im Herbst oder Frühjahr erhältlich.	Ähnlich wie die Pflanzen für das Sommerbeet (*siehe oben*). Sie sind winterhart und können im Herbst eingepflanzt werden, damit sie im Frühjahr das Beet schmücken. Nach der Blüte werden sie entfernt und durch Sommerpflanzen ersetzt.
Zwiebelpflanzen für den Frühling	Als trockene Zwiebeln im Herbst und als Topfpflanzen im Frühjahr erhältlich.	Die Zwiebeln werden lose oder abgepackt verkauft. Die losen können besser kontrolliert werden, ob sie Schäden aufweisen. Zwiebeln sind relativ billig, aber vorgetriebene Pflanzen sind auch sehr beliebt, da man schnell Farbe im Garten hat. Schneeglöckchen werden oft nach der Blüte nur mit grünem Laub verkauft. Holen Sie Schneeglöckchen niemals aus der Natur. Die meisten Zwiebelpflanzen sind ausdauernd. Die Tulpen bilden die Ausnahme, sie leben nur einige Jahre.
Zwiebelpflanzen für den Sommer	Als trockene Zwiebeln im Frühjahr oder als Topfpflanze im Sommer erhältlich.	Ähnlich wie Frühlingsblüher (*siehe oben*). Aber die meisten von ihnen sind nicht winterhart. Deshalb sollten sie nicht eingepflanzt werden, bevor die Frostgefahr nicht vorüber ist. Graben Sie die Zwiebeln im Herbst aus und überwintern Sie sie frostfrei.
Steingartenpflanzen	Ganzjährig erhältlich, die frischesten im Frühjahr.	Diese kleinen Pflanzen sind vor allem für Steingärten geeignet und werden in der Regel in kleinen Töpfen verkauft. Achten Sie beim Kauf darauf, daß die Erde nicht naß und die Oberseite der Pflanzen nicht verfault ist.

Vermehrung durch Aussaat

Einem Anfänger mag die Anzuchtmethode aus Samen zunächst etwas kompliziert erscheinen, aber in Wirklichkeit ist sie äußerst einfach. Wenn Sie die Ratschläge auf diesen beiden Seiten befolgen, kann nichts schiefgehen. Sie benötigen lediglich einige Hilfsmittel (*siehe unten*). Anzucht aus Samen ist wesentlich kostengünstiger als »Fertigpflanzen« – ein nicht unwichtiger Faktor, wenn man eine große Fläche bepflanzen muß.

Sollten Sie unsicher sein, wann und wo – Direktsaat oder Vorkultur – ausgesät wird, richten Sie sich nach den Angaben auf der Samenpackung; in der Regel kommt man damit klar. Aber bei kaltem oder nassem Wetter oder bei schwerem, tonhaltigen Boden lohnt es sich, eine Vorkultur anzulegen, auch wenn der Hersteller die Direktsaat empfiehlt.

Originalverpackte Samen bleiben jahrelang keimfähig; ist die Tüte einmal offen, verschlechtert sich die Samenqualität mit der Zeit. Aber auch eine angebrochene Packung kann bis zum nächsten Jahr trocken und kühl gelagert werden.

Werkzeug und Material für Anzucht aus Samen

Sie brauchen nur einige einfache Hilfsmittel, um Ihre eigenen Pflanzen aus Samen heranzuziehen. Die Grundausrüstung, die Sie unten sehen, ist nicht teuer und leicht erhältlich.

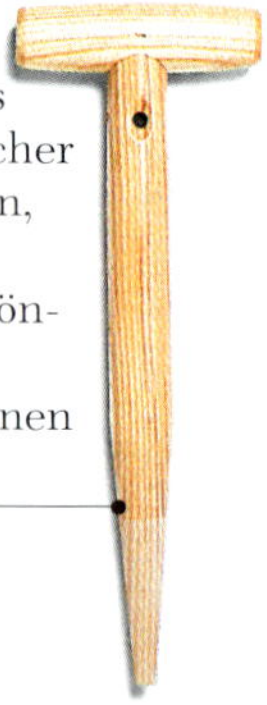

Pikierstäbchen
Verwenden Sie dieses kleine Gerät, um Löcher in die Erde zu stechen, wenn die Pflanzen pikiert werden. Sie können dazu auch ein Holzstäbchen oder einen Bleistift verwenden.

Erdthermometer
Nicht unbedingt erforderlich, aber ganz nützlich, um die Keimtemperatur zu beobachten. Die meisten Gartenpflanzen keimen zwischen 15–18 °C schneller.

Spritzflasche
Nehmen Sie eine Plastikflasche mit einer regulierbaren Spritzdüse, um damit die Samen zu besprühen, ohne sie zu ertränken. Man kann damit auch Fungizide versprühen.

Anzuchterde
Verwenden Sie frische Anzuchterde, die frei von Unkrautsamen, Pilzsporen, Insekten und Krankheiten ist. Kompost und Gartenerde eignen sich für Vorkulturen nicht.

Etiketten
Die Etiketten werden mit der Samensorte und dem Datum der Aussaat sowie wichtigen Anweisungen zur Keimung versehen.

Keimhilfe
Diese leichten und saugfähigen, hitzebehandelten Partikel aus Glimmer führen den Samen Wasser und Nährstoffe zu. Streuen Sie eine dünne Schicht davon über die ausgesäten Samen.

Multitopfplatten
In das Substrat jedes Gefäßteils wird je ein Same gelegt, so daß die Wurzeln sich gut entwickeln können. Torfhaltige Erde ist für kleine Schalen unerläßlich.

Anzuchtschalen
Flache Anzuchtschalen haben ein größere Erdoberfläche als runde Töpfe und nehmen deshalb mehr Samen auf. Sie passen auch besser in ein Minigewächshaus.

Minigewächshaus
In diesem Anzuchtgefäß können die Keimbedingungen kontrolliert werden. Es gibt sie in verschiedensten Ausführungen, von einfacher Saatschale mit Klarsichtdeckel und Luftlöchern bis zu Exemplaren mit thermostatgeregelter Beheizung.

Vorkulturen anlegen

Wenn Sie Ihre Pflanzen in einem Minigewächshaus oder auf der Fensterbank heranziehen, können Sie die Wachstumsbedingungen besser kontrollieren.

1 Die Saatschale wird bis knapp unter den Rand mit frischer Anzuchterde gefüllt. Die Erde wird festgedrückt und die Anzuchtschale ins Wasser gestellt, bis das Substrat feucht ist.

2 Große Samenkörner (wie oben) *werden einzeln mit ausreichendem Abstand auf die Erde gelegt. Kleinere Samen hingegen werden gleichmäßig ausgestreut.*

3 Die Saat wird leicht festgedrückt. Dann siebt man eine Erdschicht von etwa doppelter Samenstärke darüber. Sind die Samen Lichtkeimer (siehe Packung), können sie mit Keimhilfe bedeckt werden.

4 Beschriften Sie die Schale. Geben Sie eine Abdeckhaube oder Folie darüber, bis die Keimlinge groß genug sind, um pikiert zu werden. Besprühen Sie die Anzucht mit warmem Wasser, wenn die Erde trocken ist.

UMPFLANZEN DER SÄMLINGE

Wenn die Sämlinge die ersten echten Laubblätter entwickelt haben, müssen sie vereinzelt (pikiert) werden, damit sie mehr Platz zum Wachsen haben. Seien Sie vorsichtig und beschädigen Sie den Stengel nicht (wird ein Blatt beschädigt, kann der Sämling trotzdem gedeihen).

Stechen Sie mit einem Pikierstab oder einem Stift Löcher vor und setzen Sie die Sämlinge in das neue Gefäß. Drücken Sie die Erde vorsichtig mit den Fingern fest. Gießen Sie mit warmem Wasser an.

Abhärten

Die vorkultivierten Pflanzen müssen auf das Auspflanzen ins Freiland vorbereitet werden – ein Vorgang, den man als Abhärten bezeichnet und der etwa sieben bis zehn Tage dauert. Abdeckhauben und -folien werden nach und nach angehoben, damit die Pflanzen sich akklimatisieren können. Man stellt sie zuerst an milden Tagen stundenweise ins Freie und verlängert von Tag zu Tag die Dauer des Ausflugs. In der Nacht sollten die Pflanzen wieder ins Haus getragen werden. Später, wenn sie ganz nach draußen umgezogen sind, können die Pflanzen nachts abgedeckt werden.

Direktsaat

Viele winterharte ein- und mehrjährige Pflanzen wie Ringelblumen und Levkojen keimen so schnell aus, daß es sich nicht lohnt, Vorkulturen anzulegen. Sie können direkt dort ausgesät werden, wo sie später blühen sollen. Beachten Sie aber die Herstellerangaben. Die Samen werden auf dem vorbereiteten Boden ausgesät und bis zur Keimung feucht und unkrautfrei gehalten. Wenn die Pflanzen groß genug sind, werden Sie pikiert (*siehe Umpflanzen*).

1 Bereiten Sie zuerst das Beet sorgfältig vor. Glätten Sie den Boden mit dem Rechen, so daß er eine krümelige Struktur hat.

2 Kennzeichnen Sie die Saatfläche beispielsweise mit hellem Sand.

3 Ziehen Sie mit einem Stock flache Gräben in verschiedenen Winkeln zueinander. Diese sollten 15–20 cm voneinander entfernt sein. Beachten Sie die Herstellerangaben auf der Samenpackung.

4 Falls nötig, wässern Sie den Boden vor der Aussaat. Nehmen Sie einige Samenkörner zwischen Daumen und Zeigefinger und streuen Sie sie dünn aus. Drücken Sie sie mit wenig Erde fest.

Pflanzung

Auf den folgenden Seiten werden Sie Schritt für Schritt angeleitet, wie Sie verschiedene Pflanzentypen richtig pflanzen können. Bevor Sie aber die Pflanzen einsetzen, müssen Sie den Boden gründlich vorbereiten, das Unkraut entfernen und unter Umständen sogar noch Bodenverbesserer ausbringen (*siehe Seite 16–21*).

Werkzeug zur Pflanzung

Für richtige Pflanzung benötigen Sie einige kleine Geräte von guter Qualität. Die hier gezeigten Hilfsmittel stellen eine gute Grundausrüstung dar.

Kleine Grabgabel
Sie wird beim Unkrautjäten und Umgraben der Erde um die Pflanzen verwendet.

Pflanzschaufel
Sie ist unerläßlich bei Pflanzung von Sommerblumen und kleinen Stauden.

Zwiebelpflanzer
Mit diesem Gerät lassen sich geräumige Pflanzlöcher in der jeweils richtigen Tiefe problemlos ausheben. Besonders bei einer großen Zwiebelzahl ist es sehr nützlich.

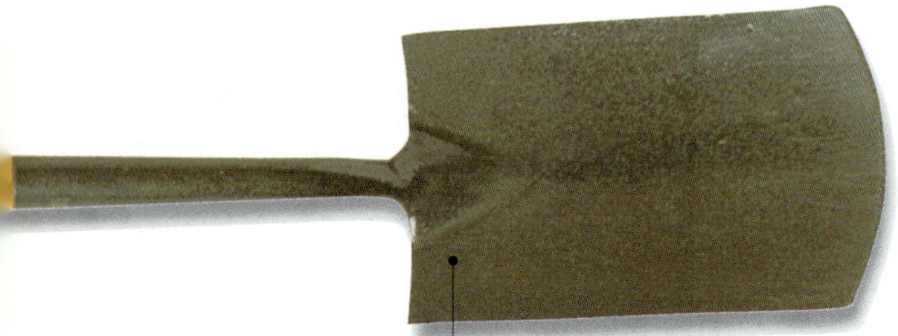

Spaten
Der Spaten wird zum Ausheben von Pflanzlöchern für Bäume und Sträucher benötigt.

Die Pflanzfläche ist auch wichtig: Fast alle Pflanzen werden größer als zum Zeitpunkt des Kaufs. Auf den Etiketten des Züchters sollte die Endhöhe und -breite angegeben sein. Wenn Sie die Pflanzen zu dicht einsetzen, können diese sich später gegenseitig stören. Sind die Pflanzabstände zu groß, siedeln sich leicht Unkrautpflanzen an. Für einjährige Sommerblüher ist dies nicht so wichtig.

Pflanzgefäße

Gefäße werden unabhängig von ihrer Größe immer in gleicher Weise bepflanzt. Achten Sie darauf, daß das Wasser abfließen kann, damit keine Staunässe entsteht. Das Substrat in Gefäßen kann schneller austrocknen. Hier helfen wasserspeichernde Tongranulate.

Obwohl Hängekörbe komplizierter aussehen als andere Gefäße, werden sie nach dem gleichen Prinzip bepflanzt (*siehe Seite 62*). Es gibt eine Reihe von Hängekörben und Materialien zum Auskleiden, aber wenn die Pflanzen über den Rand fließen sollen, eignen sich Hängedrahtkörbe und Moos am besten.

1 Nehmen Sie nur Gefäße mit Abflußlöchern. Legen Sie Kieselsteine oder Tonscherben auf den Topfboden, um den Wasserabfluß zu erhöhen.

2 Füllen Sie das geeignete Substrat für Ihre Pflanzen ein. Geben Sie etwas Langzeitdünger als Granulat hinzu.

3 Setzen Sie nach Herstellerangaben das wasserspeichernde Tongranulat an. Kleines Bild: *Geben Sie das Granulat in den Topf und mischen Sie es unter die Erde.*

4 Setzen Sie die größte Pflanze zuerst ein. Legen Sie einen Stab auf den Topf, um zu sehen, ob die Pflanze gerade sitzt. Pflanzen Sie den Rest von außen nach innen ein. Gießen Sie gründlich.

Pflanzung von Zwiebeln und Knollen

Sollte eine sofortige Pflanzung der Blumenzwiebeln und -knollen nicht möglich sein, lagern Sie sie an einem kühlen und trockenen Ort. Einen schweren Boden können Sie durch Beimengung von Sand oder Kies lockern, damit die Zwiebeln und Knollen nicht durch Staunässe verfaulen. Wenn Sie sie im nächsten Frühjahr wieder einpflanzen wollen, holen Sie die Zwiebeln aus der Erde und lagern Sie sie den Winter über ein.

Zwiebeln im Rasen

Für ein natürliches Aussehen werden die Zwiebeln wie zufällig verteilt, mindestens eine Zwiebel-Breite voneinander entfernt. Größere Zwiebeln werden einzeln eingesetzt, für kleinere wird ein Rasenstück zur Seite geklappt.

1 Mähen Sie den Rasen, denn so läßt er sich leichter bepflanzen. Verteilen Sie die Zwiebeln über die gesamte Fläche.

2 Stechen Sie mit dem Zwiebelpflanzer ein Loch. Kleines Bild: *Setzen Sie die Zwiebel mit dem spitzen Ende nach oben.*

3 Die ausgestochene Erde wird wieder ins Loch gegeben. Die entsprechende Rasenfläche wird anschließend vorsichtig angedrückt.

PFLANZTIEFEN FÜR ZWIEBELBLUMEN

Die Zwiebeln werden so eingepflanzt, daß die sie bedeckende Erdschicht etwa doppelt so hoch ist wie die Höhe der Zwiebel selbst. Beachten Sie unbedingt die Angaben des Züchters.

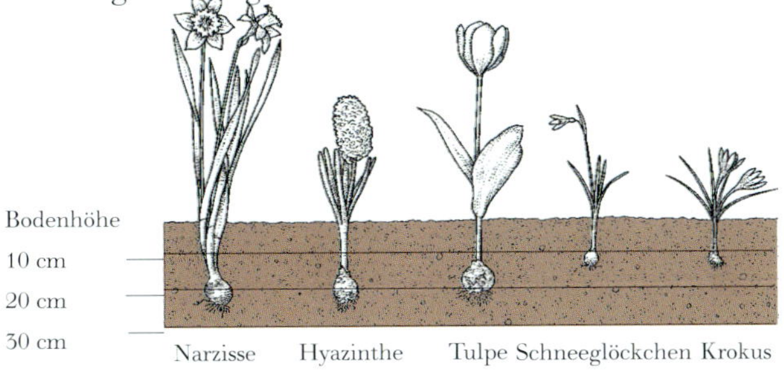

Wasserpflanzen einsetzen

Die beste Pflanzzeit für Wasserpflanzen ist der Frühling. Schwimmpflanzen wie die Krebsschere oder die sauerstoffproduzierende Wasserpest werden einfach in den Teich versenkt. Die Randpflanzen setzt man im Sumpfbereich ein.

Wie Sie Schwimmblattpflanzen einsetzen, sehen Sie unten. Untergetauchte Blätter wachsen schnell nach oben an die Wasseroberfläche.

1 Kleiden Sie einen Pflanzkorb für Wasserpflanzen mit Jute aus (damit das Substrat nicht weggeschwemmt wird) und füllen Sie zur Hälfte Substrat ein. Kleines Bild: *Setzen Sie die Pflanzen vorsichtig in den Korb und drücken Sie die Erde leicht fest.*

2 Beschweren Sie die Korboberfläche mit Kies, damit die Pflanze nach dem Einsetzen des Korbes nicht davonschwimmen kann. Versenken Sie den bepflanzten Korb am Teichrand vorsichtig ins Wasser.

Sommerblumen einsetzen

Viele Sommerblumen können im Gartencenter oder über den Versandhandel gekauft werden. Härten Sie die Pflanzen einige Tage ab, bevor Sie sie auspflanzen. Kälteempfindliche Pflanzen kommen erst dann nach draußen, wenn die Frostgefahr vorüber ist.

1 Wässern Sie die Pflanzen etwa 20 Minuten in einem flachen Gefäß. Die Topferde trocknet leicht aus, da die Gefäße relativ klein sind.

2 Teilen Sie das Beet ein. Holen Sie die Pflanzen aus ihren Töpfen heraus. Drücken Sie nach der Pflanzung die Erde fest.

Pflanzung von Bodendeckern

Bodendecker sind entweder Stauden oder Sträucher und werden wie diese gepflanzt (*siehe unten und rechts*). Achten Sie darauf, daß das Beet frei von hartnäckigem Unkraut ist, da dies sich nach der Pflanzung der Bodendecker sehr schwer entfernen läßt.

Die Pflanzabstände sind oft angegeben. Werden die Pflanzen dicht eingesetzt, bedecken sie den Boden sehr schnell. Bei großen Abständen brauchen Sie weniger Pflanzen, was zwar kostengünstiger ist, jedoch viel Zeit zum Entfernen von Unkraut erfordert.

Wenn Sie Efeu als Bodendecker haben, machen Sie aus verzinktem Draht U-förmige Haken von 20 cm Länge. Drücken Sie damit die Efeutriebe in bestimmten Abständen in den Boden. Decken Sie die Stellen mit Erde ab. Die Triebe bilden Wurzeln und bedecken die Fläche rasch.

Stauden pflanzen

Stauden werden in Vierer- oder Fünfer-Gruppen eingesetzt, damit sie besser wirken. Kaufen Sie mehrere kleine Pflanzen oder teilen Sie eine große. Setzen Sie die Stauden mit Wurzelballen in gleicher Weise wie die Sträucher ein.

1 Legen Sie die Stauden erst einmal auf den Boden, um die Pflanzabstände und -lage zu bestimmen.

2 Wässern Sie die Pflanzen, lassen Sie das Wasser abfließen und setzen Sie sie gleich tief wie im Topf ein.

3 Drücken Sie die Pflanzen in die Erde, damit die Wurzeln Bodenkontakt bekommen. Falls nötig, wässern Sie erneut. Wenn Sie Probleme mit Schnecken haben, stellen Sie Bierfallen auf. Schneckenkorn ist für Wild- und Haustiere schädlich.

Sträucher und Hecken pflanzen

Hecken und Sträucher sollten genug Platz zum Wachsen haben und sich nicht gegenseitig behindern. Sie sind leichter einzupflanzen als Bäume (*siehe rechts*). Sie müssen nicht gestützt werden und benötigen auch keine zusätzliche Bewässerung. Da diese Pflanzen mehrere Triebe haben, können Wildtiere wie Hasen sie nicht besonders gefährden. Falls nötig, können Sie die Pflanzen jedoch mit einem Maschendraht schützen.

1 Graben Sie die Fläche um und entfernen Sie das Unkraut. Plazieren Sie die Pflanzen im richtigen Abstand. Für Hecken spannen Sie ein Seil, um zu sehen, ob die Pflanzen in einer Reihe sind.

2 Heben Sie für jede Pflanze ein Loch aus. Überprüfen Sie mit einem Stock den richtigen Pflanzabstand.

3 Drücken Sie mit dem Fuß die Erde um jede Pflanze fest. Gießen Sie die bepflanzte Stelle gründlich.

PFLANZTIPS FÜR PFLANZEN MIT WURZELBALLEN

Um die Wurzelballen der Pflanzen, die nicht im Container gekauft werden, vor dem Austrocknen zu schützen, werden die Wurzeln mit nasser Jute bedeckt. Breiten Sie vor der Pflanzung die Wurzeln aus und sehen nach, ob diese gleichmäßig mit Erde bedeckt sind. Laubabwerfende Pflanzen werden im Spätherbst, Winter oder Vorfrühling eingesetzt – falls der Boden nicht gefroren ist. Immergrüne Arten pflanzt man Mitte Frühling.

Kletterpflanzen und Kletterrosen pflanzen

Der Boden an einer Mauer, unter einem Baum oder einer Hecke ist meist recht nährstoffarm. Wenn Sie hier Kletterpflanzen oder -rosen einsetzen wollen, heben Sie ein Loch aus, das mindestens 22,5 cm weiter weg ist. Dort ist die Erde feuchter und nährstoffreicher. Sollte dies nicht möglich sein, geben Sie in das Pflanzloch Bodenverbesserer hinzu und mulchen Sie gut, damit der Boden sein Bestes hergibt.

Pflanzen Sie Kletterrosen und -pflanzen in einem Winkel von 45 Grad, so daß sie sich auf ihre Kletterhilfe stützen können. Setzen Sie Kletterrosen nicht an Stellen ein, wo jahrelang Rosen wuchsen. Der Boden wird »rosenmüde«, und die neuen Rosen gedeihen nicht, wie sie sollten.

1 Heben Sie ein großes Loch aus, das mindestens 22,5 cm von der Mauer oder der Hecke entfernt ist. Bei Clematis sollte das Loch 15 cm tiefer sein als der Topf, in dem Sie die Pflanze gekauft haben. Geben Sie ins Pflanzloch einen Bodenverbesserer hinzu (siehe Seite 17–19).

2 Setzen Sie die Kletterpflanze ein. Drücken Sie die Erde um die Pflanze herum fest und gießen Sie gründlich.

3 Führen Sie die Pflanze mit dem Stützstab Richtung Kletterhilfe. Diese kann ein Spalier an der Wand oder eine andere Pflanze wie ein Strauch oder Baum sein. Befestigen Sie die Pflanze mit einer Schnur an dem Stützstab.

Bäume pflanzen

Bäume sind wie Sträucher, Hecken und Bodendecker ausdauernde Pflanzen und benötigen etwas mehr Pflege, um sich einzuleben. Achten Sie darauf, daß der Baum vor der Pflanzung ausreichend gewässert wird. Heben Sie ein Loch aus, das groß genug ist für das Wurzelwerk. Mulchen Sie nach der Pflanzung, damit der Baum sich gegen andere Pflanzen und Unkraut besser durchsetzen kann.

1 Entfernen Sie eine große kreisförmige Rasenfläche. Heben Sie ein großes Loch aus, in dem die Wurzeln genug Platz haben. Mischen Sie unter den Aushub eine Handvoll Knochenmehl.

2 Große Bäume benötigen einen Stützpfahl, bis die Wurzeln sich fest verankert haben. Schlagen Sie einen Pfahl mindestens 60 cm tiefer als der Grund des Pflanzlochs in den Boden ein. Kleines Bild: *Legen Sie einen Wasserschlauch in das Pflanzloch , dessen offenes Ende an der Erdoberfläche bleibt, so daß das Wasser direkt zum Wurzelballen fließen kann.*

3 Holen Sie den Baum aus dem Behälter heraus und setzen Sie ihn in das Loch. Füllen Sie die Hälfte vom Aushub wieder ein, bis der Baum stabil ist. Umwickeln Sie den Stamm mit einem Kunststoffband.

4 Füllen Sie die restliche Erde ein, drücken Sie sie fest und mulchen Sie. Kleines Bild: *Fixieren Sie den Stamm mit einem witterungsfesten Bindematerial und einem Nagel am Stützpfahl.*

Bewässerung

Wasser zum richtigen Zeitpunkt und in richtiger Menge ist wichtig für das Wachstum und Wohlbefinden der Gartengewächse. Erleichtern Sie sich die Arbeit mit einer entsprechenden Ausrüstung.

Wässern Sie die Beete und den Rasen ein- oder zweimal in der Woche gründlich. Das ist besser, als jeden Tag nur wenig zu gießen. Dadurch wachsen die Wurzeln in Richtung Erdoberfläche statt in den Boden. Gießen Sie direkt den Boden unter der Pflanze. Wässern Sie gleichmäßig, so daß der Boden das Wasser aufnehmen kann, bevor Sie weiter gießen. Ist der Wasserstrahl zu stark, schwemmt er die Erde weg und legt die Wurzeln frei.

Bewässerungshilfen

Hier sehen Sie die wichtigsten Geräte zum Gießen, die jeder Gärtner besitzen sollte. Es gibt eine Reihe von weiteren Gießhilfen wie zum Beispiel ausgefallene Bewässerungssysteme.

Gießkanne
Diese unentbehrliche Gießhilfe ist in vielen Formen und verschiedenen Materialien wie Plastik und Metall erhältlich. Gießkannen mit langem Ausguß und einer abnehmbaren Brause sind jedoch die vielseitigsten. Kaufen Sie mehrere Gießkannen in verschiedenen Farben für Dünger und Fungizide.

Gartenschlauch
Der Gartenschlauch ist für jeden – sogar den kleinsten – Garten wichtig. Am einfachsten zu bedienen ist der Schlauch an einer Rolle. Sie bekommen auch verschiedene Arten von Zubehör. Es gibt Teile, mit denen Sie den Gartenschlauch um die Ecke führen können, ohne ihn einzuknicken.

Sprühschlauch
Dieser Schlauch besteht aus wiederverwertetem Reifengummi. Entlang des Schlauchs wird aus den einsteckbaren Düsen Wasser versprüht. Besonders neu bepflanzte Beete und Hecken lassen sich damit einfach bewässern. Der Sprühschlauch wird in der Regel unter der Bodenoberfläche verlegt.

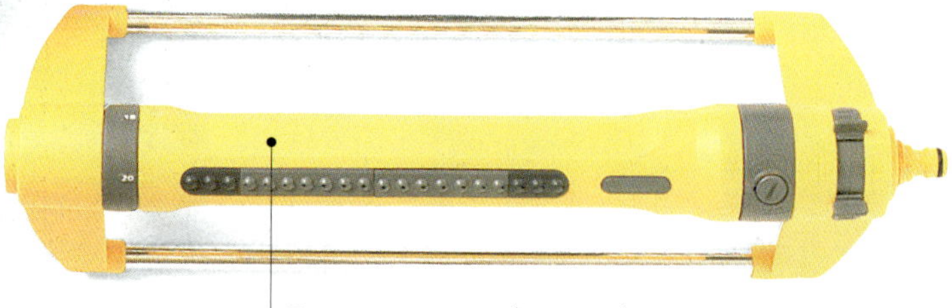

Rasensprenger (Regner)
Es gibt neben den üblichen Regnern für kreisrunde und quadratische Flächen auch variable Sprühdüsen, die eine exaktere Bewässerung ermöglichen. Diese Wässerungsmethode kann kostspielig werden: An heißen Tagen verdampft das meiste Sprühwasser, bei windigem Wetter erreicht es das Ziel nicht.

Gießen erleichtern

Um beim Gießen Zeit und Mühe zu sparen, können Sie ein Bewässerungssystem konstruieren, das das kostbare Naß direkt zu Ihren Pflanzen führt. Wenn es einmal angebracht ist, brauchen Sie nur noch am Wasserhahn zu drehen. Als Zubehör sind spezielle »Wasseruhren« erhältlich, die am Wasserhahn befestigt werden und die Zufuhr nach der eingestellten Zeitdauer oder Wassermenge unterbrechen.

Es gibt auch batteriebetriebene Bewässerungscomputer, mit denen sich Zeitpunkt und Dauer der Bewässerung exakt programmieren lassen. Man kann die Elektronik mit einem Feuchtsensor kombinieren, der die Bodenfeuchtigkeit mißt und den natürlichen Niederschlag berücksichtigt und nur bei tatsächlichem Bedarf wässert. Elektronische Anlagen ermöglichen eine gezielte Bewässerung auch bei längerer Abwesenheit des Gartenbesitzers.

Die Anlage von Bewässerungssystemen dauert ziemlich lange, und Sie müssen sie jedes Frühjahr wieder anbringen, aber Sie sparen durch automatische Bewässerung gerade in den Sommermonaten eine Menge Zeit.

HÄNGEKÖRBE WÄSSERN

Hängende Körbe sind in der Regel in Kopfhöhe angebracht, wodurch ihre Pflege erschwert wird. Das Substrat liegt ziemlich frei und trocknet deshalb schnell aus. An heißen Tagen müssen die Körbe zweimal gegossen werden –, auch wenn Sie durch Zugabe von Tongranulat den Feuchtigkeitsverlust etwas reduzieren können (*siehe Seite 63*).

Wässern in Kopfhöhe
Mit einer Verlängerung an Ihrer Gießkanne oder am Gartenschlauch können Sie das Wässern erleichtern. Sie können auch an dem Wasserschlauch einen Stab befestigen (im Bild), *um den Schlauch zu stabilisieren.*

Regenwassernutzung

Stellen Sie unter das Regenfallrohr ein Faß, das das Regenwasser auffangen soll. Installieren Sie vorher im Regenfallrohr eine spezielle Klappe, denn der erste Guß nach einer Trockenperiode wird nicht zum Gießen verwendet. Er ist durch Luftschadstoffe belastet. Das Faß sollte einen Deckel haben, der den Schmutz abhält, und einen Hahn, mit dem Sie das Wasser abzapfen können.

TIPS ZUR BEWÄSSERUNG

- Besonders Pflanzen, die nicht länger als zwei Jahre gepflanzt sind, sollten regelmäßig gegossen werden, da ihre Wurzeln nicht voll entwickelt sind, um tieferen Bodenschichten Wasser zu entnehmen.
- Bepflanzte Gefäße müssen täglich gegossen werden. Das Substrat in großen Gefäßen trocknet nicht so schnell aus wie in kleineren. Die Töpfe sollten tagsüber im Halbschatten stehen.
- Kräuter, große Bäume, Sträucher und Stauden können kurze Trockenperioden ohne Bewässerung aushalten. Der Rasen profitiert vom Regen, so daß er nicht unbedingt gegossen werden muß.
- Sammeln Sie das Regenwasser in einem Faß. Verwenden Sie kein fetthaltiges Wasser wie zum Beispiel Spülwasser zum Gießen.
- Setzen Sie einen Blumentopf oder eine Rohrleitung in den Boden ein, wenn Sie größere Gewächse pflanzen. Sie können das Wasser direkt in den Topf oder in die Leitung fließen lassen und so gezielt die Wurzeln wässern. Für Beete mit kleineren Pflanzen eignet sich der Sprühschlauch besser.
- Sämlinge und junge Pflanzen sollten von unten gegossen werden, um Staunässe zu vermeiden.
- Legen Sie im Frühjahr eine Mulchschicht auf, um starke Wasserverdunstung zu verhindern. Gießen Sie morgens oder am frühen Abend, um die Wasserverdunstung zu reduzieren.

Schädlinge und Krankheiten

Vorbeugende Maßnahmen gegen Schädlinge und Krankheiten im Garten sind meist sinnvoller als die Behandlung befallener Pflanzen. Eine ausgewogene Gartenpflege wie regelmäßiges Unkrautjäten, das Entfernen verwelkter Pflanzenteile, die Schädlingen und Krankheiten als Nährboden dienen, regelmäßiges Gießen und richtige Nährstoffzufuhr trägt viel zur Gesundheit der Pflanzen bei. Wenn Ihr Garten Wildtieren (Frösche, Vögel, Igel, Marienkäfer) den richtigen Lebensraum bietet, werden diese mit herkömmlichen Pflanzenschädlingen wie Blattläusen und Schnecken biologisch fertig. Sie können dadurch auf umweltschädigende chemische Mittel weitgehend verzichten.

Falls Schädlinge und Krankheiten dennoch auftreten, sollten Sie sie umgehend bekämpfen. Befallene Pflanzen und Pflanzenteile müssen sofort entfernt werden, damit die Plage sich nicht ausbreiten kann. Kranke Pflanzen gehören nicht auf den Komposthaufen. Die Auflistung unten gibt Ihnen Informationen über die häufigsten Schädlinge und Krankheiten.

Häufige Schädlinge und Krankheiten: Vorbeugung und Abhilfe

Schädling/Krankheit	Symptome	Vorbeugung/Abhilfe
 **Blattläuse** *Links:* Schwarze Blattläuse auf Goldkamille (*Tanacetum parthenium*)	Kolonien von Insekten, oft grün oder schwarz. Gewöhnlich an jungen Triebspitzen. Blätter sind klebrig, Triebspitzen und Blüten verkümmern. Blattläuse vermehren sich an warmen und geschützten Lagen stark.	Fördern Sie die natürlichen Feinde wie Marienkäfer. Bei Befall können Sie die Pflanze mit Seifenlösung oder Brennesselbrühe besprühen. Stark verlauste Teile abschneiden. Pflanze mit Pflanzenschutzmittel einsprühen.
 **Raupen** *Links:* Raupe vom Großen Kohlweißling (*Pieris brassicae*)	Blüten- und Laubblätter angefressen; man findet Raupen oft in den Blüten. Sie kommen an unbebauten Stellen mit Unkraut vor.	Anfällige Pflanzen mit einem Netz bedecken, damit Schmetterlinge ihre Eier nicht ablegen. Kleinere Tiere mit der Hand entfernen oder einem Kontaktinsektizid einsprühen.
 **Schnecken** *Links:* Nacktschnecke auf Funkienblatt	Ungleichmäßige Löcher an der Pflanze. Schleimspuren in der Nähe der Pflanze. Nacktschnecken bevorzugen feuchte, schattige Plätze.	Bringen Sie einen Ring aus grobem Sand oder Kies um junge Pflanzen aus, damit die Schnecken nicht an die Triebe gehen. Sie können auch Bierfallen aufstellen.
 **Weiße Fliege** *Links:* Weiße Fliege und Eier auf der Unterseite eines Blatts	Helle Saugflecken auf Blättern, oft klebrig. Kleine, weiße Fliegen, die bei der geringsten Erschütterung auffliegen.	Entfernen Sie im Herbst die Gartenabfälle, da die Eier der Weißen Fliege darauf überwintern. In der Nähe anfälliger Pflanzen können Tagetes gepflanzt werden. Benützen Sie bei Befall geeignete Insektizide, gegebenenfalls auch mehrfach.

Schädling/Krankheit		Symptome	Vorbeugung/Abhilfe
	**Falscher Mehltau** *Links:* Falscher Mehltau auf Erbsenblättern	Gelbliche und bräunliche Flecken auf Blattoberseiten, grau-weißlicher Belag auf Blattunterseiten. Besonders an kühlen und feuchten Plätzen, bei dicht gedrängten Pflanzen.	Wenn möglich, kaufen Sie resistente Sorten. Bei Befall werden die betroffenen Teile der Pflanze entfernt und vernichtet. Sprühen Sie sie mit geeignetem Pflanzenschutzmittel ein.
	**Keimlingskrankheit** *Links:* Sämlinge von Kresse auf gesundem Boden (*rechts*) und infiziertem Boden (*links*)	Die Sämlinge fallen auf dem Boden um. Die Krankheit beginnt bei einigen Sämlingen und breitet sich dann aus. Sie tritt vor allem unter kühlen und feuchten Bedingungen auf.	Die Krankheit wird durch Pilze verursacht. Frisches Substrat und sauberes Wasser können vorbeugen. Die Anzuchtschalen müssen desinfiziert und befallene Sämlinge entfernt werden.
	**Echter Mehltau** *Links:* Echter Mehltau auf den Knospen und Blättern der *Rosa* 'Iceberg'	Auf Blattoberseiten und Trieben mit weißlich-mehligem Belag. Feucht-kühle Standorte fördern die Infektion.	Als vorbeugende Maßnahme dienen lichter Bestand und gründliches Gießen. Befallene Blätter entfernen. Pflanze mit Schachtelhalmbrühe oder Fungizid einsprühen.
	**Rostpilze** *Links:* Rost auf Johanniskrautblatt	Unterschiedliche Symptome, aber generell orange-braune Flecken auf Blattunterseite und Stengel. Rost tritt vor allem bei Feuchte auf.	Verbessern Sie die Luftzirkulation um die Pflanzen; entfernen Sie Pflanzenabfall und Unkraut. Bei Befall werden die betroffenen Blätter oder die ganze Pflanze vernichtet. Sprühen Sie mit einem speziellen Fungizid ein.
	**Viruserkrankungen** *Links:* Gelbfärbung an Narzissenblättern (*Mosaikkrankheit*)	Flecken oder marmorierte Stellen an Blättern und Blüten sind ein Zeichen für Virusbefall. Die Pflanze sieht verkümmert oder gekräuselt aus. Viruserkrankungen werden durch Insekten übertragen.	Kaufen Sie im Handel erhältliches virusfreies Saatgut. Verhindern Sie Blattlausbefall, da diese die Viren übertragen. Direkte Virusbehandlung ist nicht möglich. Vernichten Sie die Pflanzen.

TIPS ZUR VORBEUGUNG

- Kontrollieren Sie die Blattunterseiten und Triebspitzen von neuen Pflanzen auf Schädlinge oder Krankheiten.
- Wenn Sie schon eine Plage im Garten hatten, suchen Sie nach Sorten, die gegen diese Krankheit resistent sind.
- Entfernen Sie Fallaub, Unkraut und alte Pflanzen sofort. Ein gepflegter Garten bietet keine versteckten Ecken, an denen die Schädlinge sich vermehren können.
- Die warm-feuchten Bedingungen im Gewächshaus bieten den idealen Nährboden für Schädlinge und Krankheiten. Deshalb sind hier Hygiene und Luftaustausch oberstes Gesetz.
- Vermeiden Sie zu dichte Pflanzabstände. Lassen Sie zwischen den einzelnen Gewächsen soviel Platz, daß die Luft zirkulieren kann und Sie Fallaub entfernen können.
- Verbrennen Sie befallene Pflanzen oder werfen Sie sie in die Mülltonne; kranke Pflanzen dürfen nicht auf den Kompost.
- Gesunde Pflanzen widerstehen dem Ansturm von Schädlingen und Krankheiten besser als geschwächte; vernachlässigen Sie daher die Routinepflege nicht.

Pflege von Stauden

Stauden brauchen nicht wie kurzlebige Sommerblumen jedes Jahr neu gepflanzt zu werden. Wieviel Pflege sie benötigen, hängt von den einzelnen Arten ab. Aber bei allen Stauden muß Verwelktes entfernt und die Pflanze im Herbst zurückgeschnitten werden (*siehe Seite 39*).

Abstützen

Wenn Sie Pflanzen auswählen, die nicht gestützt werden müssen, können Sie viel Zeit sparen. Aber die meisten Gärtner sind bereit, die Arbeit des Abstützens auf sich zu nehmen. Pflanzen und Bäume, die höher als 1,2 m sind, müssen in den ersten zwei Jahren gestützt werden. Stützstangen werden im Spätfrühling, solange die Triebe biegsam sind und bevor die Pflanzen Blüten hervorbringen, rund um die Stauden in den Boden gesteckt. Mit der Zeit verdecken die Pflanzen mit ihrem Laub und ihren Blüten die Stangen. Die Stützstangen werden in der Regel im Herbst herausgenommen, wenn die Stauden zurückgeschnitten werden.

Stangen und Stützgerüste

Es gibt verschiedene Stützmöglichkeiten. Für welche Sie sich entscheiden, ist eine Kostenfrage. Wichtig ist auch, wie gut die Pflanze das jeweilige Stützgerüst verdecken würde. Es sollte keine scharfen Teile haben, damit man sich nicht verletzen kann.

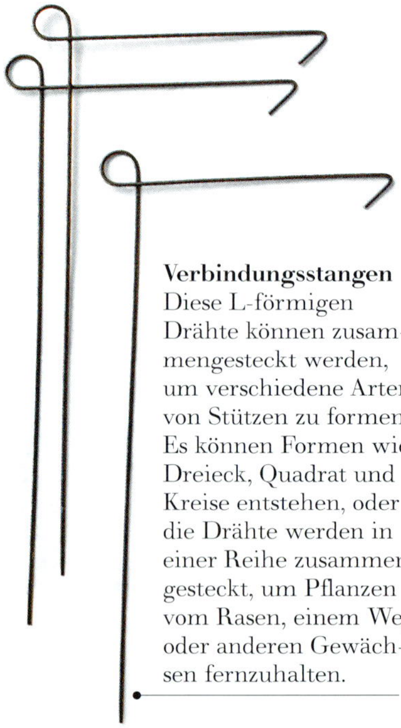

Verbindungsstangen
Diese L-förmigen Drähte können zusammengesteckt werden, um verschiedene Arten von Stützen zu formen. Es können Formen wie Dreieck, Quadrat und Kreise entstehen, oder die Drähte werden in einer Reihe zusammengesteckt, um Pflanzen vom Rasen, einem Weg oder anderen Gewächsen fernzuhalten.

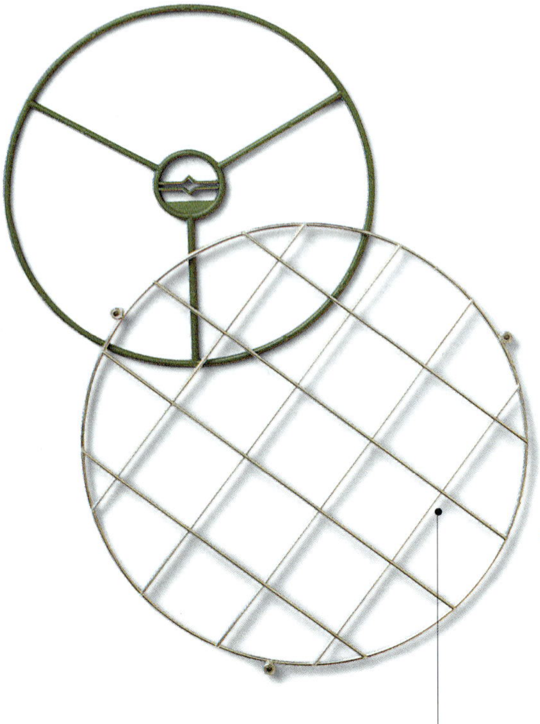

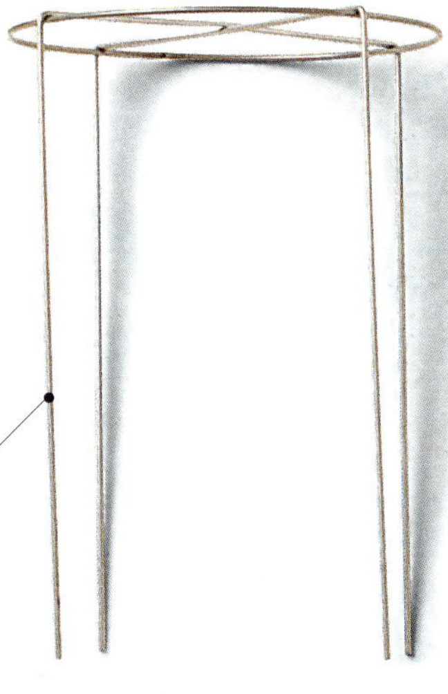

Runde Stützen
Diese runden Gitter aus Metall oder Plastik werden über niedrige, mittelhohe oder hohe Pflanzen wie zum Beispiel Rittersporn gesteckt, damit diese nicht umfallen können. Die Stützen werden durch Metallbeine gehalten oder an Stützstangen befestigt.

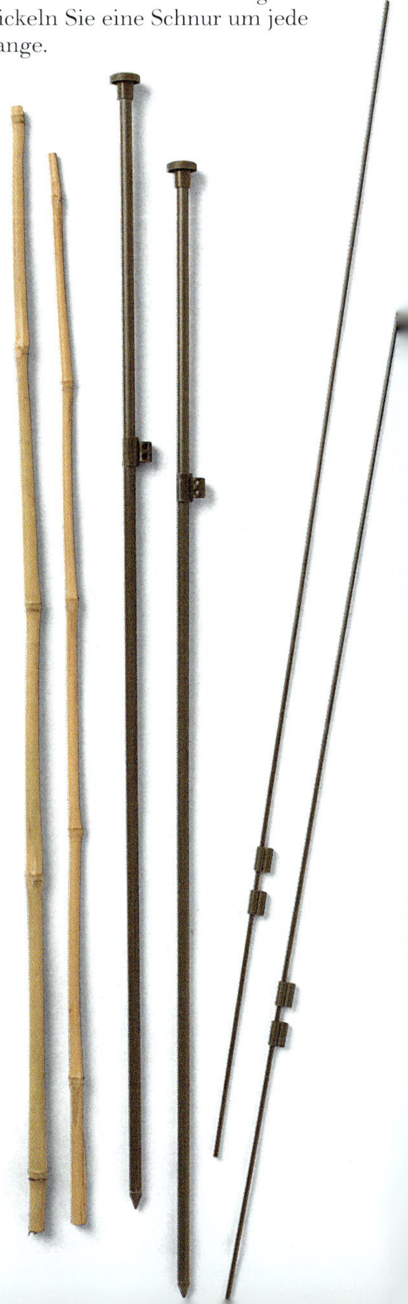

Stützstangen
Stützstangen aus Bambus, Holz oder Kunststoff sind die kostengünstigste Methode. Stecken Sie rund um die Pflanze drei oder mehr Stangen. Wickeln Sie eine Schnur um jede Stange.

Abstützmethoden

Für was Sie sich entscheiden, hängt von der Stärke der Staude ab und wie Sie sie zur Schau stellen wollen. Stauden mit schwachen Trieben brauchen mehr Stütze.

Stangen und Schnur

1 Stecken Sie vier Stangen rund um eine Pflanze 10–15 cm tief in den Boden.

2 Wickeln Sie um jede Stange eine Schnur. Fangen Sie unten an, wiederholen Sie den Vorgang weiter oben, falls es nötig sein sollte.

Verbindungsstangen

1 Stecken Sie die lange Seite in den Boden. An der oberen Seite wird eine andere Stange festgemacht und diese in die Erde gesteckt.

2 Fahren Sie so fort, bis eine Reihe von Drahtstangen entstanden ist. Diese halten die Pflanzen ab, die in den Rasen oder über einen Weg wachsen.

Runde Stützen

1 Formen und befestigen Sie die Drähte zu einem Ring.

2 Passen Sie Lage und Größe des Ringes der Pflanze an.

Verblühtes entfernen und Pflegeschnitt

Entfernen Sie Verblühtes sofort. Obwohl die meisten Stauden im Spätherbst zurückgeschnitten werden sollten, kann der Schnitt auch im Frühjahr erfolgen. Das Schnittgut läßt sich gut kompostieren. Für einen Winterschutz eignen sich Fichtenzweige. Entfernen Sie im Frühjahr die Abdeckung, damit der Austrieb nicht behindert wird.

VERMEHRUNG VON STAUDEN

Vegetative Vermehrung ist eine kostengünstige Möglichkeit, den Bestand zu vergrößern, und es macht auch Spaß, mit neuen Sorten zu experimentieren.

Teilung

Die beste Zeit für eine Teilung ist der Vorfrühling vor dem Austrieb oder der Herbst, wenn die Pflanzen in die Ruhezeit wechseln. Holen Sie die Pflanze mit dem Wurzelwerk heraus, ohne die Nachbarpflanzen zu beschädigen. Kleinere Bereiche können mit der Hand geteilt werden. Ältere Wurzelballen müssen mit einem kräftigen Messer oder einem scharfen Spatenblatt durchtrennt werden. Pflanzen mit Rhizomen (Erdsprossen) lassen sich leicht aus der Erde herausnehmen. Schneiden Sie diese in mehrere Teile, so daß jeder Teil mindestens einen Trieb und Wurzeln besitzt. Große Stauden sollten alle drei bis vier Jahre geteilt werden.

Stecklinge

Einen Steckling kann man aus verschiedenen Teilen einer Pflanze gewinnen. Zur Vermehrung werden meistens Kopfstecklinge verwendet, die von den Spitzen unverholzter, nicht blühender Triebe stammen. Am besten bewurzeln sich die Stecklinge im Frühjahr oder im Frühsommer. Man kann bei Arten mit weichen Triebspitzen auch Teilstecklinge verwenden.

Bewurzelter Geraniensteckling
Der unverholzte Steckling wurde im Frühjahr abgeschnitten (siehe unten).

1 Schneiden Sie einen 7,5 cm langen Trieb ab. Entfernen Sie die unteren Blätter und behandeln Sie die Schnittfläche mit einem Bewurzelungshormon.

2 Topfen Sie den Steckling ein und gießen Sie ihn. Stülpen Sie eine Folienhaube über das Gefäß und stellen Sie es an eine schattige Stelle.

Pflanzschnitt

Viele Bäume und Sträucher benötigen keinen regelmäßigen Schnitt. Ein gelegentlich ausgeführter Rückschnitt genügt, damit sie nicht wuchern. Aber Heckenpflanzen und Gehölze mit einem Formschnitt müssen in relativ kurzen Abständen geschnitten werden, damit sie ihre Form wahren. Achten Sie beim Kauf der Pflanzen darauf, wie oft ein Schnitt nötig ist.

Vertrocknete und kranke Äste müssen immer entfernt werden, damit sich Krankheiten nicht ausbreiten. Sie können totes Holz vom lebenden Holz unterscheiden, wenn Sie mit Ihrem Daumennagel daran kratzen. Wenn grüngefärbtes Holz sichtbar wird, lebt der Ast noch; bei brauner oder weißer Farbe ist der Ast bereits vertrocknet.

Wenn Sie wissen, ob Ihre Sträucher die Blüten am diesjährigen oder mehrjährigen Holz entwickeln, wird der Pflanzschnitt einfacher. Altes Holz ist in der Regel dunkler und hat eine rauhere Oberfläche; junges Holz ist heller und glatter. Nach einer üppigen Blüte schafft ein Rückschnitt Platz für neue Triebe im nächsten Jahr. Düngen Sie nach dem Schnitt die Pflanze, um das Wachstum anzuregen. Im Frühling, wenn es wärmer geworden ist, sollten Sie mulchen.

Werkzeug für den Pflanzschnitt

Die meiste Schnittarbeit kann mit der Gartenschere erledigt werden. Hohe Hecken erfordern jedoch Heckenscheren. Für große Bäume und Sträucher, deren Äste dicker als 1 cm sind, benötigen Sie eines der abgebildeten Werkzeuge. Berücksichtigen Sie beim Werkzeugkauf die Höhe und Zugänglichkeit Ihrer Bäume und Sträucher.

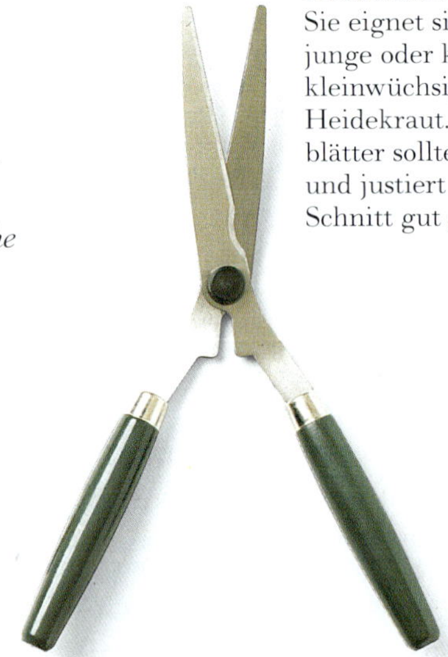

Heckenschere
Sie eignet sich vor allem für junge oder kleine Hecken und kleinwüchsige Sträucher wie Heidekraut. Die Schneideblätter sollten immer scharf und justiert sein, damit der Schnitt gut gelingt.

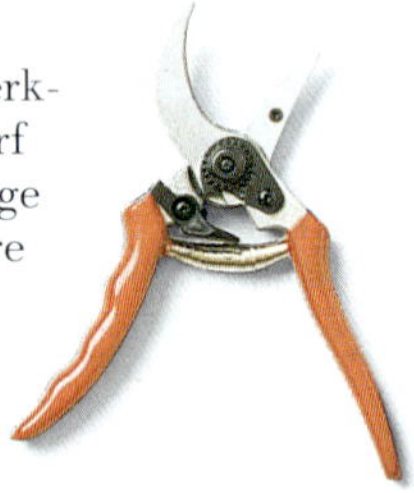

Gartenschere
Sie ist ein unerläßliches Werkzeug und sollte immer scharf sein. Wichtig sind erstklassige Qualität und auswechselbare rostfreie Messer. Die Griffe sollten gut in der Hand liegen und die Sicherung leicht bedienbar sein.

Astschere
Eine langschenkelige Astschere ist das ideale Werkzeug für Äste von etwa 3 cm Durchmesser. Mit den langen Griffen lassen sich auch dichte und stachelige Sträucher gut schneiden. Achten Sie beim Kauf auf das Gewicht der Schere.

Motorheckenschere
Je länger das Schneidemesser ist, umso schneller geht der Schnitt. Modelle mit Benzinmotor sind für große und professionelle Anlagen geeignet und kommen für den Hausgebrauch kaum in Betracht. Elektrische Heckenscheren sind billiger, leichter und leiser. Es gibt auch batteriebetriebene Modelle. Achten Sie beim Kauf auf die Sicherheit. Empfehlenswert sind Geräte mit einem »Blitzstopp« der Messer.

Baummesser
Mit diesem nützlichen Werkzeug für weichere Triebe können Sie auch zwischen den Ästen leicht schneiden. Manche Modelle lassen sich nach Gebrauch zusammenklappen.

Bügelsäge
Diese Säge ermöglicht ein schnelles Entfernen von dickeren Ästen. Das Sägeblatt ist auswechselbar.

Häcksler
Wenn in Ihrem Garten große Mengen an Schnittgut anfallen, lohnt sich der Kauf eines Häckslers. Die gehäckselten Äste sind ein hervorragendes Mulchmaterial oder können dem Kompost beigemengt werden. Das ist umweltfreundlicher, als das Holz zu verbrennen. Häcksler sind relativ teuer. Es gibt leisere und lautere Modelle. Die Leisehäcksler sind nicht lauter als ein Rasenmäher. Tragen Sie bei der Arbeit unbedingt Handschuhe und eventuell auch eine Schutzbrille, damit herumfliegende Teilchen das Auge nicht verletzen.

Die richtige Schnitt-Technik

Saubere Schnitte erfordern scharfes Werkzeug. Mit stumpfem Werkzeug würden Sie das Pflanzengewebe und eventuell auch sich selbst verletzen. Der Schnittwinkel hängt von der Lage der Knospen ab. Die meisten Knospen sind versetzt angeordnet (*siehe unten*). Kappen Sie den Trieb stets schräg über der Knospe, damit Regenwasser abfließen kann. Dadurch vermeiden Sie Infektionskrankheiten. Bei gegenüberliegenden Knospen erfolgt ein gerader Schnitt.

Versetzte Knospen
Bei einer Pflanze, bei der die Knospen am Trieb versetzt angeordnet sind, erfolgt der Schnitt schräg und möglichst nah an einer nach außen gerichteten Knospe, wie hier gezeigt wird.

Gegenüberliegende Knospen
Bei einer Pflanze mit gegenüberliegenden Knospen wird immer gerade und möglichst nah an den Knospen geschnitten.

Schneiden zur richtigen Zeit

Ein Gehölzschnitt im Winter hat im Sommer einen kräftigen Wuchs zur Folge, da die Pflanze ihre ganze Energie den wenigen Knospen zur Verfügung stellen kann. Durch einen Schnitt im Sommer würde die Pflanze ihre Blätter einbüßen, die sie mit Energie versorgen, und deshalb langsamer wachsen. Ein Schnitt im Spätsommer oder Herbst ist auch nicht empfehlenswert, denn dadurch kann die Pflanze zum Wachsen angeregt werden, so daß die frischen Triebe bei Frost Schaden erleiden würden.

Im allgemeinen erfolgt der Schnitt bei Pflanzen, die im Spätsommer blühen, im Winter oder Vorfrühling, während die Frühlingsblüher gleich nach der Blüte geschnitten werden. Wenn Sie Zweifel haben, denken Sie daran, daß ein Schnitt zum falschen Zeitpunkt der Pflanze dauerhaften Schaden zufügen kann.

Auslichtungsschnitt

Ein Pflanzschnitt ist nötig, wenn die Sträucher mit der Zeit zu dicht wachsen. Dieser Rückschnitt erfolgt in drei aufeinanderfolgenden Jahren, um der Pflanze eine große Umstellung zu ersparen. Im ersten Jahr wird jeder dritte Trieb nach der Blüte zurückgeschnitten. (Blüht der Strauch im Spätsommer, erfolgt der Schnitt erst im nächsten Frühling).

Schneiden Sie alte und kranke Äste ab. Im ersten Jahr nach dem Schnitt soll der Strauch neue Triebe entwickeln. Im zweiten und dritten Jahr werden die restlichen alten Triebe in Angriff genommen. Um die älteren Stäucher zurückzuschneiden, werden Sie ein Baummesser und eine langschenkelige Astschere (*siehe Seite 40*) benötigen.

Pflanzschnitt bei dichten Sträuchern
Entfernen Sie im ersten Jahr ein Drittel der älteren Triebe nach der Blüte. Die restlichen Triebe folgen in den nächsten zwei Jahren.

Schnitt bei laubabwerfenden Sträuchern

Im Spätsommer blühende Sträucher bilden ihre Knospen gewöhnlich an diesjährigen Trieben. Ein Schnitt im Winter oder Vorfrühling läßt ihnen daher genügend Zeit, um neue Triebe zu bilden. Schneiden Sie üppig wachsende Sträucher wie den Schmetterlingsstrauch bis auf fünf Augen am alten Holz zurück. Bei Sträuchern wie der Bauernhortensie werden nur die verblühten Äste und die älteren Triebe zurückgeschnitten.

Sträucher, die im Frühling oder Frühsommer blühen, sollten nach der Blüte sofort zurückgeschnitten werden, damit sie genügend Zeit haben, um Blütentriebe für das folgende Jahr zu entwickeln. Schneiden Sie die Äste, die gerade Blüten trugen, bis zum vorjährigen Holz zurück. Achten Sie aber darauf, daß Sie keine jungen Triebe, die noch keine Blüten hatten, abschneiden.

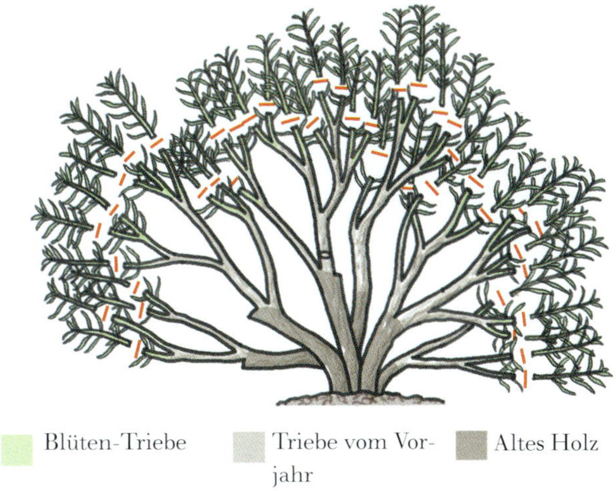

Pflanzschnitt bei frühblühenden Sträuchern
Schneiden Sie gleich nach der Blüte zurück, damit die Pflanze Zeit hat, um Blüten-Triebe zu bilden.

Manche laubabwerfende Sträucher werden nicht wegen ihrer Blüten, sondern wegen der attraktiven Form eingepflanzt. Hartriegel und Weide z. B. sind wegen ihrer bunten kahlen Zweige im Winter sehr beliebt. Schneiden Sie diese Pflanzen jedes Jahr zurück, um das Wachstum von frischen, kräftigen Trieben anzuregen. Einige Pflanzen wie Flieder haben sehr dekorative Blätter. Schneiden Sie solche Pflanzen jeden Frühling stark zurück, damit Sie einen Sommerstrauch mit schönem Laub haben.

Pflanzschnitt bei immergrünen Sträuchern

Die meisten Immergrünen benötigen keinen regelmäßigen Schnitt. Bei wuchernden Exemplaren können Sie ähnlich vorgehen wie bei einem Auslichtungsschnitt (*siehe Seite 41*). Aber einige Immergrüne wie Aukube und Eukalyptus sind so robust, daß sie einen radikalen Rückschnitt vertragen und versetzt zurückgeschnitten werden müssen.

Viele niederwüchsige Sträucher wie Lavendel, Zypressenkraut, Kleines Immergrün, Majoran und Thymian benötigen einen jährlichen Rückschnitt. Manche Pflanzen wie Lavendel mögen es nicht, wenn sie bis zum alten Holz zurückgeschnitten werden. Entfernen Sie die Blüten und schneiden Sie die blattragenden Triebe jedes Frühjahr etwa 2,5–5 cm ab. Die Blüten des Zypressenkrauts werden im Sommer nach der Blüte entfernt; im Frühling wird die Pflanze bis auf 7,5–15 cm zurückgeschnitten. So wächst sie dicht nach. Auch andere Bodendecker werden zurückgeschnitten, damit sie dicht und buschig nachwachsen.

Pflegeschnitt
Der Pflanzschnitt regt Sträucher wie z. B. Zypressenkraut zur Bildung neuer Triebe an und hilft der Pflanze, die gleichmäßige Form zu erhalten.

Pflanzschnitt bei Strauch- und Kletterrosen

Strauchrosen werden nur geringfügig zurückgeschnitten. So bleibt die natürliche Wuchsform erhalten. Bei Kletterrosen wird altes, krankes und sich kreuzendes Holz herausgeschnitten. Während der Blütezeit muß bei Strauch- und Kletterrosen Verblühtes laufend entfernt werden. Man schneidet die verwelkte Blüte mit zwei vollständig entwickelten darunterliegenden Laubblättern ab.

Strauchrosen

Bei ausgewachsenen Strauchrosen erfolgt der Schnitt im Spätsommer nach der Blüte. Schneiden Sie alte, kranke oder schwache Triebe mit einer langschenkeligen Astschere heraus. Die jungen Triebe sollten Sie sicherheitshalber festbinden.

Schnitt bei Strauchrosen
Schneiden Sie im Spätsommer oder Herbst die Blüten-Triebe bis zu den Haupttrieben zurück. Falls die Pflanze ausgelichtet werden muß, verwenden Sie eine Astschere oder eine Säge.

Kletterrosen

Biegen Sie die langen Triebe der Kletterrosen, die zunächst recht biegsam sind, zur Seite und binden Sie sie an das Klettergerüst. Schneiden Sie altes, krankes und sich kreuzendes Holz heraus. Junge Seiten- und Langtriebe bleiben bei Einmalblühern stehen, da sich an ihnen die Blüten bilden. Bei Mehrfachblühern dagegen werden die Seitentriebe eingekürzt.

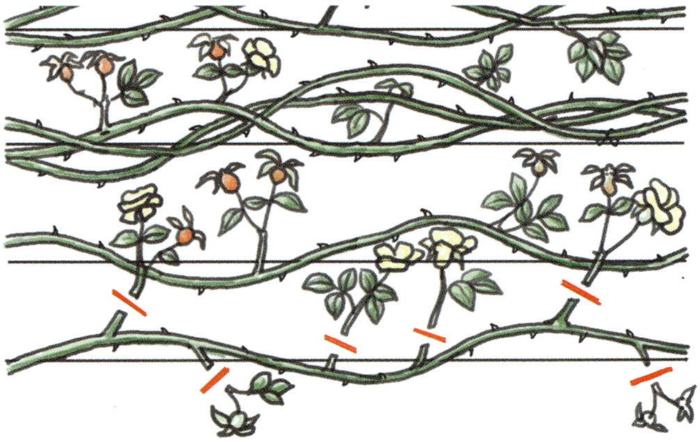

Schnitt bei Kletterrosen
Falls die Pflanze auf eine bestimmte Größe reduziert werden muß, erfolgt der Schnitt im Spätherbst oder Vorfrühling. Schneiden Sie die Seitentriebe am alten Holz auf zwei bis drei Augen zurück.

Sträucher an der Mauer

Ziersträucher, die entlang einer Mauer eingepflanzt sind, müssen jährlich geschnitten werden, damit sie ansehnlich bleiben. Bringen Sie Stützen wie Spaliere oder waagerechte Spanndrähte an der Mauer an, und setzen Sie die Pflanzen in einem Abstand von etwa 23 cm zur Mauer ein.

Feuerdorn (Pyracantha)

In den ersten Jahren werden die Haupttriebe mit einer Schnur oder einem Draht an der Stütze festgebunden. Hat die Pflanze ihre eigentliche Wuchsform erreicht, benötigt sie jedes Jahr einen Schnitt. Kürzen Sie die neuen Seitentriebe im Sommer ein, so daß an jeder zwei oder drei Blätter bleiben. Falls Sie es vergessen haben, können Sie die Pflanze im Winter mit der Gartenschere zurechtstutzen und zu lange Triebe zurückschneiden.

So werden die Beeren gut sichtbar
Damit die neuen Triebe die beerenartigen Früchte des Feuerdorns nicht verdecken, schneiden Sie diese einmal zurück, wenn die Knospen oder die Früchte erscheinen. Dadurch werden die Blüte und Fruchtbildung in den folgenden Jahren angeregt.

Erhaltungsschnitt
Damit der Feuerdorn seine Form behält, werden überflüssige Äste, die von der Mauer weg wachsen, herausgeschnitten.

Schnitt bei Kletterpflanzen

Manche Kletterpflanzenarten sind besonders starkwüchsig und können sich im ganzen Garten ausbreiten, wenn man sie läßt. Werden sie aber regelmäßig geschnitten, sind sie attraktive Höhepunkte im Garten und verdecken auch unschöne Stellen wie eine kahle Wand oder einen häßlichen Zaun.

Glyzine

Nachdem die starkwüchsige Pflanze an entsprechenden Kletterhilfen ihre endgültige Form erhalten hat (etwa nach drei Jahren), wird sie jeden Sommer und Winter zurückgeschnitten. Die störenden Triebe werden nach der Blüte Anfang Sommer bis auf etwa fünf Blätter und im Winter bis auf zwei oder drei Knospen zurückgeschnitten.

Im Sommer
Kürzen Sie die langen Seitentriebe bis auf 15 cm vom Haupttrieb ein.

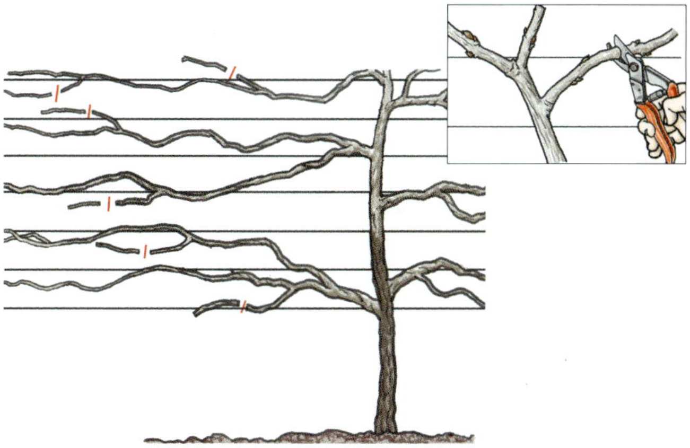

Im Winter
Schneiden Sie die Seitentriebe bis etwa 7,5–10 cm vom Haupttrieb zurück.

Geißblatt

Die kletternden Geißblattarten werden je nach Blütezeit in zwei Gruppen geteilt. Zur ersten Gruppe gehören solche Arten, die an diesjährigen Trieben blühen wie das Japanische Geißblatt und seine Varietäten. Schneiden Sie die ganze Pflanze im Vorfrühling zurück. Die Passionsblume kann auch auf diese Weise geschnitten werden.

Zur zweiten Gruppe gehören Arten wie das Waldgeißblatt, das an vorjährigen Trieben blüht. Sie müssen nicht geschnitten, aber etwas in Form gebracht werden. Schneiden Sie die Triebe nach der Blüte so weit zurück, daß sich neue Triebe bilden können.

Clematis
Die Pflanzen werden je nach Blütezeit und Wuchsstärke in drei Schnittgruppen geteilt. Nicht alle benötigen einen Schnitt, aber die dritte Gruppe sollte regelmäßig geschnitten werden, um üppig zu blühen.

Gruppe 1
Diese Gruppe umfaßt frühblühende, kleinblütige Arten und Sorten. Schneiden Sie etwas zurück, wenn die Pflanze eine unschöne Form hat. Zu Gruppe 1 zählen:
Clematis alpina *und Sorten*
Clematis armandii *und Sorten*
Clematis cirrhosa *und Sorten*
Clematis macropetala *und Sorten*
Clematis montana *und Sorten*

Gruppe 2
Diese Gruppe umfaßt großblütige Clematis-Hybriden und deren Sorten, die ab dem Frühsommer blühen. Die kräftigen Triebe werden im Vorfrühling vor der Blüte etwa um ein Drittel gekürzt. Einige kräftige Knospen sollten bleiben. Zu Gruppe 2 zählen:
Clematis *'Barbara Jackman'*
Clematis *'Lasurstern'*
Clematis *'Marie Boisselot'*
Clematis *'Nelly Moser'*
Clematis *'Niobe'*
Clematis *'The President'*

Gruppe 3
Pflanzen dieser Gruppe blühen im Spätsommer. Schneiden Sie im Vorfrühling die Triebe vom Vorjahr bis zu 75 cm über dem Boden heraus. Zu Gruppe 3 zählen:
Clematis tangutica *und Sorten*
Clematis viticella *und Sorten*
Clematis *'Hagley Hybrid'*
Clematis *'Jackmanii'*
Clematis *'Perle d'Azur'*
Clematis *'Ville de Lyon'*

Hecken
Hecken müssen regelmäßig geschnitten werden. Die meisten können mit der Hecken- oder Motorheckenschere gestutzt werden. Aber Hecken mit großen Blättern benötigen einen letzten Schliff mit der Gartenschere.

Niedrige und schmale Hecken sparen Zeit beim Rückschnitt. Auch sehr stark gewachsene Hecken können eingekürzt werden, aber führen Sie diese Arbeit über einige Jahre verteilt durch. Legen Sie eine Plastikfolie unter die Hecke, dann können Sie das Schnittgut leicht entfernen.

Hohe formale Hecken sollten sich nach oben zu verjüngen. So erhalten auch die unteren Äste genug Licht und verkahlen nicht.

Heckenschnitt

Hecke	Schnittzeit	Tips
Rotbuche (*Fagus sylvatica*)	Mitte Sommer	Schneiden Sie mit der Heckenschere, damit die Blätter nicht braun werden.
Buchsbaum (*Buxus sempervirens*)	Mitte Sommer	Er läßt sich gut zu Figuren wie Kugeln und Kegeln schneiden.
Scheinzypresse (*Chamaecyparis lawsoniana*)	Mitte Sommer	Schneiden Sie kein altes Holz weg, lassen Sie etwa 10 cm mit Blättern stehen.
Leyland-Zypresse (*Cupressocyparis leylandii*)	Mitte Sommer	Lassen Sie sie nicht höher als 2 m werden.
Stechpalme (*Ilex aquifolium*)	Mitte Sommer	Schneiden Sie mit der Heckenschere, damit die Blätter nicht braun werden.
Lavendel (*Lavandula*)	Mitte Sommer	Schneiden Sie nach der Blüte mit der Heckenschere leicht zurück.
Liguster (*Ligustrum vulgare*)	Spätfrühling oder Mitte Sommer	Schneiden Sie während der Wachstumsperiode monatlich zurück.
Eibe (*Taxus baccata*)	Frühling oder Spätsommer bis Frühherbst	Sie wächst nach einem starken Schnitt des alten Holzes wieder.
Riesenlebensbaum (*Thuja plicata*)	Mitte Sommer	Wenn Sie das alte Holz herausschneiden, wächst er meistens nicht mehr nach.

Pflegeschnitt

Auch bei Bäumen und Sträuchern, die keinen regelmäßigen Schnitt benötigen, sollten abgestorbene, kranke oder sich kreuzende Äste so bald wie möglich entfernt werden.

Frostschäden
Junge Triebspitzen von Immergrünen werden oft durch Kälte, Frost und Wind beschädigt. Schneiden Sie den Ast bis zum gesunden Holz zurück, wenn die Frostgefahr vorbei ist.

Krankes Holz
Krankheiten der Ziergehölze können häufig durch einen gezielten Schnitt bekämpft werden. Schneiden Sie den betroffenen Ast bis zum gesunden Holz über einer Knospe zurück. Das Schnittgut kranker Pflanzen darf nicht auf den Kompost geworfen werden.

Geschädigtes Holz
Schneiden Sie solche Äste bis zu dem gesunden Holz zurück, bevor das schadhafte Gewebe erkranken kann.

Sich kreuzende Äste
Kreuzweise wachsende Äste lassen eine Pflanze unattraktiv aussehen. Außerdem kann durch die Reibung der Äste, die sich berühren, das Gewebe beschädigt werden. Entfernen Sie die schwächsten Äste oder solche, die die Form beeinträchtigen.

Schwache, dünne Äste
Schneiden Sie die schwachen Äste stärker zurück als die kräftigen Triebe, um ein ausgewogenes Wachstum anzuregen.

Wurzelschößlinge
Diese unerwünschten Triebe wachsen an der Basis der Pflanze. Entfernen Sie die Erde, bis Sie den Ursprung des Triebes gefunden haben, und schneiden Sie ihn dicht am Haupttrieb heraus.

Panaschierte Pflanzen
Diese Pflanzen bilden manchmal Triebe mit einfarbig grünen Blättern, die stärker wachsen als die restliche Pflanze. Wenn Sie diese Triebe nicht entfernen, werden sie bald überhandnehmen.

TIPS ZUR SICHERHEIT

- Tragen Sie bei Schnittarbeiten eine Schutzbrille und Arbeitshandschuhe. Wenn Sie eine Motorheckenschere benützen, legen Sie das Kabel über die Schulter.
- Beim Schneiden von Bäumen sollten Sie besonders vorsichtig sein, denn man muß sich dabei strecken oder arbeitet auf einer Leiter. Bei größeren Bäumen ist es ratsam, die Arbeit von Fachleuten durchführen zu lassen.
- Schließen Sie die Heckenschere nach dem Gebrauch und bewahren Sie sie an einem sicheren Ort auf.

Beetanlage

Ein neues Blumenbeet bedeutet eine Verwandlung Ihres Gartens. Wichtig für das Gelingen sind eine sorgfältige Planung und die Bodenvorbereitung. Bevor Sie die Pflanzen einsetzen, nützen Sie die Gelegenheit, den Boden umzugraben und zu verbessern. Es dürfte nicht so häufig vorkommen, daß Sie den kahlen Boden vor sich haben. Es lohnt sich, Arbeit und Zeit zu investieren, damit Ihre Pflanzen von Anfang an optimale Bedingungen vorfinden. Besonders für ausdauernde Pflanzen wie Bäume und Sträucher ist dies von Bedeutung.

Planen Sie Ihr neues Beet

Messen Sie zuerst die Fläche aus und fertigen Sie eine Zeichnung auf dem Millimeterpapier. Ein Quadrat entspricht 30 cm. Die Zeichnung ermöglicht es Ihnen, die Dimensionen und Form des Beetes genauer zu planen. Wenn die Grundform aufs Papier gebracht ist, legen Sie Transparentpapier auf und experimentieren Sie mit den Formen – lange schmale Beete, schwungvoll abgerundete Beete. Sie können mit einigen Bodenplatten einen visuellen Randbereich gestalten – vor allem, wenn ein Beet um eine Ecke geht. Vergessen Sie auch die Pflege nicht – ein gepflasterter Weg im hinteren Bereich des Beetes verschwindet bald hinter den Pflanzen, erleichtert aber den Pflanzschnitt und das Unkrautjäten.

Planen Sie vor dem Pflanzen *Stellen Sie Ihren Plan auf dem Boden nach, um zu sehen, ob dieser wirklich zu realisieren ist, bevor Sie mit der Arbeit beginnen.*

Zeichnen Sie auf Ihrem Plan auch die Lage von großen Pflanzen wie Bäumen, Sträuchern und Stauden ein. In jedem Beet sollte mindestens eine Pflanze im Mittelpunkt stehen, in der Regel sollten es mehrere sein. Diese Pflanzen bilden den Rahmen für die weitere Bepflanzung. Sie sollten so gepflanzt werden, daß sie vom Haus und von anderen Bereichen des Gartens zu sehen sind.

Was auf dem Papier funktioniert, läßt sich nicht immer realisieren. Probieren Sie das Ganze auf der Fläche aus, wo das Beet entstehen soll. Falls nötig, ändern Sie die Positionen. Legen Sie einige Bodenplatten auf, um zu sehen, wie ein Weg oder Rand wirkt, bevor Sie das neue Beet anlegen.

Bereiten Sie den Boden vor

Graben Sie den Boden spatentief um. Bei Bedarf legen Sie einen Randweg an (*siehe nächste Seite*). Zerkleinern Sie Erdbrocken mit der Grabgabel und bringen Sie einen Universaldünger aus. Die beste Zeit für die Beetanlage ist der Herbst, für die Bepflanzung das nächste Frühjahr.

1 *Markieren Sie das Beet mit dünnen Stangen und wickeln Sie eine Schnur um diese, damit Sie einer klaren Linie folgen können. Sie können auch einen Gartenschlauch als Markierungslinie verwenden.* Kleines Bild: *Wenn Sie für ein neues Beet ein Stück Rasen herausschneiden müssen, dann stechen Sie den Umriß mit einem Halbmondtrimmer aus und heben das Rasenstück mit dem Spaten heraus.*

2 *Wenn Sie einen Randweg verlegen wollen* (siehe nächste Seite), *legen Sie die Platten in die gewünschte Position. An diesen Stellen muß nicht umgegraben werden, und eine Bodenverbesserung ist auch nicht erforderlich. Verteilen Sie die Erde neben den Platten, um eine gleichmäßige Oberfläche zu erhalten.*

3 *Graben Sie das Beet mit einer Grabgabel spatentief um, bringen Sie reichlich Kompost oder Dünger aus* (siehe Seite 19).

Bepflanzen Sie Ihr Beet

Nachdem Sie das Beet geplant, den Boden vorbereitet und die Pflanzen gekauft haben, können diese plaziert und gepflanzt werden. Beginnen Sie im hinteren Bereich des Beetes und arbeiten Sie nach vorn, damit Sie nicht auf den bepflanzten Boden treten. Setzen Sie die größten Gewächse zuerst ein. Vergessen Sie die Gabe von Dünger nicht. Pflanzen Sie dann die mittelgroßen Sträucher und Stauden. Den Abschluß bilden kleinere Stauden für den Randbereich.

1 Plazieren Sie die Pflanzen dort, wo sie eingesetzt werden sollen. Wenn Sie mit dem Ergebnis zufrieden sind, heben Sie die Pflanzlöcher aus, düngen und pflanzen die Gewächse hintereinander ein. Drücken Sie die Erde um jede Pflanze herum mit dem Fuß fest. Stützen Sie große Pflanzen ab.

2 Setzen Sie Ihre Arbeit von hinten nach vorn fort. Wenn Sie wie hier Container-Pflanzen einsetzen, kontrollieren Sie zuerst die Wurzeln, ob sie kräftig genug für einen neuen Anfang sind.

TIPS FÜR DIE PFLANZUNG

- Um dem Beet ein natürliches Aussehen zu verleihen, setzen Sie die Stauden in Gruppen von drei, fünf oder sieben Pflanzen ein. Gruppen mit gerader Anzahl sehen weniger natürlich aus.
- Wenn alle hohen Pflanzen im hinteren Bereich gepflanzt werden, sieht das Ganze zu streng aus. Versetzen Sie die Pflanzreihe, damit die hohen Gewächse nicht in einer Linie sind.
- Achten Sie generell darauf, daß Sie eine Kombination von kontrastreichen Formen auswählen – abwechselnd aufrechte und spitze sowie runde und flache Pflanzen.

RANDWEG

Normalerweise verlegt man einen Weg, wenn man den Boden vorbereitet. Hier wird diese Arbeit davon getrennt gezeigt, da sie kein notwendiger Bestandteil von Beeten und Rabatten ist. Ein Weg erleichtert die Gartenpflege, wenn das Beet breit genug ist – muß aber nicht unbedingt vorhanden sein. Ohne diesen Weg müssen Sie auf den Boden treten und können dabei die Bodenstruktur und die Pflanzen beschädigen.

Randwege werden nicht oft betreten und müssen daher nicht mit Mörtel fixiert werden. Aber der Boden sollte eben sein, bevor man die Platten auflegt, sonst ist der Weg nicht stabil.

Glätten Sie den Boden und überprüfen Sie mit einer Wasserwaage, ob alles eben ist. Entfernen Sie alle vorhandenen Steine und rechen Sie die Erde vorsichtig. Bringen Sie eine 2,5 cm dicke Schicht Sand als Untergrund für die Platten aus. Sie können Sand in die Fugen füllen, damit sich kleine Pflanzen selbst aussäen und das Ganze natürlicher aussehen lassen.

1 Ebnen Sie den Boden und legen Sie das Sandbett an. Plazieren Sie die Platten und prüfen Sie mit der Wasserwaage, ob alle gerade sind.. Klopfen Sie mit dem Gummihammer nach.

2 Setzen Sie die Arbeit mit den restlichen Platten fort, bis alle gerade sind. Füllen Sie die Plattenzwischenräume mit Sand auf.

3 Der Randweg schafft einen Bereich im Beet, von dem aus Sie Ihre Pflegearbeiten erledigen können.

Jahreskalender des Freizeitgärtners

Dieser Kalender faßt die Arbeiten zusammen, die während des Jahres getan werden müssen, damit Ihr Garten immer in gutem Zustand ist. Für einen Freizeitgärtner ist die regelmäßige Gartenpflege – wenig, aber oft – der beste Weg, die Zeit optimal zu nutzen. Versuchen Sie an jedem Wochenende, Routinearbeiten wie Unkrautjäten oder Rasenmähen zu erledigen. Wenn Sie diese Dinge regelmäßig erledigen, gehen die langweiligen, aber notwendigen Arbeiten schnell von der Hand. Anderenfalls kann ein Heckenschnitt von ursprünglich einer halben Stunde zu einer tagesfüllenden Arbeit werden.

Der Arbeitsaufwand hängt auch davon ab, welche Pflanzen Sie in Ihrem Garten haben. Deshalb werden hier nur allgemeine Ratschläge gegeben. Spezifische Informationen über besondere Pflanzen finden Sie in guten Garten- und Pflanzenbüchern sowie in den Pflegetips in den einzelnen Kapiteln dieses Buches.

Genaue Zeitangaben über Routinearbeiten im Garten sind kaum möglich, da die Bedingungen regional stark variieren können. Auch die Wetterverhältnisse sind unterschiedlich, nicht nur innerhalb des Landes, sondern auch von einem Jahr zum anderen. Sobald Sie einiges über Pflanzenwachstum und die Bedürfnisse der einzelnen Arten wissen, können Sie erfolgreich gärtnern. Wenn Sie gelernt haben, was Ihre Pflanzen benötigen, wird es einfach sein, selbst zu erkennen, wann zum Beispiel ein Strauch geschnitten werden muß. Sogar wenn Sie einen Schnitt zu einem »falschen« Zeitpunkt ausführen, werden Sie keinen absoluten Schaden anrichten: Sie haben nächstes Jahr einfach einige Blüten weniger.

Betrachten Sie dieses Buch als eine Hilfe, aber werden Sie nicht zu seinem Sklaven. Im Gegenteil: Entspannen Sie sich und freuen Sie sich über das, was Sie tun können – dazu sind schließlich Wochenenden da.

Frühling

Gefäße

- Bepflanzen Sie neue Gefäße – aber warten Sie damit, bis die Frostgefahr vorüber ist, falls Sie kälteempfindliche Pflanzen einsetzen wollen.
- Halten Sie das Substrat in den Gefäßen – vor allem in neu bepflanzten Gefäßen – feucht.
- Bewahren Sie frostempfindliche Pflanzen im Haus an einem sonnigen Standort auf, bis die Frostgefahr vorüber ist. Wenn sie nach draußen dürfen, sind sie bereits gut entwickelt. Härten Sie die Pflanzen ab (*siehe Seite 29*), indem Sie sie jeden Tag für einige Stunden nach draußen bringen.
- Entfernen Sie bei dauerhaft bepflanzten Gefäßen den vorhandenen Winterschutz. Totes Laub sowie unerwünschte Pflanztriebe werden ebenfalls entfernt. Tragen Sie eine etwa 5 cm hohe Schicht Substrat ab und füllen Sie frische, mit Langzeitdünger angereicherte Erde auf.
- Wenn es draußen wärmer wird, halten Sie Ausschau nach Schädlingen und Krankheiten (*siehe Seite 36–37*) und handeln Sie bei Problemen sofort.
- Überprüfen Sie, ob die Hängedrahtkörbe und Blumenkästen noch richtig gesichert sind und sich in einem guten Zustand befinden.

Rasen

- Legen Sie einen neuen Rasen an (*siehe Seite 74–77*)
- Der Rasen wird gemäht, wenn das Gras sichtbar gewachsen ist. Entfernen Sie vorher mit einem Fächerbesen eventuell vorhandene Pflanzenabfälle vom Rasen. Das Gras sollte nach der Mahd 1–1,5 cm hoch sein.
- Bessern Sie die Rasenkanten nach jeder Mahd mit einer Rasenschere aus.
- Entfernen Sie den Rasenschnitt, da das tote Gras der Rasenoberfläche Luft und Licht wegnimmt.
- Bessern Sie schadhafte Rasenkanten, Dellen oder holperige Stellen aus (*siehe Seite 77*).
- Entfernen Sie Rasenunkraut wie Löwenzahn mit dem Unkrautstecher, einer schmalen Pflanzschaufel oder einer kleinen Grabgabel (*siehe Seite 77*). Füllen Sie vorhandene Löcher mit klumpenfreier Erde auf und säen Sie etwas Gras aus. Decken Sie die Stelle mit etwas Maschendraht ab, um die Samen und die Sämlinge zu schützen. Sie können auch ein Rasenunkraut- und düngemittel verwenden, das Sie nach Herstellerangaben einsetzen.

Einjährige Pflanzen und Sommerblumen

- Säen Sie winterharte Einjährige direkt oder in Anzuchtschalen aus (*siehe Seite 29*).
- Wenn die Sämlinge, die im Herbst ausgesät wurden, groß genug sind, pflanzen Sie sie dahin um, wo sie später blühen sollen (*siehe Seite 29*).
- Bringen Sie die frostempfindlichen und halbwinterharten Sommerblumen erst dann nach draußen, wenn die Frostgefahr vorüber ist (*siehe Seite 31*).
- Schneiden Sie die Spitzen von Sämlingen der Duftwicke ab, um mehrtriebige Kletterpflanzen zu bekommen; entfernen Sie die Seitentriebe, wenn Sie hohe Pflanzen haben wollen.

Ausdauernde Pflanzen

- Schneiden Sie im Spätfrühling bis Frühsommer Stecklinge von unverholzten Teilen kälteempfindlicher Pflanzen wie Geranien (Pelargonien) ab (*siehe Seite 39*).
- Schneiden Sie abgestorbene Staudenteile zurück.
- Graben Sie große Pflanzen, die im Herbst nicht geteilt wurden, aus und teilen Sie sie (*siehe Seite 39*).
- Bringen Sie Stützhilfen an den Stauden an, solange diese noch klein sind (*siehe Seite 38–39*).

Bäume, Sträucher und Kletterpflanzen

- Schneiden Sie niedrige Hecken mit einer Heckenschere von Hand und nicht mit der Motorheckenschere, damit die Blätter nicht zusammengequetscht werden.
- Kontrollieren Sie die Stützstangen und Kletterhilfen der Kletterpflanzen, ob sie noch stabil sind.
- Binden Sie herauswachsende Triebe von Kletterpflanzen fest.
- Entfernen Sie abgestorbene, kranke oder abgebrochene Triebe.
- Schneiden Sie bei Bedarf im Frühjahr die Sträucher, die Mitte Sommer blühen (*siehe Seite 41*). Geben Sie nach dem Schnitt einen Langzeitdünger zu. Kleine Sträucher, die im Sommer blühen, wie Lavendel und Zypressenkraut, sollten jedes Jahr geschnitten werden, damit sie schön buschig bleiben (*siehe Seite 42*).
- Schneiden Sie im Vorfrühling die Hecken, die mit Sommerblühern wie Clematis bepflanzt sind.
- Schneiden Sie Sträucher wie Hartriegel, die wegen ihrer bunten Winterzweige gepflanzt werden, zurück, sobald die Blätter erscheinen.
- Schneiden Sie Sträucher, die im Frühling blühen, sofort zurück, wenn die Blüte vorbei ist (*siehe Seite 41*).
- Pflanzen Sie Bäume und Sträucher mit Wurzelballen, bevor die Blätter erscheinen. Immergrüne Sträucher werden Mitte Frühling eingesetzt (*siehe Seite 32*). Container-Sträucher können jederzeit gepflanzt werden, allerdings nicht bei Frost oder zu nassem Boden (*siehe Seite 32–33*).

Kräutergärten

- Säen Sie einjährige Kräuter wie Petersilie aus.
- Schneiden Sie wuchernde Triebe von großen Kräutern wie Rosmarin und Salbei heraus.
- Schneiden Sie kleine, buschige Kräuter wie Thymian und Wilden Majoran etwas zurück, damit die Pflanzen buschig bleiben.

Naturgärten

- Wenn Sie eine Frühlingswiese haben, mähen Sie diese während des Frühjahrs nicht. Notieren Sie sich, wo nächstes Jahr noch mehr Wildblumen wachsen sollen.
- Entfernen Sie starkwüchsige Pflanzen, die ihre Nachbarn beschatten.

Waldgärten

- Achten Sie darauf, daß Sie keine Vogelnester zerstören; schneiden Sie die Pflanzen an solchen Stellen nicht zurück.

Wassergärten

- Entfernen Sie Pflanzen, die aus ihren Pflanzkörben herausgewachsen sind. Teilen Sie sie und setzen Sie sie mit frischem Substrat wieder ein.
- Füllen Sie bei Bedarf das Teichwasser auf.
- Setzen Sie im Spätfrühling neue Wasser- und Randpflanzen ein (*siehe Seite 31*).
- Achten Sie darauf, daß der Boden im Sumpfgarten noch feucht ist. Wenn der Boden sich im Frühling erwärmt, verteilen Sie etwas Kompost oder Volldünger um die Pflanzen.
- Holen Sie mit einem Fächerbesen oder Rechen die Algen und den Pflanzenabfall aus dem Teich heraus.

Allgemeine Pflege

- Entfernen Sie das Unkraut aus den Beeten (*siehe Seite 20–21*). Wenn Sie diese Arbeit gründlich erledigen, bevor es warm wird, werden Ihre Pflanzen schnell wachsen und Unkraut keine Chance geben.
- Achten Sie darauf, daß der Bereich um die Bäume, Sträucher und Kletterpflanzen unkrautfrei ist.
- Wenn der Boden sich erwärmt hat, decken Sie den Boden mit einer 2–3 cm dicken Mulchschicht ab (*siehe Seite 22–23*).
- Decken Sie den Boden um die Bäume, Sträucher und Kletterpflanzen im Spätfrühling, wenn der Boden sich erwärmt hat, mit Mulchmaterial ab; wässern Sie die Pflanzen, wenn der Boden trocken ist.
- Bepflanzen Sie die Beete, die Sie im Herbst neu angelegt haben (*siehe Seite 46–47*).
- Überprüfen Sie Zäune, Spaliere und Mauern, ob alle noch in Ordnung sind. Streichen Sie sie bei Bedarf neu an.
- Achten Sie darauf, daß die neuen Triebe nicht von Schädlingen wie Blattläusen befallen sind. Seifenlösung kann Abhilfe schaffen. Entfernen Sie die stark befallenen Pflanzenteile.
- Gießen Sie die Pflanzen – vor allem die neu gepflanzten –, wenn das Wetter warm und trocken ist.
- Kehren Sie die Wege und gepflasterten Bereiche mit einem stabilen Besen. Geben Sie etwas Sand auf die glitschigen Stellen, um diese leichter zu beseitigen.
- Heben Sie wackelige Bodenplatten heraus, geben Sie groben Sand darunter, drücken Sie ihn fest und legen Sie die Platte wieder zurück. Überprüfen Sie, ob alle Platten gleich hoch sind.
- Entfernen Sie das Unkraut, daß zwischen den Platten wächst (*siehe Seite 21*).

Sommer

Gefäße

- Beenden Sie den Abhärtungsprozeß von jungen Pflanzen (*siehe Seite 29*) und setzen Sie sie ein.
- Wässern Sie die Gefäße gründlich (*siehe Seite 34–35*). Wenn Sie an einem Wochenende verreisen, stellen Sie die Töpfe an einem Schattenplatz dicht zusammen und gießen Sie sie ausgiebig. Sollten Sie für längere Zeit verreisen, bitten Sie einen Nachbarn, daß er die Pflanzen versorgt, oder installieren Sie ein Bewässerungssystem.
- Entfernen Sie Verblühtes sofort, um die weitere Blüte anzuregen.
- Schneiden Sie tote Blätter ab: Sie sehen unschön aus und bieten Krankheiten und Schädlingen den richtigen Nährboden.
- Entfernen Sie das Unkraut regelmäßig.
- Geben Sie im Früh- und Hochsommer Flüssigdünger in das Gießwasser (beachten Sie dabei die Herstellerangaben).

Rasen

- Mähen Sie regelmäßig, solange das Gras wächst (außer, Sie wollen eine Blumenwiese). Das Gras sollte 1–5 cm hoch sein. (Sie können es bei heißem Wetter 5 cm hoch lassen).

- Wenn Sie Zwiebelpflanzen im Rasen haben, mähen Sie nicht, bevor sich die Blätter eingezogen haben.

- Bessern Sie die Rasenkanten mit der Rasenschere aus, wenn Sie den Rasen mähen.

- Wenn Sie einen Teil des Rasens als Blumenwiese belassen haben, schneiden Sie das Gras mit der Sichel, wenn die Blumen ihre Samen gebildet haben. Lassen Sie den Wiesenschnitt trocknen und rechen Sie ihn dann zusammen.

- Entfernen Sie das Unkraut im Gras mit einem Unkrautstecher oder einer schmalen Pflanzschaufel.

- Um einen dichten, gesunden Rasen ohne Wildblumen zu bekommen, sollten Sie einen Universaldünger für Rasen ausbringen (*siehe Seite 75*).

Einjährige Pflanzen und Sommerblumen

- Schneiden Sie tote und schwache Triebe regelmäßig ab, damit neue Blätter und Blüten gebildet werden können.

Ausdauernde Pflanzen

- Halten Sie Ausschau nach Schnecken und stellen Sie Bierfallen auf, falls es nötig sein sollte (*siehe Seite 36–37*). Angefressene Blätter und Schleimspuren sind Hinweise auf diese Plagegeister.

- Schneiden Sie im Hochsommer Stecklinge von kälteempfindlichen Pflanzen wie Geranien (Pelargonien) ab, damit Sie nächstes Jahr mehr Pflanzen haben (*siehe Seite 39*).

- Wenn Ihre Irise sich überdimensional ausgebreitet haben, holen Sie die Pflanzen nach der Blüte heraus und teilen Sie sie.

Bäume, Sträucher und Kletterpflanzen

- Schneiden Sie die Sträucher, die im Frühjahr und Frühsommer blühen, sowie die sommerblühenden Kletterpflanzen (*siehe Seite 41–44*).

- Schneiden Sie die Spaliergehölze, da der Schnitt in dieser Jahreszeit das Wachstum beeinträchtigt. So können Sie die Gehölze leichter in die gewünschte Form bringen (*siehe Seite 43*).

- Stutzen Sie die Hecken im Sommer 1–3mal mit der Gartenschere.

- Entfernen Sie Verblühtes, um Rosen- und andere Sträucher zu mehr Blüte anzuregen.

- Binden Sie die Kletterpflanzen an ihren Stützhilfen fest.

- Lockern Sie die Schnüre an Stützpfählen von Bäumen, wenn diese zu eng geworden sind.

- Kürzen Sie nicht blühende junge Seitentriebe der Glyzine ein, um die Blüte anzuregen.

Kräutergärten

- Zwicken Sie die Blüten ab, sobald sie erscheinen. Denn Kräuter schmecken vor der Blüte besser.

- Schneiden Sie die Lorbeerbäume, um ein dichtes Wachstum und eine schöne Form zu erzielen.

- Schneiden Sie buschige Kräuter wie Thymian und Wilden Majoran regelmäßig zurück, damit sie möglichst kompakt bleiben.

Naturgärten

- Wenn die Wildblumen verblüht sind und Samen gebildet haben, werden Sie zurückgeschnitten. Lassen Sie den Schnitt trocknen und geben Sie ihn auf den Kompost.

Wassergärten

- Lassen Sie bei Bedarf etwas Teichwasser ab, um den Teichgrund zu reinigen.

- Entfernen Sie die wuchernden Blätter der Seerosen.

- Fischen Sie Algen oder wuchernde Unterwasserpflanzen mit einem Fächerbesen oder Rechen heraus.

- Achten Sie darauf, daß der Boden im Sumpfgarten feucht und unkrautfrei bleibt.

Allgemeine Pflege

- Gießen Sie die Pflanzen an heißen Tagen regelmäßig, aber nicht in der prallen Sonne, da das Wasser sonst zu schnell verdunstet, und die Blätter verbrennen. Junge Pflanzen sollten unbedingt gegossen werden, da ihr Wurzelsystem nicht voll ausgebildet ist. Ältere Pflanzen profitieren von dem gründlichen Wässern auch.

- Jäten Sie regelmäßig Unkraut. Wenn Unkaut durch die Mulchschicht herauswächst, entfernen Sie es und füllen Sie Mulchmaterial auf.

- Entfernen Sie Verblühtes, um die weitere Blüte anzuregen.

- Entfernen Sie das Unkraut an Wegen und gepflasterten Bereichen regelmäßig.

- Füllen Sie bei Bedarf Kies nach.

- Kehren Sie Ihre Wege, um sie sauber und rutschfest zu halten; entfernen Sie das Unkraut.

- Halten Sie Ausschau nach Schädlingen und Krankheiten an neuen Trieben, sprühen Sie sie gegebenenfalls mit einer Seifenlösung ein. Entfernen Sie die stark befallenen Pflanzenteile.

Herbst

Gefäße

- Pflanzen Sie die Zwiebeln der Frühlingsblüher in die Töpfe (*siehe Seite 31, Pflanztiefen*) – oder setzen Sie sie mit Hilfe eines Zwiebelpflanzers in bereits bepflanzte Gefäße ein.

- Lassen Sie zu viel Regenwasser gut abfließen, um Staunässe zu vermeiden.

- Holen Sie die frostempfindlichen Pflanzen aus den Gefäßen heraus und tragen Sie sie ins Haus, wo sie frostfrei überwintern können.

Einjährige Pflanzen

- Säen Sie winterharte Einjährige aus, damit sie im nächsten Jahr rechtzeitig blühen. Sie können die Samen direkt ins Beet ausstreuen oder Vorkulturen anlegen, die geschützt überwintern. Wenn die Sämlinge groß genug sind, werden sie pikiert.

- Entfernen Sie die Pflanzen, die nicht mehr attraktiv sind.

Stauden

- Schneiden Sie abgestorbene Farnwedel ab. Diese sind ein gutes Abdeckmaterial für anfällige Pflanzen im Winter.

- Graben Sie übergroße Stauden aus und teilen Sie sie.

- Setzen Sie im Garten Gruppen von Zwiebelpflanzen ein, die im Winter und Frühjahr blühen, besonders da, wo sie auch von Ihrem Haus aus zu sehen sind (*siehe Seite 31, Pflanztiefen*).

Bäume, Stäucher und Kletterpflanzen

- Die beste Zeit, um neue Bäume und Sträucher zu pflanzen, ist der Herbst. Der Boden ist noch warm, so daß die Wurzeln Zeit genug haben, sich der neuen Situation anzupassen, bevor der Winter kommt.

- Schneiden Sie Strauchrosen, wenn die Blüte vorbei ist (*siehe Seite 42*). Andere Rosen werden erst im Frühjahr geschnitten, außer sie haben eine besonders ungeschützte Lage.

Rasen

- Säen Sie neuen Rasen aus, oder verlegen Sie einen neuen Fertigrasen, bevor der Winter kommt. Oder warten Sie bis zum Frühjahr.

- Reparieren Sie schadhafte Stellen, während das Gras noch wächst (*siehe Seite 77*).

- Entfernen Sie das Herbstlaub mit einem Fächerbesen. Es kann als Kompostmaterial verwendet werden.

- Belüften Sie den Rasenboden, indem Sie mit der Grabgabel in feuchte Stellen einstechen. So kommt Sauerstoff in den Boden unter dem Rasen. Schieben Sie die Grabgabel senkrecht etwa 10–15 cm tief ein und ziehen Sie sie senkrecht wieder heraus. Bewegen Sie die Grabgabel nicht hin und her, um die Graswurzeln nicht zu beschädigen.

- Verteilen Sie über dem Rasen eine Mischung aus gesiebtem Sand, Erde und Torf; arbeiten Sie davon mit dem Rechen einen Eimer pro Quadratmeter ein. Diese Mischung führt Nährstoffe zu und gleicht Unebenheiten aus.

- Mähen Sie weiter, während das Gras wächst, aber stellen Sie die Messer so ein, daß das Gras nicht kürzer als 2 cm wird.

- Pflanzen Sie Zwiebelgewächse in den Rasen, damit er ein natürliches Aussehen erhält. (*siehe Seite 31*).

Kräutergarten

- Schneiden Sie die Minze zurück. Holen Sie die stark gewachsenen Pflanzen heraus und teilen Sie sie.

- Bringen Sie die Kräuterbeete in Ordnung und bringen Sie Kompost oder Dünger aus.

Wassergärten

- Holen Sie die frostempfindlichen Pflanzen heraus und überwintern Sie sie in einem Eimer mit Wasser an einem frostfreien Ort.

Allgemeine Gartenpflege

- Bringen Sie die Beete und Rabatten in Ordnung. Entfernen Sie unansehnlich gewordene, tote Pflanzen aus dem Beet, aber bedenken Sie, daß manche abgestorbenen Pflanzen im Herbst sehr dekorativ aussehen können. Schneiden Sie daher nicht alles sofort ab. Belassen Sie neue Triebe am Pflanzengrund.

- Die beste Zeit für eine Bodenverbesserung Ihres Gartens ist der Herbst (*siehe Seite 16–17*).

- Entwerfen Sie neue Beete und legen Sie sie an (*siehe Seite 46–47*).

- Decken Sie den Boden zwischen den Pflanzen und um die Bäume, Sträucher und Kletterpflanzen herum mit grobem Mulchmaterial wie Rindenmulch ab, noch bevor es kalt wird. Das Mulchmaterial wirkt isolierend.

Winter

Gefäße

- Stellen Sie das Gießen ein.

- Entfernen Sie abgestorbene Pflanzen und lagern Sie die Töpfe bis zum nächsten Jahr an einem geschützten Ort.

- Bringen Sie bepflanzte Gefäße an einen geschützten Ort. Wenn sie ständig Regen und Kälte ausgesetzt werden, können die Gefäße Risse bekommen, wodurch die Wurzeln der Pflanzen beschädigt werden. Lassen Sie das Wasser gut abfließen, damit die Pflanzen relativ trocken überwintern können.

- Anfällige Pflanzen, die in ihren Gefäßen bleiben, werden in einem unbeheizten Raum überwintert. Sie können die Pflanzen auch mit Reisig oder Farnwedel abdecken oder die Gefäße mit Noppenfolie umwickeln.

- Säubern Sie die Gefäße mit einer Seifenlösung und etwas Desinfektionsmittel.

Stauden

- Pflanzen mit fleischigen Wurzeln sind frostempfindlicher als die feinwurzeligen Arten. Stauden mit einer Blattrosette sind auch gefährdet, da das Regenwasser sich ansammeln und zur Fäulnis führen kann. Decken Sie die empfindlichen Pflanzen mit Stroh, abgestorbenen Farnwedeln oder Reisig ab.

Bäume, Sträucher und Kletterpflanzen

- Schütteln Sie schweren Schnee von den Ästen herab, da sie sich sonst unter dem Gewicht verbiegen können und die Pflanze entstellt wird.

- Schneiden Sie die Seitentriebe der Glyzine bis auf 7,5 cm vor dem Leittrieb zurück.

- Schneiden Sie zwischen Winter und Vorfrühling die Sträucher, die im Spätsommer blühen (zum Beispiel Sommerflieder). Generell sollte man einen Schnitt im Winter vornehmen, wenn Vegetationsruhe herrscht. Ein Schnitt im Herbst kann das Wachstum anregen, wobei der neue Austrieb durch den Frost geschädigt wird.

Rasen

- Vermeiden Sie das Betreten des Rasens, wenn es draußen kalt oder naß ist. Sie können dadurch die Bodenstruktur zerstören und damit die Fruchtbarkeit des Bodens herabsetzen.

- Reinigen und schärfen Sie die Mähgeräte. Wischen Sie die Schneideblätter mit einem ölgetränkten Tuch ab, bevor Sie das Werkzeug trocken und geschützt lagern.

Wassergärten

- Reinigen Sie die Teichpumpe und den -filter.

- Falls Sie Fische in Ihrem Teich haben, achten Sie darauf, daß in der Eisdecke einige offene Stellen bleiben. Handelsübliche Eisfreihalter leisten hier gute Dienste.

Allgemeine Gartenpflege

- Drücken Sie den Boden da, wo er durch den Frost aufgeplatzt ist, um die Pflanzen herum fest.

- Achten Sie darauf, daß die Wege und gepflasterten Bereiche sauber gekehrt und eisfrei sind.

- Holen Sie sich Samenkataloge und planen Sie, was Sie nächstes Jahr alles pflanzen wollen.

GEFÄSSE

Töpfe in Hülle und Fülle

Diese Gruppierung verschiedenster Gefäße bildet ein eindrucksvolles Schauspiel von Farben und Formen vor der immergrünen Hecke. Die Agaven (Agave americana *'Variegata') mit ihren schwertförmigen, gelbgerandeten und stacheligen Blättern geben der weißen und rosa Blütenpracht von Geranien, Lilien und anderen Blumen eine Struktur. Gibt es eine bessere Lösung für einen langweiligen Platz im Garten als die aufregende Zusammenstellung von Blüten und Blattgrün?*

Ideen für Gefäßbepflanzung

Welcher Art der Platz vor Ihrem Haus auch sein mag – klein oder groß, ob in der Stadt oder auf dem Land –, mit Pflanzgefäßen machen Sie in kürzester Zeit einen Garten daraus. So gesehen sind Gefäße die ideale Lösung für den Freizeitgärtner: schnell zu bepflanzen und einfach zu pflegen. Sie finden leicht einen Stil, der zur Umgebung paßt, von rustikalen Halbfässern aus Holz und Terrakotta-Trögen bis zu eleganten Kübeln, die der herrschaftlichsten Villa Ehre machen würden.

Mit Gefäßen wird ihr Garten mobil. Sie können sie nach Belieben umstellen, um sie immer wieder von einem anderen Blickwinkel aus zu betrachten. Sie können kälteempfindliche Pflanzen einsetzen, die Sie dann im Winter ins Haus bringen. Sie haben die Möglichkeit, verschiedene Substrate zu verwenden und sich an Pflanzen erfreuen, die einen sauren Boden bevorzugen – zum Beispiel Kamelien oder Azaleen –, obwohl Sie einen kalkhaltigen Garten besitzen. Und Sie können die Gefäße zu jeder Jahreszeit anders gestalten.

Die Fragen hier weisen Ihnen den Weg, wie Sie mit bepflanzten Gefäßen Ihren Garten oder Ihr Haus verschönern können. Zu jeder Fragestellung finden Sie Beispiele mit Schritt-für-Schritt-Anleitung sowie Pflanzvorschläge für die Gefäße.

? *Haben Sie große Flächen mit kahlem Bodenbelag?*

Bepflanzte Gefäße verschönern einen kahlen Bodenbelag oder eine unattraktive Oberfläche optisch und sorgen dort, wo man keine Beete anlegen kann, für Farbe und dekoratives Aussehen. *Rechts:* Auch diese kleine Veranda würde ohne bepflanzte Töpfe kahl und ungastlich wirken. Die Schalen mit den roten Stiefmütterchen und dem weiß-grün blütigen Ziertabak bringen Farbe, während die Efeu-Türme und die Hängeampel das Ganze auflockern.
SIEHE *Gefäße in Gruppen, Seite 56.*

? *Sieht der Eingangsbereich Ihres Hauses unordentlich aus?*

Bepflanzte Gefäße vor der Eingangstür vermitteln den Besuchern einen guten ersten Eindruck und lassen das ganze Haus schön und gepflegt aussehen.
SIEHE *Eingänge attraktiv gestalten, Seite 58.*

? Brauchen Ihre Hauswände und Fenster eine Belebung?

Gefäße sind eine schnelle und einfache Möglichkeit, Farbe und Schwung an die Hausfront zu bringen. *Links*: Leuchtend roter Storchschnabel und lilablütige Männertreu sorgen den Sommer hindurch für aufregende Farben. Die panaschierte Strauchveronika im Blumenkasten am Fenster und der gefleckte Lorbeer in den Trögen machen die Bepflanzung durch ihr dekoratives Laub attraktiver.
SIEHE *Hängedrahtkörbe, Seite 62;*
Dekorative Blumenkästen, Seite 64;
Kahle Wände beleben, Seite 66.

? Ist Ihr Garten zu klein für einen Teich?

Auch wenn Sie nur begrenzt Platz haben, können Sie einen dekorativen Mini-Teich in einem Behälter anlegen. *Links:* Diese drei Fässer und Töpfe mit Efeu, Farn und Moos bilden zusammen einen winzigen, aber üppigen Wassergarten.
SIEHE *Wasserspiel auf kleinstem Raum, Seite 68.*

? Gibt es in Ihrem Garten etwas, was Sie gerne verstecken würden?

Kübel mit ausgewachsenen Pflanzen eignen sich sehr gut, um einen unschönen Anblick zu verdecken oder Ihren privaten Bereich vor neugierigen Blicken zu schützen.
SIEHE *Gefäßgarten als Sichtschutz, Seite 60.*

Gefäße in Gruppen

Verschönerung eines Innenhofs

Kübelpflanzen stellen die ideale Lösung für einen weitläufigen Innenhof oder ähnliche Plätze dar. Einzelne Gefäße würden hier aber etwas verloren wirken. Wenn Sie mehrere bepflanzte Behälter geschickt zusammenstellen, können Sie einen wirklich attraktiven Blickpunkt schaffen. Außerdem sehen Töpfe in Gruppen viel natürlicher aus als einzeln plazierte Exemplare. Außerdem finden manche Pflanzen hier auch den nötigen Schutz.

Bevor Sie Ihre Töpfe zusammenstellen, überlegen Sie sich, ob Sie ein strenges oder ein eher natürliches Arrangement bevorzugen. Für eine nüchtern-formale Komposition sollten Sie einen Satz gleicher Gefäße verwenden und die Pflanzen klar anordnen – zum Beispiel eine Reihe von Topflilien hinter einem Topf mit Lavendel in ähnlichen, aber verschieden großen Behältern. Bei einem natürlich wirkenden Arrangement werden Gefäße in verschiedenen Stilrichtungen, Formen und Materialien verwendet. Die Pflanzen sollten zwar ein gemeinsames Thema aufweisen wie Blütenfarbe, Blattstruktur, Topfmaterial oder Topfglasur, aber wie zufällig zusammengestellt wirken.

Beachten Sie bei der Auswahl der Pflanzen, daß hohe, gerade Gefäße etwas Herabhängendes brauchen, um das Äußere gefälliger erscheinen zu lassen, während rundere Behälter mit aufrechten und buschigen Pflanzen als Kontrast besser aussehen.

Natürliches Arrangement für Sonnenpflanzen

Dieses Gefäß-Trio – zwei aus Terrakotta mit Glasur, eines naturbelassen – bilden zusammen eine dekorative Gruppe. Obwohl unterschiedlich in Farbe, Größe und Form: die Tatsache, daß alle Gefäße aus dem gleichen Material sind, läßt sie wie eine Einheit wirken. Auch die Auswahl der Pflanzen sorgt für Harmonie. Den Frauenmantel finden Sie in zwei der Gefäße, und obwohl die Blätter der Kapuzinerkresse und des Stachelnüßchens kleiner sind, ähneln sie in Form und Struktur denen des Frauenmantels. Der Gelbbunte Buschbambus sorgt für die nötige Höhe und einen Kontrast in der Struktur, während die Blüten der Kapuzinerkresse rote Farbe in das Arrangement bringen, die sich in den Blüten des Stachelnüßchens wiederholt.

2 Gelbbunter Buschbambus (*Pleioblastus auricomus*)

1 Stachelnüßchen (*Acaena microphylla*)

Pflanzvariationen

Schattenpflanzen für ein strenges Arrangement

Für Schattenplätze brauchen Sie Pflanzen, die unter solchen Bedingungen gut gedeihen. Funkie und Farn sind ideale Partner: Ihre Blätter bilden in Form und Struktur einen Kontrast, und das grün- und gelbgefärbte Laub der Funkie reflektiert das vorhandene Licht. Wenn der Platz knapp ist, stellen Sie ein hohes Gefäß in ein anderes hinein; so wird der untere Bereich kaschiert und wirkt nicht zu streng. Hier wurden zwei Kästen aus Holz ineinandergestellt mit einer Funkie und einem prächtigen Farn.

1 Farn (*Polystichum setiferum*)

2 Funkie (*Hosta fortunei* var. *albopicta*)

3 Frauenmantel (*Alchemilla mollis*)

4 Kapuzinerkresse (*Tropaeolum majus*)

PLANUNG UND ANLAGE

Zeitbedarf **1** Stunde

Werkzeug und Material

Gefäße • Tonscherben • Pflanzschaufel • Topferde • Langzeitdünger • Tonminerale

1 Säubern Sie alte Töpfe oder kaufen Sie neue. Bei gebrauchten Gefäßen sollten keine Erdreste mehr vorhanden sein. Trocknen Sie die Gefäße sorgfältig.

2 Probieren Sie mit unbepflanzten Töpfen aus, welche Kombinationen Ihnen zusagen. Falls Sie drei Gefäße von unterschiedlicher Form und Größe verwenden, wirkt ein Arrangement in Dreieckform am besten.

3 Überlegen Sie genau, welche Zahl an Pflanzen Sie für jede Gruppe benötigen und kaufen Sie sie. Können diese nicht sofort eingepflanzt werden, sollten sie schattig und gut gewässert aufbewahrt werden.

4 Setzen Sie die Pflanzen ein (siehe Seite 30). *Wässern Sie ausgiebig und lassen Sie das Wasser gut abfließen.*

5 Entfernen Sie Erdreste vom Gefäßrand.

6 Stellen Sie die Gefäße auf die vorgemerkten Positionen. Kontrollieren Sie, ob alle Gefäße gerade stehen.

PFLEGE

- Gießen Sie regelmäßig und entfernen Sie das Unkraut.
- Pflanzen Sie im Herbst einige Zwiebeln ein, die im Frühling blühen, damit die Gefäße bereits zu Jahresbeginn attraktiv aussehen.
- Entfernen Sie im Frühjahr etwa 2 cm vom Substrat und ersetzen es durch frisches.
- Schneiden Sie Verblühtes und Verwelktes regelmäßig ab. Kürzen Sie wuchernde Triebe ein.
- Entfernen Sie die Kapuzinerkresse im Herbst, wenn sie nicht mehr gut aussieht. Setzen Sie im nächsten Frühling neue Pflanzen ein.

Eingänge attraktiv gestalten
Gefäße für einen Sonnenplatz

Gefäße mit blühenden Pflanzen an der Eingangstür heißen Ihre Gäste willkommen und bieten die ideale Lösung für gepflasterte Bereiche und Stufen, die nicht direkt bepflanzt werden können. Große Gefäße sind beeindruckender als kleine und auch einfacher zu pflegen, da sie viel Substrat beherbergen und die Feuchtigkeit länger halten.

Gefäße im Eingangsbereich sollten während des ganzen Jahres attraktiv aussehen; pflanzen Sie daher auch einige ausdauernde Gewächse wie Efeu, Glyzine und Zypressenkraut ein. Nachdem die Frostgefahr vorbei ist, können Sommerblüher dazu gepflanzt werden. Diese werden im Herbst durch später blühende Zwiebelpflanzen ersetzt. Wie man Gefäße bepflanzt, erfahren Sie auf Seite 30.

1 Geranien (*Pelargonium* 'Clorinda')

2 Petunien (*Petunia* 'Super Cascade Lilac')

3 Efeu (*Hedera helix* 'Gracilis')

4 Glyzine
(*Wisteria sinensis*)

5 Zypressenkraut (*Santolina chamaecyparissus*)

6 Levkoje
(*Matthiola bicornis*)

Sonnengefäße in Violett und Gelb

Diese Bepflanzung in Violett und Gelb paßt zu einem Sonnenplatz besonders gut. Die Glyzine braucht eine Kletterhilfe und muß im Sommer und Winter zurückgeschnitten werden, wenn sie üppig blühen und nicht zu groß werden soll. Aber ihre Blüten im Frühsommer und das wunderschöne Laub werden Sie für die Mühe reichlich belohnen. Blütenpracht von Frühsommer bis Herbst bringen Geranien und Petunien. Das Zypressenkraut mit seinem grauen Laub und den gelben Blüten bildet einen Farbkontrast zu anderen Pflanzen, während der sanft überfließende Efeu die Gefäßränder kaschiert und für eine Gemeinsamkeit zwischen den beiden unterschiedlichen Töpfen sorgt. Im Herbst können Sie einige Zwiebelpflanzen einsetzen, die im Winter und Frühjahr blühen.

Pflanzvariationen

Leuchten im Schatten

Ersetzen Sie die abgebildeten Sonnenpflanzen durch schattenliebende. Eine rosa-weiße Fuchsie wird anstelle von Geranien, Fleißiges Lieschen statt der Petunien eingepflanzt. Der Efeu gedeiht im Schatten und in der Sonne. Die Zimmeraralie nimmt den Platz der Glyzine ein. Die gold-gelb panaschierte Kriechspindel ersetzt das Zypressenkraut, und ein Ziertabak verströmt seinen Duft.

1 Fuchsie 'Mary Poppins'

2 Fleißiges Lieschen (*Impatiens* 'Super Elfin Pearl')

4 Zimmeraralie (*Fatsia japonica*)

5 Kriechspindel (*Euonymous fortunei* 'Emerald 'n' Gold')

6 Ziertabak (*Nicotiana alata* 'Lime Green')

PLANUNG UND ANLAGE

Zeitbedarf
1+
Stunden

Werkzeug und Material

Draht und Drahtringe • Gefäße • Kies • Topferde • Tongranulat • Langzeitdünger • Pflanzschaufel

1. *Bringen Sie das Drahtgerüst an der Hauswand an* (siehe Seite 103), *damit die Glyzine eine Kletterhilfe hat.*
2. *Kaufen Sie die Pflanzen. Wenn diese nicht sofort eingepflanzt werden können, sollten sie kühl und gewässert gelagert werden.*
3. *Stellen Sie die Gefäße an ihren Platz. Geben Sie etwas Kies auf den Topfboden und füllen Sie die Topferde ein (30–45 cm hoch). Mischen Sie das wasserspeichernde Tongranulat und den Langzeitdünger nach Herstellerangabe unter.*
4. *Pflanzen Sie die Glyzine (mit Stützstab) zuerst ein; entfernen Sie Schnüre, mit denen die Pflanze am Stab festgemacht ist, und ersetzen Sie diese durch Drahtringe oder weichen Bindfaden. Setzen Sie die Pflanze so ein, daß sie nach hinten geneigt ist und durch die Stütze an die Hauswand geführt wird. Wenn die Glyzine nach etwa einem Jahr fest verankert ist, können Sie den Stützstab entfernen. Anschließend werden die restlichen Pflanzen eingesetzt* (siehe Seite 30) *und gründlich gegossen.*

PFLEGE

- Entfernen Sie Verblühtes regelmäßig.
- Gießen Sie täglich. Sechs Wochen nach dem Einpflanzen können Sie Flüssigdünger nach Herstellerangabe in das Gießwasser geben.
- Entfernen Sie im Spätherbst die Geranien und Petunien, bevor es Frost gibt. Im Spätsommer oder Frühherbst können Sie von den Geranien Stecklinge bewurzeln lassen. Alternativ können Sie die Geranien auch an einem frostfreien Platz überwintern.
- Setzen Sie anstelle von Geranien und Petunien im Winter und Frühjahr blühende Zwiebelpflanzen ein, damit die Gefäße weiterhin farbig und attraktiv aussehen.
- Wenn die Glyzine sich eingelebt und die Grundform sich gebildet hat, schneiden Sie die Seitenäste bis auf 7,5 cm zurück. Kürzen Sie im Sommer zu lange und wuchernde Seitentriebe auf 15 cm Länge ein und binden Sie die wachsende Pflanze an den Drähten fest.
- Schneiden Sie das Zypressenkraut nach der Blüte ab.

Gefäßgarten als Sichtschutz

Trog mit Kletterrosen

Fast jeder Garten besitzt einen Komposthaufen oder eine Mülltonne, die besser nicht im Blickfeld sein sollten. Eine schnelle und einfache Lösung bietet ein Kasten mit Spalier, den Sie mit Kletterpflanzen sowie buschigen Immergrünen bepflanzen und vor der zu kaschierenden Fläche aufstellen können. Die Pflanzen bilden sehr bald einen dichten Sichtschutz und werden sogar zum Blickfang. Falls Sie den Trog ab und zu bewegen müssen, um zum Beispiel Fallaub zu entfernen, bringen Sie darunter Rollen an.

Gelbe Petunien bringen im Sommer zusätzlich Farbe in das Arrangement. Im Herbst werden Zwiebelpflanzen wie Krokus oder Zwergtulpen eingesetzt, die dann im Frühjahr blühen.

Pflanzen für den Sonnenplatz

Dieser Trog hat viel zu bieten, um die Blicke von der unattraktiven Stelle im Garten abzulenken – besonders im Sommer, wenn man sich oft im Garten aufhält. Das Spalier wird von Efeu umrankt, der das ganze Jahr für Sichtschutz sorgt, während die Rose ihre gelben Blüten im Sommer hervorbringt.

2 Gelbe Kletterrose (*Rosa* 'Golden Showers')

3 Brandkraut (*Phlomis fruticosa*)

4 *Petunia* 'Yellow Pearl' (gelbe Multiflora-Hybride)

1 Weiß umrandeter Efeu (*Hedera helix* 'Glacier')

PFLEGE

- Gießen Sie häufig, an heißen Tagen zweimal täglich.
- Sechs Wochen nach dem Einpflanzen geben Sie wöchentlich Flüssigdünger ins Gießwasser bis Mitte Sommer; achten Sie auf die Herstellerangaben.
- Binden Sie die Kletterpflanzen an dem Spalier fest, sobald diese größer werden.
- Schneiden Sie Verblühtes sofort ab, um die Flor anzuregen.
- Entfernen Sie im Herbst die Petunien. Tragen Sie etwa 2,5–5 cm Erde ab und füllen Sie frisches Substrat nach. Setzen Sie die Zwiebelpflanzen ein.
- Schneiden Sie unerwünschte Triebe des Brandkrauts und der Kletterpflanzen im Frühjahr zurück.

Pflanzvariationen

Schattenplatz

Falls Ihr Trog sich in einem schattigen Bereich befindet, setzen Sie die unten vorgeschlagenen Pflanzen anstelle der abgebildeten ein. Der Efeu gedeiht im Schatten wie in der Sonne, aber tauschen Sie die Rose gegen Feuerdorn. Pflanzen Sie Strauchveronika – ein Immergrün, das ungünstige Lichtverhältnisse toleriert – statt des Brandkrauts ein. Fleißige Lieschen ersetzen die Petunien, aber pflanzen Sie sie nicht ein, bevor der Frost vorbei ist.

2 Feuerdorn (*Pyrocantha* 'Orange Glow')

3 Strauchveronika (*Hebe albicans*)

4 Fleißiges Lieschen (*Impatiens* 'Super Elfin')

PLANUNG UND ANLAGE

Zeitbedarf

1/2

Tag

Werkzeug und Material

Trog, mindestens 30 cm tief • 2 Seitenpfosten von 7,5 × 7,5 cm aus vorbehandeltem Holz, etwa 7,5 cm höher als das Spalier • Schrauben und Schraubenzieher • 2 dekorative Aufsätze für die Pfosten • Wasserwaage • Stift • Spalier, etwa 15 cm schmaler als der Trog • 4 Winkelstützen • 4 Rollen • Holzschutzmittel • Plastikfolie • Tonscherben • Topferde • Tongranulat • Langzeitdünger • Pflanzschaufel

1 Bringen Sie auf der Rückseite des Trogs rechts und links je einen Seitenpfosten an. Kontrollieren Sie nach, ob genug Platz für das Spalier vorhanden ist. Die Pfosten sollten über den Trogboden herausragen, so daß sie gerade über dem Boden enden, wenn die Rollen montiert sind (siehe Schritt 4). *Befestigen Sie die Seitenpfosten sowie die Zieraufsätze mit Schrauben.*

2 Halten Sie das Spalier fest und markieren Sie mit dem Stift die Positionen der Winkelstützen an den Seitenpfosten oben und unten.

3 Schrauben Sie die Winkelstützen an dem Spalier und den Pfosten fest.

4 Setzen Sie die Rollen auf den Trogboden und zeichnen Sie die Position der Schrauben ein. Bringen Sie die Rollen an.

5 Tragen Sie eine Schicht umweltfreundliches Holzschutzmittel auf. Es schützt das Holz und gibt dem Spalier, den Pfosten und dem Trog eine einheitliche Farbe.

6 Schneiden Sie Löcher in die Plastikfolie und kleiden Sie den Trog damit aus. Legen Sie die Tonscherben auf den Trogboden, füllen Sie die Erde, das Tongranulat und den Langzeitdünger ein.

7 Kaufen Sie die Pflanzen. Wenn sie nicht gleich eingepflanzt werden, lagern Sie die Gewächse kühl und gut gewässert.

8 Pflanzen Sie die Rose und den Efeu im hinteren Bereich des Trogs ein; führen Sie die Triebe durch das Spalier hindurch. Setzen Sie das Brandkraut und die Petunien vorne ein. Gießen Sie gründlich.

Hängedrahtkörbe

Farben nach Jahreszeit

Nicht alle Bepflanzungen müssen auf dem Boden sein. Erweitern Sie Ihren Garten nach oben, indem Sie Hängedrahtkörbe oder Wandgefäße anbringen (*siehe auch Seite 66–67*).

Beachten Sie, daß bepflanzte Körbe in der Regel in Augenhöhe oder höher angebracht werden und daß man sie eher von unten als von oben oder von der Seite sieht. Denken Sie daran, wenn Sie den Korb bepflanzen: Wie schön die Bepflanzung auch sein mag – eine vertrocknete, vergilbte Moosschicht am Gefäßgrund kann das ganze Arrangement ruinieren. Verwenden Sie nicht zuviel verschiedene Farben. Mit einer oder zwei Farben und deren Schattierungen können Sie teilweise mehr Wirkung erzielen: eventuell Zartblau und Weiß oder unter schattigen Bedingungen eine einfarbige Komposition aus schattenliebenden Blattpflanzen wie Farn.

Hängedrahtkörbe müssen regelmäßig gegossen werden – das Substrat trocknet in solch kleinen Gefäßen sehr schnell aus – und brauchen eine stabile Wand oder einen Stützbalken. Bepflanzte Hängekörbe sind sehr schwer, besonders nach dem Gießen, so daß die Halterung stabil und sicher genug sein muß, um das Gewicht zu tragen.

Pastelltöne für den Sommer

Diese Auswahl von auffallenden warmen und zurückhaltenden kühlen Pastellfarben sorgt für räumliches Aussehen der Bepflanzung. Die Blüten sind ähnlich groß, so daß in diesem Arrangement kein Element dominiert.

1 Thymian (*Thymus vulgaris* 'Silver Posie')

2 *Petunia* 'Resisto Rose'

3 *Diascia* 'Salmon Supreme'

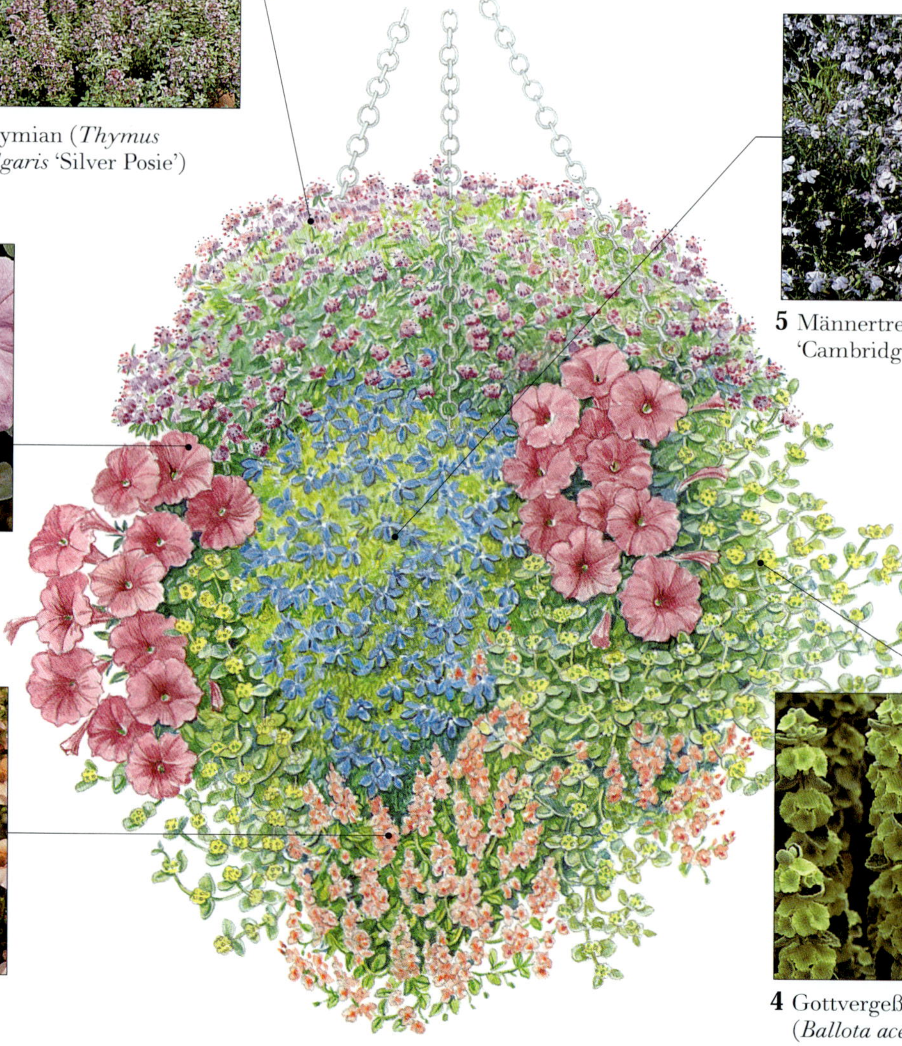

5 Männertreu (*Lobelia* 'Cambridge Blue')

4 Gottvergeß (*Ballota acetabulosa*)

PFLEGE

- Gießen Sie den bepflanzten Korb regelmäßig, besonders an heißen Tagen. Um das Gießen zu erleichtern, steigen Sie auf einen Hocker, den Sie immer in der Nähe aufbewahren, oder bringen Sie an Ihrem Gartenschlauch eine Verlängerung an (*siehe Seite 35*).
- Schneiden Sie unerwünschte Triebe sowie Verblühtes gleich ab, damit der Korb sein attraktives Aussehen bewahrt.
- Geben Sie nach Herstellerangabe Flüssigdünger zu.
- Kontrollieren Sie jedes Jahr, besonders nach starken Stürmen, ob die Stützbalken noch stabil sind.

Pflanzvariationen

Pastelltöne für den Winter

Für einen dekorativen Winterkorb in Weiß und Rosa können Sie die abgebildeten Pflanzen durch folgende ersetzen:

1 Heidekraut (*Erica* spec.) –viele Sorten erhältlich

2 Panaschierter Efeu (*Hedera* spec). – viele Sorten erhältlich

3 Alpenveilchen (*Cyclamen coum*)

4 Weiße Winter-Stiefmütterchen (*Viola* spec.) – viele Sorten erhältlich

5 Schneeglöckchen (*Galanthus nivalis*)

PLANUNG UND ANLAGE

Zeitbedarf
1
Stunde

Werkzeug und Material

Halterung für die Wand und Schrauben • Bohrmaschine und passender Bohrer • Drahtkorb • Blumentopf • Torfmoos • Plastikfolie • Schere • Topferde • Langzeitdünger • Tongranulat

1 Bringen Sie die Halterung an der Wand an, damit Sie Ihren Korb aufhängen können. Prüfen Sie nach, ob sie auch stabil ist. Kaufen Sie Ihre Pflanzen und lagern Sie sie kühl und gut gewässert, wenn sie nicht gleich eingepflanzt werden.

2 Stellen Sie den Korb auf einen Blumentopf oder einen Eimer, um in einer bequemen Höhe arbeiten zu können. Kleiden Sie den Korb mit ausreichender Menge an feuchtem Moos aus.

3 Legen Sie die Plastikfolie auf die Moosschicht. Machen Sie in die Folie Löcher in Abständen von 7,5–10 cm.

4 Mischen Sie in einem Eimer frische Topferde mit Langzeitdünger nach Herstellerangabe.

5 Setzen Sie zuerst hängende Pflanzen ein. Wässern Sie sie und schieben Sie die Wurzelballen vorsichtig durch das Geflecht und die Folie in den Korb.

6 Geben Sie auf den Korbboden etwas wasserspeicherndes Tongranulat (achten Sie auf die Mengenangaben des Herstellers). Füllen Sie das Substrat ein. Bei mehr Erde und Pflanzen müssen Sie auch mehr Tongranulat zufügen.

7 In die Mitte des Korbes wird eine buschige Pflanze eingesetzt; weitere Hängepflanzen umgeben diese. Füllen Sie Substrat bis 2,5 cm unter dem Korbrand nach. Gießen Sie den bepflanzten Korb gründlich und hängen Sie die Ketten des Korbes an der Halterung auf.

Dekorative Blumenkästen

Ein farbenfrohes Fensterbrett

Bepflanzte Blumenkästen sind eine einfache Möglichkeit, ein leeres Fensterbrett zu beleben und Ihr Haus freundlicher zu gestalten. Wählen Sie Pflanzen aus, die unterschiedliche Formen aufweisen – manche aufrecht, andere hängend – und pflanzen Sie sie ganz dicht ein, damit der Eindruck von üppigem Bewuchs entsteht. Auch Farbkontraste sind wichtig. In der hier gezeigten Bepflanzung wurde die klassische und wirkungsvolle Farbkombination von Rot und Grün verwendet.

Blumenkästen benötigen regelmäßiges Gießen. Wenn sie nicht leicht zugänglich sind, können Sie eine automatische Bewässerungsanlage anbringen (*siehe Seite 35*).

Die klimatischen Bedingungen können am Fensterbrett sehr unterschiedlich sein – von brütender Hitze bis zu stürmischem Wind –, so daß Sie zu jeder Jahreszeit andere Pflanzen einsetzen sollten. Nehmen Sie robuste Arten, denen diese Bedingungen nichts ausmachen, wie Geranien, Petunien und Männertreu.

Ein bepflanzter und gegossener Kasten kann sehr schwer sein und muß gut befestigt werden. Auf breiten Fenstersimsen sollte ein Blumenkasten durch Holzkeile rutschfest gemacht werden. Bringen Sie möglichst Winkelhaken und Sicherungsketten an der Wand an. Wenn Sie kein breites Fensterbrett haben, können Sie den Blumenkasten in stabilen Halterungen unter das Fenster hängen.

Kräftige Farbe für den Sommer

Mit etwas Pflege blühen die leuchtend roten Geranien während des ganzen Sommers und bilden einen ungewöhnlichen Kontrast zu den geschnittenen Buchsbaum-Kegeln. Die Buntblättrige Gundelrebe und die Strohblume hängen über den Gefäßrand und stellen einen Kontrast zu der eher aufrechten Form der Geranien und des Buchsbaums dar. Der Buchsbaum kann dauerhaft im Blumenkasten bleiben, solange er sich wohl fühlt. Die Kegel geben dem Arrangement die richtige Struktur und bilden den Hintergrund für die anderen Pflanzen.

1 Geranien (*Pelargonium* 'Madame Fournier')

2 Gundelrebe (*Glechoma hederacea* 'Variegata')

3 Buchsbaum (*Buxus sempervirens*)

4 Strohblume (*Helichrysum petiolaria*)

PFLEGE

- Gießen Sie gründlich – an heißen Tagen mindestens einmal am Tag.
- Geben Sie sechs Wochen nach dem Einpflanzen Flüssigdünger in das Gießwasser nach Herstellerangabe.
- Schneiden Sie unerwünschte Triebe und verwelkte Blüten sofort ab. Schneiden Sie den Buchsbaum regelmäßig, damit er die Form behält.
- Achten Sie auf Blattläuse und entfernen Sie stark befallene Pflanzenteile.
- Machen Sie im Spätsommer oder Herbst Stecklinge von frostempfindlichen Pflanzen (siehe Seite 39). Holen Sie sie vor dem ersten Frost aus ihrem Behälter heraus und lassen Sie sie frostfrei überwintern.
- Kontrollieren Sie jedes Jahr, besonders nach starken Stürmen, ob die Halterungen noch stabil sind.

Pflanzvariationen

Silbertöne für den Winter

Im Herbst müssen Sie Ihren Blumenkasten mit winterharten Gewächsen neu bepflanzen. Soll der Kasten an seinem Platz bleiben, setzen Sie Zwiebelpflanzen in Töpfen ein. Sie können ganz schnell entfernt werden, wenn die Blütezeit vorbei ist. Wählen Sie Sorten aus, die im Früh- und Spätwinter blühen, damit der Kasten lange attraktiv bleibt.

1 Schneeglöckchen (*Galanthus nivalis*)

2 Winteriris (*Iris unguicularis*)

3 Weiß panaschierter Efeu (*Hedera helix* 'Heise')

PLANUNG UND ANLAGE

Zeitbedarf
1/2
Tag

Werkzeug und Material

Blumenkasten • 2 Metallhalterungen • Wasserwaage • Bohrmaschine und Bohrer • Schrauben und Schraubenzieher • Dübel • Einsatz für den Blumenkasten • Tonscherben • Topferde • Tongranulat • Langzeitdünger • Pflanzschaufel

1 Halten Sie den Blumenkasten an die Stelle hin, wo er angebracht werden soll. Vergewissern Sie sich, daß er hier gut wirkt und Sie nicht daran hindert, das Fenster zu öffnen.

2 Wenn Sie kein Fenstersims haben, bringen Sie an der Hauswand Metallhalterungen an. Prüfen Sie die Position der Schraubenlöcher mit einer Wasserwaage.

3 Bohren Sie mit der Bohrmaschine die Löcher in die Wand. Kleines Bild: *Geben Sie in jedes Loch einen Dübel.*

4 Schieben Sie die Schrauben durch die Löcher der Halterung durch, drücken Sie sie in die Löcher an der Wand und schrauben Sie sie fest.

5 Kontrollieren Sie mit der Wasserwaage, ob beide Halterungen gleich hoch sind, bevor sie die zweite Halterung anbringen. Sollte Ihre Wasserwaage zu kurz sein, legen Sie ein langes Stück Holz darunter.

6 Setzen Sie den Blumenkasten in die Halterungen ein. Sehen Sie nach, ob der Kasten auch wirklich richtig darauf sitzt.

7 Geben Sie einen Einsatz in den Blumenkasten, um diesen zu schonen und die Pflanzen zu isolieren.

8 Kaufen Sie die Pflanzen. Falls Sie sie nicht sofort einsetzen können, sollten die Pflanzen kühl und gewässert gelagert werden.

9 Geben Sie auf den Kastenboden eine Schicht Tonscherben als Drainage. Füllen Sie die Erde ein, heben Sie das Tongranulat und den Langzeitdünger nach Herstellerangabe unter.

10 Pflanzen Sie die Buchsbaumkegeln gleichmäßig ein und füllen Sie die Lücken dazwischen mit Geranien und Strohblumen. Die Gundelrebe wird ganz vorne plaziert, so daß sie über den Rand fließen kann.

Kahle Wände beleben

Töpfe für die Wand

Große kahle Mauern oder Zäune können durch einige buntbepflanzte Wandgefäße in dekorative Gartenelemente verwandelt werden. Wählen Sie Pflanzen aus, die sich auf engstem Raum wohl fühlen, solche mit hängenden Blüten oder einer schönen Zeichnung. Denken Sie daran, daß ein kleiner Topf nur wenig Substrat enthält, so daß regelmäßiges Düngen und häufiges Gießen notwendig sind.

Sommerraffinesse

Die Goldkamille bildet hier einen sehr wirkungsvollen Kontrast zur Blauen Margerite und Dreimasterblume. Die Blaue Mauritius bringt eine Kaskade von violetten Blüten hervor und mildert die harten Konturen des Topfes ab. Außer Goldkamille sind alle Pflanzen frostempfindlich. Deshalb sollten sie nicht zu früh ausgepflanzt werden.

1 Blaue Margerite (*Felicia bergeriana*)

2 Dreimasterblume (*Tradescantia fluminensis*)

3 Blaue Mauritius (*Convolvulus sabatius*)

4 Goldkamille (*Tanacetum parthenium* 'Aureum')

Pflanzvariationen

Frühlingsfarben

Töpfe mit Waldpflanzen, die im Frühjahr blühen, sind ein sehr aufheiterndes Gestaltungselement für die ersten trüben Monate des Jahres. Die Christrose kommt in unzähligen Farbschattierungen und Mischungen vor. Pflanzen Sie die Christrosen in einem Einsatz ein, damit sie nach der Blüte schnell entfernt und der Topf mit neuen Arten für den Sommer bestückt werden kann.

1 Purpurfarbene Christrose (*Helleborus × hybridus*)

2 Weiße Christrose (*Helleborus × hybridus*)

3 Efeu (*Hedera helix* 'Eva')

Kaskade in Orange

Einen wärmeren Farbton erhalten Sie, wenn Sie die abgebildeten Pflanzen durch folgende ersetzen:

1 Kapuzinerkresse (*Tropaeolum majus* 'Alaska')

3 Schwarzäugige Susanne (*Thunbergia alata*)

4 Löwenmaul (*Antirrhinum* 'Coronette') – lachsfarbene Sorte

PLANUNG UND ANLAGE

Zeitbedarf
1
Stunde

Werkzeug und Material

Wandgefäß • Bohrmaschine und Bohrer • Dübel • Schrauben und Schraubenzieher • Tonscherben • Topferde • Langzeitdünger • Tongranulat

1 Wandgefäße gibt es in verschiedenen Größen, Formen und Farben. Wählen Sie eines aus, das in Farbe und Stil zu der Wand paßt, an der es angebracht wird.

2 Kaufen Sie die Pflanzen. Wenn diese nicht sofort eingepflanzt werden können, sollten sie kühl und gewässert gelagert werden.

3 Um das Gefäß aufzuhängen, bohren Sie ein Loch in die Wand und geben in das Loch einen Dübel, der groß genug ist, um das ganze Gebilde zu tragen.

4 Halten Sie das Gefäß an das Loch und ziehen Sie die Schraube fest. Von der Schraube soll noch soviel herausragen, daß sie den Topf tragen kann.

5 Legen Sie die Tonscherben auf den Topfboden. Füllen Sie Erde, die nach Herstellerangaben mit Tongranulat und Langzeitdünger gemischt wird, ein.

6 Bepflanzen Sie das Gefäß (siehe Seite 30). *Gießen Sie gründlich.*

PFLEGE

- Entfernen Sie verwelkte Blüten und wuchernde Triebe.
- Geben Sie sechs Wochen nach dem Einpflanzen Flüssigdünger nach Herstellerangaben in das Gießwasser.
- Ersetzen Sie die Pflanzen im Herbst durch Zwiebelpflanzen, die im Frühjahr blühen. Der Efeu kann wiederverwendet werden, wenn er in gutem Zustand ist. Entfernen Sie die Blaue Margerite und setzen Sie die Goldkamille anderswo ein. Dreimasterblume und Blaue Mauritius können umgetopft und frostfrei überwintert werden. Beide entwickeln aus Stecklingen, die man im Sommer bewurzeln läßt, neue Pflanzen (*siehe Seite 39*).

Wasserspiel auf kleinstem Raum

Der Teich im Eichenfaß

In jedem Garten wirkt ein Teich, auch wenn er noch so klein ist, sofort als Blickfang. Wasser zieht Vögel und Insekten wie ein Magnet an und verleiht jedem weniger reizvollen Bereich im Garten schnell ein besonderes Flair. Besitzen Sie jedoch nicht den richtigen Garten, um darin einen Teich anzulegen, können Sie sich Ihr Wasserparadies in Miniatur schaffen. Dafür läßt sich jeder Behälter, der wasserdicht ist, verwenden, wie zum Beispiel ein großer Keramiktopf, ein Ausgußbecken aus Stein (das Abflußloch muß dicht verschlossen sein) oder ein Halbfaß aus Holz wie hier. Achten Sie darauf, daß sich Ihr Faß für eine Wasserstelle eignet. Fässer, die als Pflanzbehälter hergestellt worden sind, weisen zwischen den einzelnen Leisten größere Lücken auf. Ein Faß, das einmal eine Flüssigkeit enthielt, ist jedoch wasserdicht, da es bereits entsprechend gebaut wurde. Vergessen Sie bei der Bepflanzung sauerstoffanreichernde Arten wie Wasserpest (*Elodea canadensis*) nicht, damit das Wasser klar bleibt. Um das Wasserspiel herum können Sie Töpfe mit feuchtigkeitsliebenden Pflanzen wie Funkien, Primeln und Farn arrangieren.

1 Zwergrohrkolben
(Typha minima)

Weiße Seerosen

Aus diesem halbierten Holzfaß entstand ein Miniteich für eine sonnige Ecke im Garten. Die weißen Zwergseerosen und der hellgrüne Wassersalat breiten sich auf der Wasseroberfläche aus und umgeben den aufrechten Zwergrohrkolben, der als Kontrast zu den niedrigen Pflanzen dem Ganzen die richtige Höhe verleiht.

2 Wassersalat
(Pistia stratiotes)

3 Zwergseerose
(*Nymphaea* 'Pygmaea Alba')

Pflanzvariationen

Rote Kardinalslobelie

Für eine kräftigere Farbkomposition können Sie sich für die unten aufgelisteten Pflanzen entscheiden. Die gerade Form der Kardinalslobelie ersetzt die Seerose. Sie ist nicht winterhart und muß daher die kalte Jahreszeit in einem Eimer an einem frostfreien Platz verbringen. Der Rohrkolben kann bleiben, da er für diesen Miniteich klein genug ist. Wassersalat wird gegen Papageienfeder ausgetauscht, die sehr zart die Wasseroberfläche bedeckt.

2 Papageienfeder
(Myriophyllum aquaticum)

3 Kardinalslobelie
(Lobelia cardinalis)

Blaue Japanische Sumpfiris

Eine Gruppe tiefblauer Japanischer Sumpfiris wird anstelle des Zwergrohrkolbens eingepflanzt, um die für die Bepflanzung so wichtige Höhe zu erhalten. Die Papageienfeder breitet sich wie in der roten Komposition auf der Wasseroberfläche aus, während der Algenfarn die Stelle der Seerosen einnimmt.

1 Japanische Sumpfiris
(*Iris laevigata* 'Midnight')

2 Papageienfeder
(Myriophyllum aquaticum)

3 Algenfarn
(Azolla mexicana)

PLANUNG UND ANLAGE

Zeitbedarf
1+
Stunden

Werkzeug und Material

Holzfaß (muß wasserdicht sein) • harte Bürste • Gartenschlauch • Kies • Ziegelstein

1 Säubern Sie das Faß gründlich mit einer harten Bürste und füllen Sie Wasser ein. Lassen Sie das Faß mit dem Wasser 24 Stunden stehen. Nasses Holz dehnt sich aus, und so können Sie sicher sein, daß das Faß wasserdicht ist.

2 Bringen Sie das Faß an den Standort. Legen Sie einen Ziegelstein in die Mitte des Behälters. Die Hauptattraktion, eine Seerose, soll auf dem Ziegelstein plaziert werden. Kaufen Sie die Pflanzen. Stellen Sie sie bis zum Einpflanzen an einem schattigen Platz ins Wasser.

3 Die Wasserpflanzen werden mit ihren Töpfen in den Miniteich eingesetzt.

4 Streuen Sie eine Schicht Kies auf die Erde jeder Pflanze. Geben Sie die schwimmenden Pflanzen direkt auf die Wasseroberfläche.

PFLEGE

- Entfernen Sie schwimmende Unkrautpflanzen mit einem Küchensieb.
- Entfernen Sie verwurzeltes Unkraut mit einem Stock. Drehen Sie den Stock so, daß sich die Pflanzen um ihn herumwickeln; dann ziehen Sie ihn heraus.
- Schneiden Sie stark wuchernde Pflanzen zurück. Etwa ein Viertel der Wasseroberfläche sollte frei bleiben.
- Falls nötig, füllen Sie Wasser nach.
- Fischen Sie abgestorbene Blätter und lose Erde im Herbst und im Frühjahr heraus, damit sich die Wasserqualität nicht verschlechtert.
- Im Herbst wird der frostempfindliche Wassersalat mit dem Topf herausgenommen und in einen Eimer mit sauberem Wasser gesetzt. Lassen Sie ihn an einem frostfreien Ort überwintern. Das Faß kann im Spätfrühling oder Frühsommer wieder bepflanzt werden.

RASEN

Herrliche Grünfläche

Ein gepflegter, unkrautfreier Rasen bildet einen schönen Kontrast zu den Blumenbeeten und anderen Gartenelementen. Diese Rasenfläche, umgeben von Spalieren und Kletterpflanzen, wirkt wie eine kühle, grüne Oase inmitten üppiger Pflanzenpracht.

Ideen für einen schöneren Rasen

Da ein Rasen leicht anzulegen und seine Pflege unkompliziert ist, wird er für die meisten Leute zum Kernstück ihres Gartens. Ob als ausgedehnte Fläche oder als winziger Bereich – ein Rasen harmoniert immer gut mit den ihn umgebenden Blumenbeeten.

Denken Sie daran, daß ein Rasen nicht nur Zierde, sondern auch sehr nützlich sein kann – zum Beispiel als Verbindung verschiedener Gartenbereiche, als Platz zum Sonnen und Entspannen für Familie und Freunde und als Spielplatz für Kinder. Für welches Saatgut Sie sich entscheiden, hängt davon ab, wie Sie den Rasen nutzen wollen. Soll er in erster Linie als Fußballfeld für Kinder dienen, brauchen Sie einen strapazierfähigen Rasen (*siehe Seite 74*).

Die Fragen und Antworten auf diesen beiden Seiten sollen Ihnen die Möglichkeiten zeigen, wie Sie Ihren Rasen besser gestalten oder einen neuen anlegen können, um Ihren Garten zu verschönern. Dazu finden Sie auf den folgenden Seiten Beispiele mit Schritt-für-Schritt-Anleitung sowie Pflanzvorschläge für Ihren Garten.

? *Sieht ein bestimmter Bereich Ihres Rasens durch ständige Nutzung kahl aus?*

Setzen Sie eine Reihe von Trittsteinen in den Rasen ein. Das sieht dekorativ aus, und die Rasenpflege wird einfacher und zeitsparender. *Rechts:* Diese Trittsteine schonen Ihren Rasen und laden dazu ein, den restlichen Garten zu erforschen.

SIEHE *Schutz für den Rasen, Seite 80.*

? *Hat Ihr Rasen eine strenge, geometrische Form?*

Pflanzen, die über den Rasenrand hängen, mildern strenge Formen ab und sorgen für ein natürliches Aussehen.

SIEHE *Rasenumpflanzung, Seite 78.*

? Wollen Sie einen neuen Rasen anlegen?

Sie können zwischen Fertigrasen (teuer, aber schnell fertig) und dem herkömmlichen Rasen aus Samen (viel billiger, aber nicht so schnell nutzbar) wählen.
Rechts: Ein gut gepflegter Rasen macht Ihrem Garten Ehre und ist der perfekte Rahmen für Beete und Rabatten.
SIEHE *Neuer Rasen aus Samen, Seite 74; Fertigrasen verlegen, Seite 76.*

? Ist Ihr Rasen an einer Stelle steil abfallend?

Bauen Sie Stufen, die bei nassem Wetter rutschfest sind.
Oben: Aus diesen Holzbohlen wurden niedrige Stufen gebaut, die einen ungewöhnlichen und rustikalen Fußweg bilden.
SIEHE *Abfallende Rasenflächen, Seite 82.*

Neuer Rasen aus Samen

Die kostengünstigere Variante

In den besten und schönsten Rasenflächen steckt harte Arbeit. Aber Sie können einen gut aussehenden und strapazierfähigen Rasen, auf den Sie stolz sein werden, auch mit relativ wenig Mühe anlegen.

Falls Ihr Rasen mehr kahle Stellen als Grasfläche aufweist oder Sie eine Stelle haben, die nie begrünt war, müssen Sie einen neuen Rasen anlegen. Sie sollten sich vorher entscheiden, ob Sie den Rasen aus Samen ziehen oder vorgezogene Rasennarben nehmen (*siehe Vergleich auf Seite 75*). Falls Sie sich für die Aussaat entscheiden, sind die besten Termine April bis Mai sowie September. Die neue Rasenfläche sollte mindestens ein Jahr lang nicht überstrapaziert werden. Ein Rasen aus Samen braucht länger als ein Fertigrasen, bis ein robuster Teppich zusammen-

PLANUNG UND ANLAGE

Zeitbedarf
1/2
Tag

Werkzeug und Material

Stern- oder Motorfräse • Rechen • Schnur • eventuell Gartenwalze • Düngemittel • Saatgut • Stroh

Zeitangabe für eine Fläche von ca. 3 m × 3 m.

1 Entfernen Sie größere Steine und tief reichende Wurzeln aus dem Boden. Lockern Sie die Erde mit einer Stern- oder Motorfräse (kann im Fachgeschäft entliehen werden) gründlich (etwa 5 cm tief).

2 Harken Sie danach die Erdoberfläche mit einem Rechen möglichst fein, wobei auch restliche Steine aus dem Boden entfernt werden.

3 Gehen Sie mit dem Rechen noch einmal gründlich über die Erdoberfläche und harken den Boden glatt, bis es keine Unebenheiten mehr gibt.

4 Festigen Sie anschließend den Boden mit den Fersen oder mit einer Walze.

5 Markieren Sie die künftige Rasenfläche mit Richtschnüren. Arbeiten Sie die empfohlene Menge an Düngemittel, das Stickstoff, Kali und Phosphor enthält, gleichmäßig ein. Kleines Bild: *Das Düngemittel wird eingearbeitet.*

6 Verteilen Sie die empfohlene Menge an Saatgut gleichmäßig über die Erde. Bewegen Sie sich dabei rückwärts, um nicht in die besäte Fläche zu treten.

7 Verteilen Sie etwas Stroh über den Boden, um Vögel fernzuhalten. Ist das Gras 5–7,5 cm hoch, wird es mit einem Handrasenmäher schonend gekürzt.

gewachsen ist. Aber er ist viel billiger, und Sie können auf verschiedene Saatgutmischungen zurückgreifen.

Entwerfen Sie Ihren Rasen

Die Größe und die Form des Rasens ist wichtig für das Aussehen Ihres Gartens. Ein langer, schmaler Rasenstreifen läßt auch den Garten lang und schmal erscheinen, während durch einen weitflächigen Rasen der Garten größer wirkt. Nutzen Sie solche optischen Täuschungen zu Ihrem Vorteil, wenn Sie eine neue Rasenfläche planen oder die Form eines bereits angelegten Rasens verändern wollen. Soll ein kurzer Garten länger aussehen, legen Sie auf beiden Seiten des Rasens breite Beete an. Wenn eine Ecke sich verjüngt, wirkt das Ganze besonders lang. Soll der Garten kürzer erscheinen, teilen Sie ihn, und legen Sie mittendrin verschiedene Pflanzbereiche an.

Weite Rasenflächen mit schmalen Beeten am Rand wirken unter Umständen unvorteilhaft. Wenn Sie entlang des Rasens Blumenbeete haben wollen, achten Sie darauf, daß diese mindestens 1 m breit sind – auch wenn dadurch Ihr Rasen eher zu einem Streifen wird. Dadurch kommen die Blumen viel besser zur Geltung und sehen nicht wie kleine Dekorationen am Rand Ihres Rasens aus. Haben Sie nur begrenzt Zeit für die Pflege von großen bepflanzten Gartenflächen? Vergessen Sie die Blumenbeete, und machen Sie den Garten zu einer einzigen Rasenfläche. Setzen Sie darin Bäume und Sträucher ein, falls Sie Lust und Zeit für die nötige Pflege haben.

Samen contra Fertigrasen

Rasen aus Samen	Rasen aus Rasenplatten
Pro	**Pro**
• Billiger als Fertigrasen • Mehr Auswahl an Saatgutmischungen • Bewässerung nicht immer nötig	• Schnelles Ergebnis • Keine allzu gründliche Bodenvorbereitung notwendig
Contra	**Contra**
• Gründliche Bodenvorbereitung ist erforderlich. • Sie können den Rasen nach der Aussaat mehrere Wochen lang nicht betreten.	• Teuer • Die Auswahl an Sorten ist begrenzt. • Regelmäßige Bewässerung ist unerläßlich. Sie brauchen den Zugang zu einer Wasserstelle.

PFLEGE

Um das Wachsen von Wildblumen zu verhindern, verwenden Sie im Frühling Rasendünger und einen entsprechenden Unkrautvertilger. Nehmen Sie dafür eine Gießkanne mit Zusatz, aus dem die Flüssigkeit gleichmäßig in Bahnen auf dem Rasen verteilt wird.

Im Frühling entfernen Sie mit einem Fächerbesen im Winter abgestorbenes Gras und eventuell vorhandene Steinchen, bevor Sie das erste Mal mähen.

Im Herbst sollten Sie wieder mit einem Fächerbesen vergilbtes Gras und das Laub aus dem Rasen entfernen.

- Der Rasen wird in der Regel auf 2–3 cm Wuchshöhe gekürzt. Am besten mäht man an niederschlagsfreien Tagen nach einem bestimmten Schema, damit keine Furchen im Rasen entstehen.
- Die Kanten werden nach der Mahd mit einer langschenkeligen Rasenschere gesäubert. An schwer zugänglichen Stellen wie an Stufen eignet sich eher eine kleine Rasenschere. Es gibt aber auch elektrische Kantenschneider.
- Tragen Sie beim Mähen feste Schuhe oder hochschaftige Stiefel und derbe Hosen, um Verletzungen durch Steine oder hohes Gras zu vermeiden. Wenn Sie einen elektrischen Rasenmäher haben, legen Sie das Kabel um die Schulter, beginnen nahe der Steckdose mit dem Mähen und bewegen sich nach und nach davon weg.
- Im Frühjahr und Herbst erfolgt eine Kopfdüngung. Es wird ein mineralischer oder organischer Langzeitdünger ausgebracht, der in seiner Zusammensetzung speziell auf die Bedürfnisse des Rasens abgestimmt ist.
- Im Herbst wird der verdichtete Rasen belüftet (aerifiziert). Dabei werden die Zinken einer Grabgabel etwa 10–15 cm senkrecht in den Boden gestochen und die Gabel leicht vor und zurück bewegt.

Fertigrasen verlegen

Schnell eine Grünfläche

Sie können den Fertigrasen zu jeder Jahreszeit – außer bei extremer Trockenheit und Nässe oder in der Frostperiode – verlegen. Ein weiterer Vorteil von Fertigrasen gegenüber der herkömmlichen Aussaatmethode ist, daß Sie sich sofort einer schönen Rasenfläche erfreuen können. Nach dem Verlegen brauchen Sie ihn nur etwa zwei bis drei Wochen zu schonen, anschließend kann er wie ein langjähriger Rasen behandelt werden.

Kontrollieren Sie die Rasensoden vor dem Kauf oder bei der Lieferung ganz genau. Der Boden unter dem Rasenstück muß feucht und feinkrümelig sein. Breiten Sie einige Rasenstücke aus und prüfen Sie nach, ob das Gras dicht und unkrautfrei ist.

Halten Sie den neuen Rasen ständig feucht, sonst ziehen sich die Rasensoden zusammen und bilden Lücken. Wässern Sie kräftig, bis der Rasen zusammengewachsen ist.

PLANUNG UND ANLAGE

Zeitbedarf
1/2
Tag

Werkzeug und Material

Rechen • Düngemittel • Holzbrett • Messer • Halbmondtrimmer • Schnur • Rasensprenger

Zeitangabe für eine Fläche von ca. 3m × 3m.

1 Stapeln Sie die Rasenstücke zusammengerollt auf. Halten Sie sie feucht und vor Sonne geschützt, bis sie verlegt werden können.

2 Befreien Sie den Boden von Steinen, tief reichenden Wurzeln und anderen störenden Bestandteilen. Harken Sie die Erde mehrmals glatt. Falls nötig, lockern Sie die Erde mit einer Hacke. Treten Sie die Erde fest und glätten Sie den Boden furchenfrei. Anschließend wird das Düngemittel ausgebracht (siehe Schritt 5 bei Rasen aus Samen, Seite 74) *und der Boden nochmals glatt geharkt.*

3 Das erste Rasenstück legt man bündig an einer Kante oder entlang der Randmarkierung aus. Die folgenden Bahnen werden auf Stoß angeschlossen, die schmalen Stoßkanten werden dabei jeweils versetzt – dazu müssen Sie ein Rasenstück durchschneiden.

4 Die Rasenstücke müssen ganz dicht aneinanderstoßen und werden nach dem Verlegen angedrückt.

5 Legen Sie keine kleinen Stücke an den Kanten aus, sondern schneiden Sie ein Rasenstück passend.

6 Beginnen Sie wieder an der Kante oder Randmarkierung und drücken Sie den vollständig mit Rasen verlegten Boden leicht mit dem Rechenrücken. Betreten Sie dabei den neuen Rasen nur mit Hilfe eines Holzbretts.

7 Die Ränder des Rasens werden mit einer Richtschnur markiert und eventuell mit dem Halbmondtrimmer in Form gebracht.

8 Zum Schluß wird der Rasen mit einem Sprenger kräftig gewässert. Achten Sie darauf, daß der neu verlegte Rasen nicht austrocknet, bevor er mit dem Untergrund zusammengewachsen ist.

RASEN AUSBESSERN

Buckel und Senken ausgleichen

1 Diese Arbeit kann jederzeit zwischen Frühjahr und Herbst ausgeführt werden. Zerschneiden Sie zuerst kreuzweise die Rasennarbe mit einem scharfen Spaten oder Kantenstecher.

2 Danach lösen Sie die Grasnarbe vorsichtig vom Boden und schlagen die Ecken zurück. Entfernen oder ersetzen Sie Erde, bis Buckel oder Senken ausgeglichen sind.

3 Dann klappen Sie die Grasnarben wieder zurück und drücken sie sorgfältig mit dem Rechenrücken an.

Schadhafte Kanten ausbessern

1 Stechen Sie ein Rechteck um die schadhafte Rasenstelle ab und drehen Sie es so herum, daß die geschädigte Stelle sich nicht mehr am Rand befindet.

2 Drücken Sie das Rasenstück an und streuen Sie in die entstandene Lücke etwas Erde und Rasensaat. Diese Arbeit kann jederzeit zwischen Frühjahr und Herbst ausgeführt werden.

Kahle Stellen ausbessern

1 Entfernen Sie die abgestorbenen Grasreste sowie das Unkraut. Lockern Sie mit einer kleinen Stechgabel die Erde an der schadhaften Stelle.

2 Arbeiten Sie etwas Komposterde ein und bestreuen Sie die Stelle mit Grassamen.

3 Um die Keimung der Samen zu beschleunigen und die Feuchtigkeit im Boden zu halten, deckt man die Samen mit einer Plastikplane ab. Sie wirkt wie ein kleines Gewächshaus und schützt auch vor Vögeln. (Zum Schutz vor anderen Tieren können Sie die Stelle mit einem Maschendraht überspannen.) Wenn die Grashalme 2,5 cm hoch sind, entfernen Sie die Plastikfolie. Bei Trockenheit wässern Sie kräftig.

Rasenumpflanzung

Pflanzen für die erste Reihe

In einem Garten können lange, gerade Rasenkanten recht streng aussehen. Mit verschiedenen Pflanzen können Sie diese Strenge abmildern und Ihrem Garten ein natürlicheres Aussehen verleihen.

Es ist wichtig, Pflanzen auszuwählen, die sich nicht sehr stark ausbreiten oder sich auf die Rasenfläche legen, da sonst der Rasen darunter leiden würde. Setzen Sie Pflanzen ein, die schöne Polster am Rasenrand bilden und beim Mähen nicht stören. Hier eignet sich zum Beispiel die Immergrüne Staudengeranie (*Geranium macrorrhizum*) sehr gut; sie bildet ordentliche Polster, die beim Rasenmähen nicht im Weg sind. Frauenmantel (*Alchemilla mollis*) und Schattensteinbrech (*Saxifraga × urbium*) sind ebenfalls schöne Randpflanzen. Um dem Ganzen eine gewisse Einheit zu verleihen, können Sie das Pflanzmuster an der Rasenkante wiederholen.

Damit eine Randbepflanzung langfristig attraktiv bleibt, ist regelmäßige Pflege erforderlich. Schneiden Sie nach dem Rasenmähen das Gras an den Kanten mit einer Rasenschere zurück, damit es nicht in das Beet hineinwächst. Dabei können Sie auch stark wachsende Randpflanzen etwas zurecht schneiden.

Randpflanzen in Grüngelb, Silber und Purpur

An der vorderen Kante dieses Beets wurden vier Pflanzen in einem sich nicht streng wiederholenden Muster eingesetzt, um ein einheitliches Aussehen zu erhalten. Das Purpurglöckchen und das silbrige Eselsohr bilden einen Kontrast zu dem Mittelgrün des Frauenmantels und dem leuchtenden Grün des Löffelblatts. Die fünfte Pflanze, Liriope muscari, *wurde ein wenig nach hinten gepflanzt. Sie bildet Büschel von spitzen Blättern, die die sanften, mehr horizontalen Formen der Pflanzen in der vorderen Reihe durchbrechen.*

1 Purpurglöckchen (*Heuchera micrantha* 'Palace Purple')

2 *Liriope muscari*

3 Löffelblatt (*Bergenia cordifolia*)

PFLEGE

- Gießen Sie bei trockenem Wetter ausreichend, vor allem im ersten Sommer nach dem Einpflanzen.
- Schneiden Sie wuchernde Triebe, die in den Rasen wachsen, zurück.
- Bessern Sie die Rasenkanten regelmäßig aus – am besten nach jedem Mähen (*siehe Seite 75*).
- Schneiden Sie alte Blütenstiele ab, wenn sie unattraktiv werden.
- Im Herbst oder nach der Blüte im Frühling sollten Sie das wuchernde Löffelblatt teilen (*siehe Seite 39*) und die fleischigen Erdsprosse (Rhizome) durchschneiden; die einzelnen Pflanzen können Sie wieder einsetzen.
- Füllen Sie im Frühling, wenn der Boden sich erwärmt, den Rindenmulch auf.

PLANUNG UND ANLAGE

Zeitbedarf
1/2
Tag

Werkzeug und Material

Grabgabel • Kompost oder Dünger • Rechen • Pflanzschaufel • Rindenmulch

Die Zeitangabe bezieht sich auf eine Fläche von 10 m Länge.

1 Graben Sie mit der Gabel etwa 30 cm breit die Erde um und reichern Sie sie mit einem Eimer voll Kompost oder Dünger pro Meter an. Treten Sie die Erde zusammen und rechen Sie sie leicht.

2 Kaufen Sie die Pflanzen. Falls Sie die Pflanzen nicht sofort einsetzen können, sollten Sie sie schattig und gut gewässert lagern.

3 Setzen Sie die Pflanzen in Dreier- oder Fünfer-Gruppen, etwa 10–15 cm vom Beetrand weg, ein. Wiederholen Sie das Pflanzmuster entlang der gesamten Länge der Rasenkante.

4 Wässern Sie ausgiebig. Legen Sie eine 5–7,5 cm hohe Schicht aus Rindenmulch auf.

4 Eselsohr (*Stachys byzantina* 'Silver Carpet')

5 Frauenmantel (*Alchemilla mollis*)

Pflanzvariationen

Randpflanzen in Goldgelb und Weiß

Um eine leuchtendere Wirkung zu erzielen, können Sie das Purpurglöckchen gegen die Schaumblüte und das Eselsohr gegen die Gefleckte Taubnessel austauschen. Die anderen Pflanzen bleiben, da sie den richtigen Kontrast zu den dunkelgrünen Blättern der Schaumblüte und den weißgefleckten Blättern der Taubnessel bilden.

1 Schaumblüte (*Tiarella cordifolia*)

4 Gefleckte Taubnessel (*Lamium maculatum* 'Album')

Schutz für den Rasen

Pfad mit Trittplatten

Jede Rasenfläche hat Stellen, die öfter betreten und mehr strapaziert werden als andere. Um den Rasen zu schützen, können Sie einen Pfad mit Trittplatten anlegen. So müssen Sie nicht jedes Jahr kahle Stellen ausbessern. Gestalten Sie den Weg, indem Sie die Platten nach einem Muster Ihrer Wahl anordnen. Kinder freuen sich, wenn sie auf den Trittsteinen Hüpfspiele machen können.

Die einfachste Methode ist, in den Rasen Löcher in Plattenform zu stechen. Das Rasenstück wird entfernt und durch eine Trittplatte ersetzt. Der Rasen um die Platten gibt ihnen genug Halt, so daß sie nicht mehr befestigt werden müssen. Sie können ungleichmäßige Natursteinplatten oder einfache Betonplatten verlegen. Diese sollten groß genug sein, um bequem darauf zu stehen.

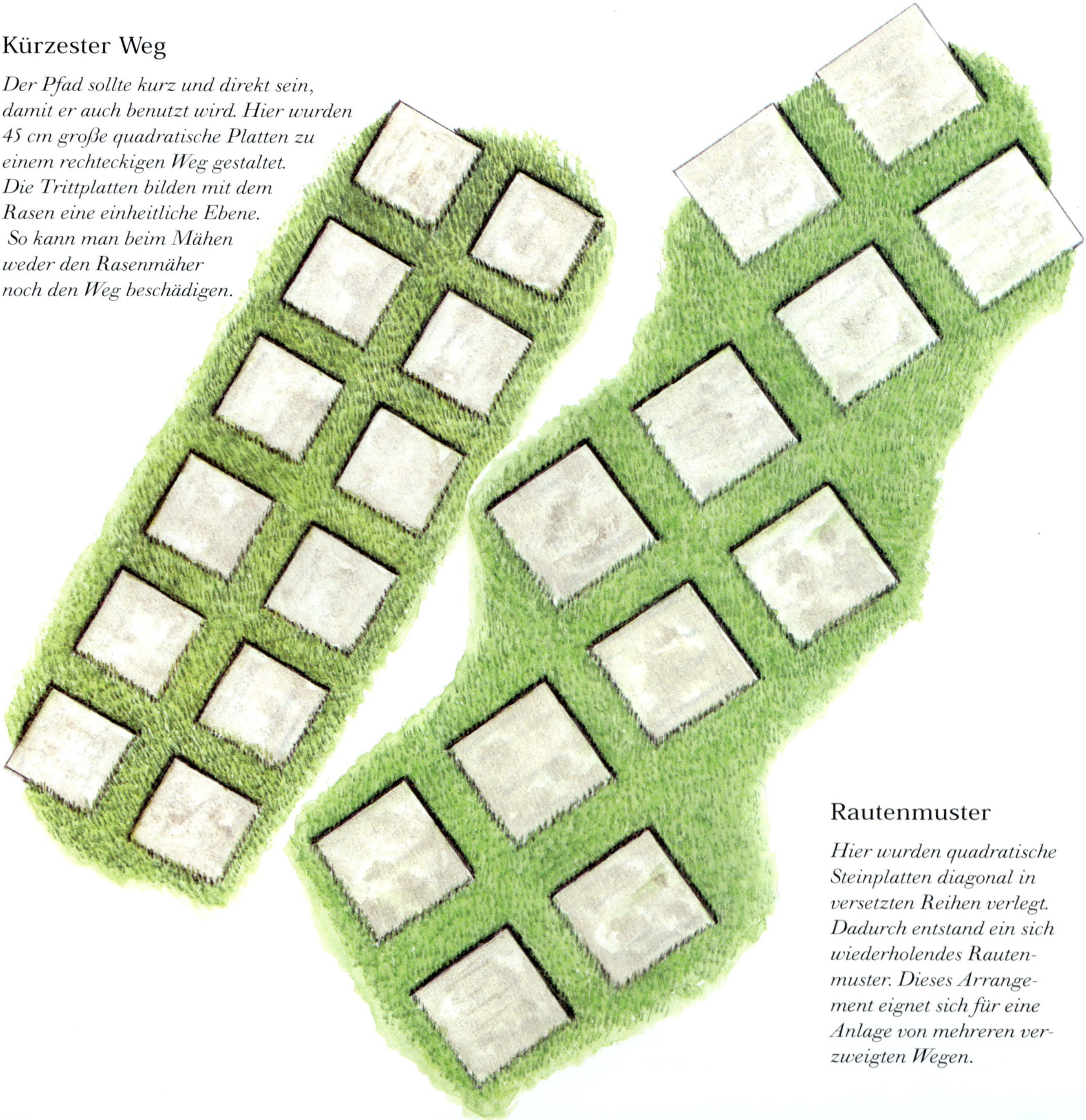

Kürzester Weg

Der Pfad sollte kurz und direkt sein, damit er auch benutzt wird. Hier wurden 45 cm große quadratische Platten zu einem rechteckigen Weg gestaltet. Die Trittplatten bilden mit dem Rasen eine einheitliche Ebene. So kann man beim Mähen weder den Rasenmäher noch den Weg beschädigen.

Rautenmuster

Hier wurden quadratische Steinplatten diagonal in versetzten Reihen verlegt. Dadurch entstand ein sich wiederholendes Rautenmuster. Dieses Arrangement eignet sich für eine Anlage von mehreren verzweigten Wegen.

Pfad aus Rundhölzern

Ein Pfad aus einzelnen Rundhölzern wirkt fast wie gewachsen und sieht in einer Blumenwiese oder im Gebüsch besonders natürlich aus. Die Rundhölzer sollten mit einem Holzschutzmittel behandelt worden sein, damit sie nicht frühzeitig verrotten. Befindet sich der Weg in einem schattigen Bereich, kann das Holz bei Feuchtigkeit glitschig werden. In diesem Fall sollten Sie die Oberfläche der Rundhölzer mit einem Maschendraht versehen, bevor Sie das Holz in den Rasen einsetzen. So vermeiden Sie Rutschgefahr.

PFLEGE

- Schneiden Sie den Rasen am Rand der Trittplatten mit einer Rasenschere zurück.
- Verwenden Sie im Fachhandel erhältliche Schutzmittel gegen Algenbelag. Achten Sie darauf, daß die Trittplatten nicht rutschig sind.
- Ist eine Platte locker, heben Sie sie hoch und fügen Sie etwas Sand hinzu. Setzen Sie die Steinplatte wieder ein, und kontrollieren Sie mit einer Wasserwaage, ob sie eben ist.

PLANUNG UND ANLAGE

Zeitbedarf
1/2
Tag

Werkzeug und Material

Trittplatten • Schnur • Halbmondtrimmer • Spaten • grober Sand • Wasserwaage • Besen

1 Legen Sie die Trittplatten auf den Rasen. Um einen geraden Weg zu markieren, spannen Sie entlang der Platten eine Schnur. Die Steinplatten müssen gleich hoch sein, und der Abstand zwischen ihnen sollte jeweils 15 cm betragen.

2 Stechen Sie mit dem Halbmondtrimmer um jede Steinplatte tief in den Rasen.

3 Heben Sie die abgestochene Rasenplatte mit dem Spatenblatt ab.

4 Legen Sie als Ausgleich mindestens 5 cm hoch groben Sand unter, so daß die Trittplatte etwas tiefer liegt als der restliche Rasen.

5 Legen Sie die Trittplatte auf den Sand und kontrollieren Sie, daß die Platte eben aufliegt. Kehren Sie Erdreste mit dem Besen weg.

Abfallende Rasenflächen

Ungleichmäßige Stufen

Ein sanft abfallender Rasen kann ein sehr dekoratives Element sein: Es entsteht das Bild einer dahinfließenden Landschaft, und – auch wenn Ihr Garten klein ist – wirkt diese Grasfläche ländlich und friedlich.

Praktisch betrachtet kann eine abfallende Fläche Probleme mit sich bringen. Bei nassem Wetter wird der Rasen oft rutschig und dadurch gefährlich. Eine gute Lösung bietet die Anlage von niedrigen Stufen, die zudem sehr dekorativ aussehen können.

Statt eine dauerhafte Treppe zu bauen, sollten Sie sich für eine natürlichere Variante entscheiden – ungleichmäßige Stufen, bedeckt mit Rindenmulch, geben Ihrem Rasen ein besonderes Aussehen. Sie müssen nicht parallel sein oder den gleichen Abstand haben. Die Ungleichmäßigkeit der Stufen erhöht die naturbelassene Atmosphäre. Die beschädigten Rasenstellen können mit einer Wiesenmischung neu besät werden, damit sich einige Wildblumen ansiedeln können.

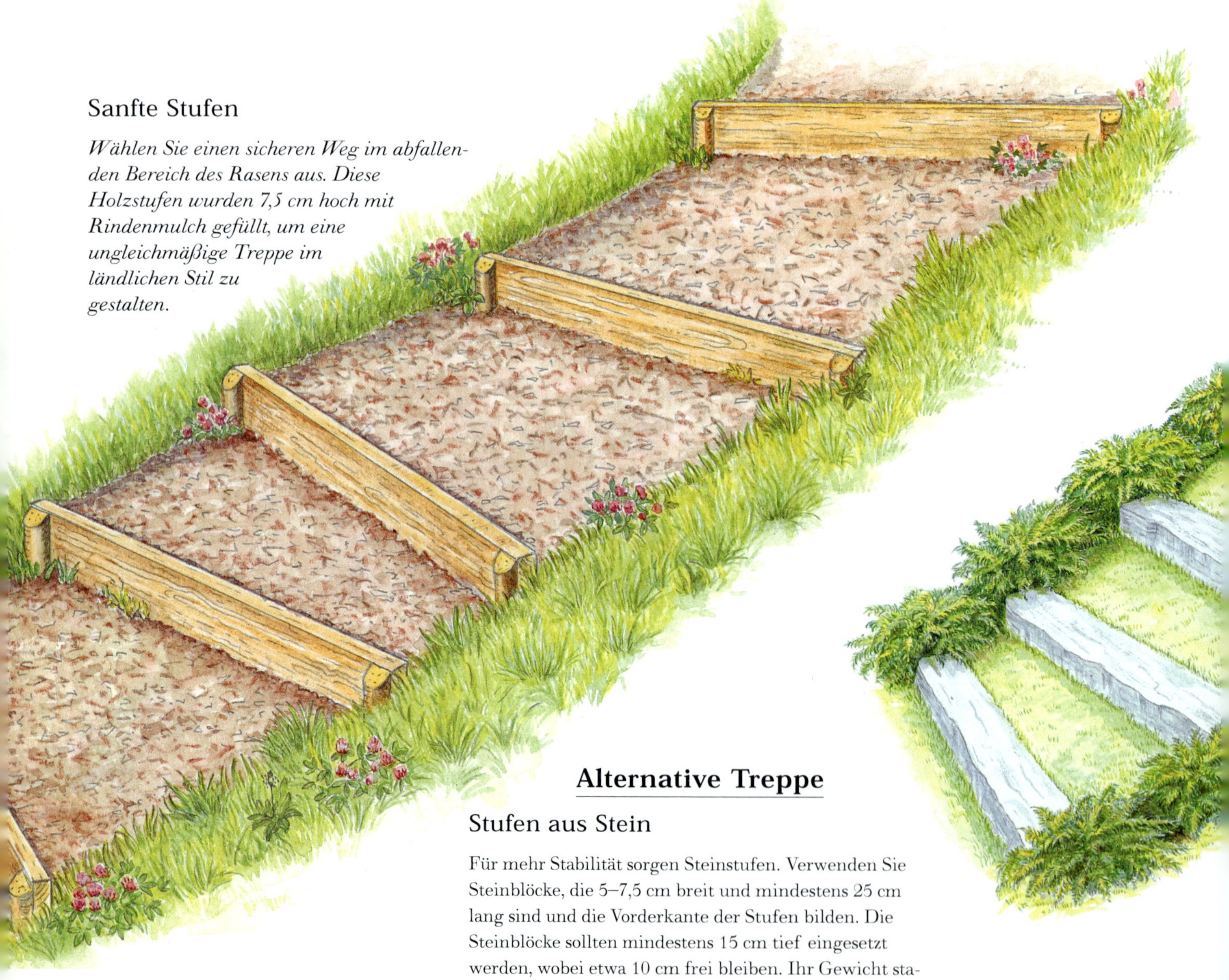

Sanfte Stufen

Wählen Sie einen sicheren Weg im abfallenden Bereich des Rasens aus. Diese Holzstufen wurden 7,5 cm hoch mit Rindenmulch gefüllt, um eine ungleichmäßige Treppe im ländlichen Stil zu gestalten.

Alternative Treppe

Stufen aus Stein

Für mehr Stabilität sorgen Steinstufen. Verwenden Sie Steinblöcke, die 5–7,5 cm breit und mindestens 25 cm lang sind und die Vorderkante der Stufen bilden. Die Steinblöcke sollten mindestens 15 cm tief eingesetzt werden, wobei etwa 10 cm frei bleiben. Ihr Gewicht stabilisiert sie, so daß Sie keinen Zement zur Befestigung benötigen. Entlang der Stufenkanten können Sie niederwüchsige Pflanzen oder Wiesenblumen einsetzen.

PFLEGE

- Am Rand der Treppe, wo Sie Erde entfernt haben, wird wahrscheinlich bald Unkraut wachsen. Kontrollieren Sie die Stelle, bis der Rasen nachwächst, und jäten Sie regelmäßig das Unkraut.
- Verwenden Sie nach dem Mähen einen Kantenschneider, damit die Ränder der Treppe gepflegt aussehen.
- Falls nötig, füllen Sie Rindenmulch nach.

PLANUNG UND ANLAGE

Zeitbedarf
1/2
Tag

Werkzeug und Material

Bretter aus behandeltem, weichem Holz (10 × 3,8 cm) • Pflöcke aus dem gleichen Holz (2 pro Stufe) • Meißel • Spaten • Metallrohr • Gummihammer • verzinkte Nägel (7,5 cm lang) • Wasserwaage • wasserdichte Folie • Rindenmulch

Die Zeitangabe bezieht sich auf 6 Stufen.

1 Schneiden Sie die gewünschte Länge von den Holzbrettern ab, und legen Sie diese entlang der Fläche, wo die Treppe angebracht werden soll. Legen Sie sie allmählich abfallend an; jede folgende Trittfläche sollte nicht mehr als 10 cm unter der vorhergehenden sein.

2 Kaufen oder schneiden Sie selbst Holzpflöcke, welche die Bretter halten sollen. Schrägen Sie eine Seite jedes Pflocks mit einem Meißel ab.

3 Beginnen Sie unten und arbeiten Sie nach oben, so daß Sie die schräge Fläche vor sich haben. Heben Sie die erste Trittfläche aus, die etwa 10 cm tief sein soll. Mit einer Wasserwaage prüfen Sie, ob sie überall eben ist.

4 Mit dem Metallrohr und dem Gummihammer bohren Sie die Löcher für die Holzpflöcke vor.

5 Nageln Sie an beiden Brettenden einen Pflock fest. Plazieren Sie eine Holzleiste auf die Kante des Bretts und klopfen Sie es mit einem Gummihammer bis zur gewünschten Höhe in die Erde ein.

6 Fahren Sie in gleicher Weise fort, bis Sie alle Bretter richtig eingesetzt haben. Legen Sie auf jede Trittfläche eine wasserdichte Folie und füllen das Ganze mit grob gehäckseltem Rindenmulch aus.

WEGE UND PFLASTER

Steinboden

Die sanfte und gedämpfte Farbe dieser Ziegelsteine schafft einen neutralen Hintergrund für üppige, bunte Pflanzen. Das strenge Muster – die Stufen sind abwechselnd im Wagenrad-Muster gestaltet – wird durch die überhängenden Pflanzen am Rand aufgelockert.

Wege und Pflaster verschönern

Innenhöfe und gepflasterte Bereiche sind tragende Elemente im Garten. Sie sollen zum Begehen einladen, vor allem bei Regenwetter und Tau, wenn man nicht auf den Rasen treten kann, ohne nasse Füße zu bekommen. Außerdem bieten sie einen guten Standort für Pflanzen; allerdings müssen Sie diese sehr sorgfältig auswählen. Gepflasterte und betonierte Böden wirken kahl und streng. Eigentlich brauchen solche Flächen unbedingt Pflanzen, um die Strenge des Bodenbelags abzumildern. Besonders gut für diesen Zweck geeignet sind Pflanzen mit großen Blättern sowie ausgefallenen Formen und Farben.

Wege sind praktisch und ermöglichen Ihnen, von einem Teil des Gartens in einen anderen zu spazieren. Sie können auch den richtigen Rahmen für Ihre Pflanzen schaffen und den Garten in einzelne Bereiche teilen. Vom ästhetischen Gesichtspunkt aus können sie dazu dienen, den Blick auf andere dekorative Gartenelemente zu lenken.

Die Fragen und Antworten auf diesen beiden Seiten weisen Ihnen Möglichkeiten, wie Sie Ihre Wege oder Pflaster verschönern oder neue anlegen können. Auf den folgenden Seiten finden Sie Beispiele mit Schritt-für-Schritt-Anleitungen sowie – wo erforderlich – Pflanzvorschläge.

? Befindet sich in Ihrem Garten ein Weg, der beschädigt oder unattraktiv ist?

Sie können den alten Weg umgraben und ihn mit Kies füllen oder Holzdecks verlegen. *Rechts:* Hier wurden Kalksteingrus und Eisenbahnschwellen verwendet. Zistrosen, Nieswurz und Fingerkraut schaffen sanfte Übergänge.
SIEHE *Rutschfester Weg, Seite 94; Schnell und einfach, Seite 96.*

? Sind Lücken zwischen den Wegplatten?

Machen Sie aus der Not eine Tugend und bepflanzen Sie die Fugen. *Links:* Die Struktur der Platten kontrastiert mit dem umgebenden Frauenmantel und den Kieselsteinen in den breiten Fugen.
SIEHE *Fugen bepflanzen, Seite 92.*

? Haben Ihre gepflasterten Bereiche gerade Kanten?

Sie können die Form weicher gestalten und ein ungleichförmiges Aussehen schaffen, wenn Sie den Wegrand mit überhängenden Gewächsen bepflanzen. *Links:* Der dekorative Frauenmantel umsäumt hier den gepflasterten Weg.
SIEHE *Wegränder bepflanzen, Seite 88.*

? Haben Sie eine Fläche mit langweiligem Belag?

Sie können einen gepflasterten Bereich verschönern, wenn Sie einige Platten entfernen und statt dessen Pflanzen einsetzen.
SIEHE *Pflaster lebendig gestalten, Seite 90.*

Wegränder bepflanzen

Sorgen Sie für Abwechslung

Gepflasterte Flächen sind häufig geometrisch gestaltet. Obwohl viele Menschen klare, geordnete Formen mögen, können solche Bereiche kahl und streng wirken – und sind nicht unbedingt Plätze, an denen man gerne sitzen und sich entspannen möchte.

Mit Pflanzen kann man die strenge Linearität eines Pflasters aufheben und eine natürliche Atmosphäre schaffen. Am besten eignen sich Gewächse, deren Formen ausgeprägt und Farben kräftig genug sind, um die Strenge und Eintönigkeit des Bodenbelags zu neutralisieren. Ausgeprägte Formen sind geeigneter als verschwommene: Zartes, federartiges Laub wie das des Zypressenkrauts ist nicht so wirkungsvoll wie die großen charakteristischen Blätter der Funkie.

Höfe und Einfahrten befinden sich in der Regel direkt am Haus und sind immer im Blickfeld. Daher sollten Sie bei der Bepflanzung darauf achten, daß diese während des Jahres nicht an Attraktivität verlieren. Beim Pflanzvorschlag unten bilden Immergrüne den Rahmen; jahreszeitliche Abwechslung bringen Zwiebelpflanzen, die im Winter oder Frühling blühen, sowie verschiedene Sommerpflanzen.

Immergrüne in Blau, Purpur und Grau

Obwohl der interessante Neuseeländer Hanf nicht wirklich über den Rand der gepflasterten Fläche fällt, lenkt er durch seine ungewöhnliche Silhouette von der strengen, eintönigen Oberfläche ab. Die panaschierte weißblütige Taubnessel bildet einen Teppich zwischen den anderen Pflanzen. Der breitflächig wachsende Schuppenwacholder schafft in Form und Farbe den richtigen Kontrast zum Neuseeländischen Hanf. Das Brandkraut ist eine hübsche immergrüne Pflanze, die mit ihren gelben Blüten im Sommer als Farbtupfer dient.

1 Brandkraut (*Phlomis fruticosa*)

2 Gefleckte Taubnessel (*Lamium maculatum* 'White Nancy')

PFLEGE

- Schneiden Sie wuchernde und abgestorbene Triebe ab.
- Entfernen Sie die verwelkten Blüten des Brandkrauts regelmäßig.
- Gießen Sie an heißen Tagen regelmäßig – vor allem im ersten Sommer nach dem Einpflanzen, wenn die Pflanzen sich noch nicht richtig eingelebt haben.

PLANUNG UND ANLAGE

Zeitbedarf
1/2
Tag

Werkzeug und Material

Grabgabel • organischer Dünger oder Kompost • Rechen • Pflanzschaufel • Rindenmulch

Die Zeitangabe bezieht sich auf eine Fläche von 10 m Länge.

1 Graben Sie den Boden, der an die gepflasterte Fläche angrenzt, auf 60 cm Breite um. Bringen Sie einen Eimer voll Dünger oder Kompost pro Meter aus. Treten Sie die Erde fest und glätten Sie den Boden mit dem Rechen.

2 Kaufen Sie die Pflanzen. Falls diese nicht sofort eingesetzt werden können, sollten sie schattig und gewässert gelagert werden.

3 Pflanzen Sie das Brandkraut, den Wacholder und den Neuseeländer Hanf mindestens 30 cm von der vorderen Beetkante entfernt ein und zwar leicht versetzt, so daß sie keine strenge Linie bilden. Setzen Sie die Taubnessel vor den Hanf und in größere Lücken entlang der vorderen Beetkante ein.

4 Gießen Sie gründlich und decken Sie den Boden zwischen den Pflanzen etwa 5 cm dick mit Rindenmulch ab.

3 Neuseeländer Hanf (*Phormium tenax*)

4 Schuppenwacholder (*Juniperus squamata* 'Blue Carpet')

Pflanzvariationen

Goldenes Blattwerk

Für eine wärmere Farbkomposition können Sie den blaugrauen Schuppenwacholder gegen eine goldgelbe Varietät tauschen. Pflanzen Sie statt der bodenbedeckenden Gefleckten Taubnessel die Goldnessel mit gelben Blüten ein, und ersetzen Sie den Neuseeländer Hanf durch eine kleinere, aber nicht minder imposante Taglilie mit gelben Blüten. Die gelben Blüten des Brandkrauts passen gut zu den neuen Pflanzen, daher kann diese Immergrüne bleiben.

2 Goldnessel (*Lamium galeobdolon* 'Variegatum')

3 Taglilie (*Hemerocallis* 'Marion Vaughn')

4 Bodenbedeckender, panaschierter Wacholder (*Juniperus × media* 'Carbery Gold')

Pflaster lebendig gestalten

Eine aromatische Ecke

Beleben Sie einen eintönigen Bodenbelag, indem Sie einige Steinplatten durch Pflanzen ersetzen. Schaffen Sie ein sich wiederholendes Muster von bepflanzten Flächen, um die Ecken oder Kanten Ihres Hofes zu verschönern oder um eine Trennung vorzunehmen – zum Beispiel die Abgrenzung des Sitzplatzes vom Eßbereich.

Wählen Sie Pflanzen aus, die in wenig Erde wachsen können, kaum Wasser benötigen sowie leicht zu pflegen sind. Der Pflanzvorschlag unten mit einer Reihe niedrig wachsender Kräuter eignet sich besonders gut für eine gepflasterte Fläche in der Nähe des Hauses, damit man die herrlichen Küchenkräuter schnell pflücken kann.

Die Struktur der Pflanzen sollte einen Kontrast zur Bodenstruktur bilden: zum Beispiel Flächen mit runden, polsterbildenden Pflanzen wie die unten gezeigten Kräuter inmitten strenger Betonplatten. Auch Farbe ist wichtig: Die gold-grünen und violetten Pflanzen passen sehr gut zu dem Naturbeige der Bepflasterung.

Ein Schachbrett mit Kräutern

Kräuter eignen sich sehr gut als Bepflanzung zwischen Steinplatten, denn sie bevorzugen einen nährstoffarmen und durchlässigen Boden. Außerdem verströmen sie einen herrlichen Duft. Hier wurden Thymianarten und Wilder Majoran, umgeben von Kriechendem Günsel, in einem schachbrettartigen Muster arrangiert.

1 Zitronenthymian
(*Thymus × citriodorus* 'Aureus')

Pflanzvariationen

Gestaltung mit Steingartenpflanzen

Eine alternative Bepflanzung bieten Steingartengewächse anstelle von Kräutern. Tauschen Sie die beiden Thymianarten gegen Seegrasnelke und den Wilden Majoran gegen Sonnwendaster aus. Für die Umpflanzung können Sie statt des Kriechenden Günsels das Stachelnüßchen nehmen: Seine fast kupferfarbenen Blätter unterscheiden sich deutlich von dem Dunkelrosa der Seegrasnelke und dem Violett der Sonnwendaster. Decken Sie den Boden zwischen den Pflanzen mit Kieselsteinen ab.

1 und **3** Seegrasnelke (*Armeria maritima*)

2 Sonnwendaster (*Aster alpinus*)

4 Stachelnüßchen (*Acaena microphylla*)

2 Wilder Majoran (*Origanum vulgare* 'Aureum')

3 Gartenthymian (*Thymus vulgaris* 'Silver Posie')

4 Violetter Kriechender Günsel (*Ajuga reptans* 'Atropurpurea')

PLANUNG UND ANLAGE

Zeitbedarf **1/2** Tag

Werkzeug und Material

Gummihammer oder Fäustel • Meißel • Spaten • Substrat • Pflanzschaufel

Die Zeitangabe bezieht sich auf eine Fläche von 4 m² Größe.

1 Heben Sie die Bodenplatten, die Sie entfernen wollen, hoch. Falls diese festzementiert sind, müssen Sie zuerst den Mörtel mit dem Fäustel und Meißel zerkleinern. Kleines Bild: *Sind die Platten einfach auf Sand gesetzt, können sie mit dem Spaten hochgehoben werden.*

2 Zerkleinern Sie auch den Mörtel unter den Platten und entfernen Sie ihn.

3 Füllen Sie die Pflanzfläche mit Substrat auf und setzen Sie Ihre Gewächse ein (siehe Seite 32). *Gießen Sie gründlich.*

PFLEGE

- Gießen Sie regelmäßig und halten Sie die Fläche unkrautfrei. Unter Umständen müssen Sie die starkwüchsigen Triebe des Kriechenden Günsels entfernen, damit diese die anderen Pflanzen nicht zuwuchern.
- Schneiden Sie den Thymian und Majoran etwas zurück, damit sie ihre Form behalten. Das Schnittgut können Sie beim Kochen verwenden.

Fugen bepflanzen

Blumen, die sich selbst aussäen

Eine weitere einfache, aber sehr wirkungsvolle Möglichkeit, um kahle Pflaster zu beleben, ist die Bepflanzung der Fugen. Wählen Sie Pflanzen aus, die den spärlichen und oft alkalischen Boden von gepflasterten Flächen mögen. Sie säen sich selbst aus und verlangen bis auf ein gelegentliches Ausdünnen keine besondere Pflege. Geeignet sind viele Steingartenpflanzen, Kräuter, Sommerblüher und ein- bis zweijährige Stauden.

Die Idee, Fugen zu bepflanzen, ist besonders praktisch, wenn Ihr Bodenbelag alt ist und Sprünge aufweist. Statt ein neues Pflaster aufzulegen, können Sie diese Flächen so gestalten, daß sie zum Blickfang werden. Ein verwitterter Bodenbelag weist Charakter und Charme auf, den ein neues Pflaster nicht hat, und sieht mit altmodischen Bauerngartenblumen und Wildblüten ganz besonders gut aus.

Schattiger Hof

Diese dekorative Bepflanzung eignet sich sehr gut für einen schattigen Innenhof. Scheinmohn und Wilde Stiefmütterchen blühen vom Spätfrühling bis in den Sommer, und die Korsische Minze sorgt fast das ganze Jahr über für Farbe. Der leuchtend gelbe Mohn harmoniert sehr gut mit den violetten Stiefmütterchen und dem üppigen Grün der Minze, und das Ganze versprüht den Charme eines traditionellen Bauerngartens. Die Minze entfaltet ihren aromatischen Duft, wenn man darauf tritt; ihre Blätter breiten sich im ganzen Hof aus und schaffen interessante Formen.

1 Wilde Stiefmütterchen (*Viola tricolor*)

Pflanzvariationen

Sonniger Hof

Für sonnenbeschienene Bereiche können Sie andere Pflanzen als die unten gezeigten einsetzen. Ersetzen Sie den schattenliebenden Scheinmohn und die Korsische Minze durch Sonnenanbeter wie Feldthymian und Klatschmohn. Die Wilden Stiefmütterchen können bleiben, da sie sich in der Sonne genauso wohl fühlen wie im Schatten und für mehr Farbe in diesem Arrangement sorgen.

2 Feldthymian (*Thymus serpyllum* 'Goldstream')

3 Klatschmohn (*Papaver rhoeas*)

2 Scheinmohn (*Meconopsis cambrica*)

3 Korsische Minze (*Mentha requienii*)

PLANUNG UND ANLAGE

Zeitbedarf
1+
Stunden

Werkzeug und Material

Meißel • Gummihammer oder Fäustel • kleine Hacke • Komposterde • feine Erde • Maschendraht • kleine Drahthaken

1 Säubern Sie die Fugen zwischen den Steinplatten mit Fäustel und Meißel und entfernen Sie das lose Fugenmaterial mit der Hacke.

2 Füllen Sie in die Ritzen Komposterde ein.

3 Bringen Sie die Samen ganz dünn in die Ritzen aus, und bedecken Sie diese mit feiner Erde. Kleines Bild: *Spannen Sie feinen Maschendraht darüber, den Sie mit den kleinen Drahthaken festmachen, um die Samen vor Vögeln zu schützen.*

4 Gießen Sie die Sämlinge an heißen Tagen. Pikieren Sie die Jungpflanzen, wenn sie zu dicht wachsen, und setzen Sie diese an anderer Stelle wieder ein, um den gepflasterten Bereich in den restlichen Garten zu integrieren.

PFLEGE

- Schneiden Sie den Mohn bis auf den Grund zurück, wenn die Samenkapseln vertrocknet sind.
- Streuen Sie den Inhalt der Kapseln aus, um die Selbstaussaat zu unterstützen.
- Schneiden Sie die verblühten Stiefmütterchen ab (außer sie sollen sich selbst aussäen).
- Schneiden Sie die wuchernden Triebe der Minze ab.
- Legen Sie die Triebe der Minze in die Spalten, damit diese Wurzeln bilden können.

Rutschfester Weg

Kiesweg durch den Garten

Ein schöner Kiesweg paßt zu einem architektonisch gestalteten Garten besonders gut – und ist sehr einfach anzulegen. Außerdem fließt Wasser durch den Kies ab, und Sie können nach einem Regen darauf spazierengehen, ohne auszurutschen.

Man benötigt eine Art von Randbegrenzung auf beiden Seiten des Weges, damit der Kies nicht abgetragen wird. Aus diesem Grund sind die meisten Kieswege gerade angelegt und deshalb auch geometrisch.

Machen Sie zuerst eine Skizze von Ihrer Idee, um sicher zu sein, daß die Proportionen stimmen. Legen Sie die Wege breit genug an, um bequem darauf spazierengehen zu können. Legen Sie um die Wege Beete von mindestens gleicher Breite an. Probieren Sie verschiedene Möglichkeiten aus – Wege, die von einem achteckigen Beet in vier Richtungen gehen oder einen einzelnen Weg, der eine rechteckige Rasenfläche umrandet.

Kies und Kieselsteine gibt es in verschiedenen Größen und Farben – von schiefergrau bis goldbraun. Die kleinste Korngröße von 1,25 cm erschwert das Gehen, wenn der Weg tiefer als 2,5 cm ist. In diesem Fall sollten Sie darunter eine Schicht von 2 cm Korngröße auslegen.

Goldfarbener Kiesweg

Sich kreuzende Kieswege bilden eine Diagonale zwischen dreieckigen Blumenbeeten. Bäume wurden eingepflanzt, um interessante Blickpunkte zu schaffen und um etwas Höhe sowie Schatten in diesen Gartenbereich zu bringen. Die Pflanzen fließen förmlich über den Wegrand und mildern die geraden Linien etwas ab.

PFLEGE

- Halten Sie den Weg unkrautfrei: Entfernen Sie das Unkraut, sobald es erscheint. Versuchen Sie den Kiesweg frei von Erde zu halten, denn sonst wachsen die Unkrautpflanzen viel schneller.
- Falls nötig, ergänzen Sie den Kies, und rechen Sie ihn vorsichtig glatt.

PLANUNG UND ANLAGE

Zeitbedarf
1
Tag

Werkzeug und Material

• Schnur • Maßband • Spaten • Rechen • nach unten zugespitzte Pflöcke 5 × 5 × 45 cm • Gummihammer • Holzbretter als Wegbegrenzung, 12,5 × 2,5 cm • 7,5 cm lange verzinkte Nägel • unkrautdichte Plastikfolie • Kies

Die Zeitangabe bezieht sich auf einen Weg von 10 m Länge.

1 Markieren Sie den Weg mit einer Schnur und einem Maßband, damit die Kanten gerade und parallel sind. Rechen Sie den Boden glatt und treten Sie ihn fest und eben. Graben Sie einen 5 cm tiefen Schlitz an beiden Wegseiten. Setzen Sie die Holzbretter hier ein und schlagen Sie sie mit dem Gummihammer in den Boden.

2 Schlagen Sie außen, wo zwei Bretter aneinanderstoßen, Holzpflöcke in den Boden ein (dadurch wird die Verbindung verstärkt). Die Holzpflöcke sollten gleich hoch wie die Holzbretter oder etwas kürzer sein. Nageln Sie die Pflöcke an den Holzbrettern fest.

3 Breiten Sie die Plastikfolie auf dem Wegboden aus; passen Sie sie an, falls es nötig ist.

4 Füllen Sie den Kies ein und breiten Sie ihn gleichmäßig über den gesamten Weg aus. Die Kiesschicht sollte etwa 2,5–5 cm hoch sein.

5 Rechen Sie den Kies vorsichtig. Die Endhöhe der Kiesschicht sollte etwa 2,5 cm unterhalb der Brettkante sein.

Schnell und einfach

Hölzerne Trittplatten

Falls Sie sich schon immer einen stilvollen, ungewöhnlich aussehenden Holzweg gewünscht, aber befürchtet haben, die Anlage könnte zu schwierig und zeitaufwendig sein, dann zögern Sie nicht länger: Trittroste aus Holz bieten die ideale Lösung. Fertige Trittplatten aus vorbehandeltem Holz sind nicht teuer und in vielen Heimwerker- und Gartencentern erhältlich. Sie brauchen nur dafür zu sorgen, daß der Boden eben ist. Wenn er holperig oder abfallend sein sollte, benötigen Sie ein Fundament, damit der Holzweg sicher zu betreten ist – in diesem Fall sollten Sie die Hilfe eines Fachmannes in Anspruch nehmen.

Trittplatten eignen sich besonders gut für Wege zwischen den Beeten, wenn Sie einen kurzen Weg zu einem anderen Bereich des Gartens benötigen. Sie sind außerdem als variable Wege für gelegentlich schlammige Flächen einsetzbar.

Sie können sich auch einen bunten Weg schaffen, denn die Tritthölzer sind in verschiedenen Farben erhältlich – aber fragen Sie nach, ob die Farbe für draußen geeignet ist. Der Anstrich sollte alle paar Jahre erneuert werden.

Ein Holzweg durch die Sträucher

Tritthölzer – hier versetzt verlegt, um eine interessantere Form zu schaffen – wurden verwendet, um einen klassischen Weg durch ein Beet voller Sträucher zu gestalten. Eine Lage Rindenmulch umsäumt den Weg, damit der Kontrast zwischen den Trittbrettern und dem anschließenden Beet nicht zu stark ist.

PLANUNG UND ANLAGE

Zeitbedarf
2
Stunden

Werkzeug und Material

Schnur • Rechen • Wasserwaage • Trittplatten • unkrautdichte Plastikfolie • Drahthaken • Gummihammer • nach unten zugespitzte Holzpflöcke, 5 × 5 × 45 cm • grober Rindenmulch

Die Zeitangabe bezieht sich auf einen Weg von 10 m Länge.

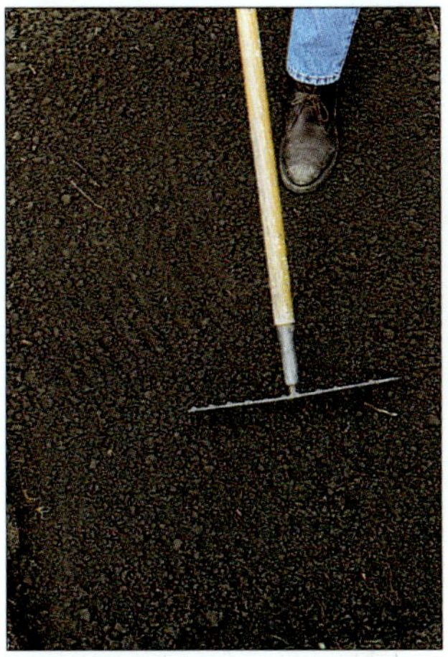

1 Zuerst markieren Sie die äußeren Wegkanten mit der Schnur. Rechen Sie den Boden glatt und prüfen Sie mit der Wasserwaage nach, ob er wirklich eben ist.

2 Legen Sie die Platten in die gewünschte Position und kontrollieren Sie, daß sie richtig aufliegen.

3 Entfernen Sie die Trittplatten wieder und breiten Sie die Plastikfolie auf der gewünschten Fläche aus. Befestigen Sie sie mit den Drahthaken am Boden.

4 Legen Sie die Platten in endgültiger Position auf die Folie und fügen Sie sie aneinander.

5 Um die Trittplatten zu sichern, schlagen Sie mit dem Gummihammer an jeder Ecke einen Holzpflock durch die Folie in den Boden ein.

6 Decken Sie die restliche Plastikfolie mit grobem Rindenmulch ab.

Muster gestalten

Gestalten Sie verschiedene Muster, indem Sie die Holzplatten in unterschiedlichen Winkeln anordnen. Hier wurden die Platten im rechten Winkel versetzt, wodurch ein Flechtmuster entstand.

PFLEGE

- Halten Sie den Weg schlammfrei, und entfernen Sie das Laub sowie Algenbelag, um Rutschgefahr zu vermeiden.
- Entfernen Sie Unkraut, das durch die Platten herauswächst.
- Waschen Sie die Trittplatten mit dem Gartenschlauch und einer groben Bürste ab, wenn sie schmutzig werden.
- Falls Sie bunte Holzplatten verwendet haben, erneuern Sie alle paar Jahre den Anstrich.
- Kontrollieren Sie die Trittplatten einmal im Jahr auf Risse oder Brüche und wechseln Sie diejenigen aus, die stark verschlissen sind.

MAUERN, ZÄUNE UND HECKEN

Dekorative Abgrenzung

*Blühende Kletterpflanzen wie die wunderschöne weiße Rose (*Rosa filipes *'Kiftsgate') verwandeln diese Mauer in einen attraktiven Blickpunkt. Die lebhaften Farben schaffen einen eindrucksvollen Kontrast zu der schlichten Ziegelmauer und laden zum Betreten des Gartens ein.*

Ideen für Mauern, Zäune und Hecken

Die Begrenzungen Ihres Gartens nach außen – Mauern, Zäune und Hecken – bilden den Rahmen für all die Pflanzen, die innen zur Geltung kommen sollen. Sie sind auch nützlich für das Mikroklima in Ihrem Garten, denn sie sorgen für Schutz und Schatten und sind wichtig für die Entscheidung, welche Pflanzentypen Sie einsetzen. Bei der Auswahl der Pflanzen sollten Sie aber nicht nur deren Lagebedingungen beachten, sondern auch ästhetische Aspekte – ob Ihre Pflanzen mit den Begrenzungen in Farbe und Struktur harmonieren oder einen Kontrast dazu bilden.

Viele Leute übersehen, daß Mauern, Zäune und Hecken auch dazu dienen können, den Garten in verschiedene Bereiche zu teilen oder einen Platz zu schaffen, an dem man die Nachmittagssonne genießen kann.

Die Fragen und Antworten auf diesen beiden Seiten zeigen Ihnen Möglichkeiten, wie Sie Ihre Zäune, Mauern und Hecken verschönern oder passende Begrenzungen neu gestalten können. Auf den folgenden Seiten finden Sie Beispiele mit Schritt-für-Schritt-Anleitungen sowie Vorschläge für Pflanzen, die sich vielleicht auch für Ihren Garten eignen.

? *Wirkt Ihr Garten zu weitläufig?*

Setzen Sie Trennhilfen mitten im Garten ein, um verschiedene Bereiche zu schaffen, und machen Sie Ihren Garten dadurch interessanter. *Rechts:* Dieser Gartenbereich ist umgeben von einer 2,1 m hohen Eibenhecke. Die Margeriten passen gut zu der weißen Statue.

SIEHE *Den Garten teilen, Seite 110; Architektonische Hecken, Seite 114.*

? *Sieht Ihr Gartenzaun etwas baufällig aus?*

Mit etwas handwerklichem Geschick können Sie einen schönen Zaun bauen, der auch einen passenden Rahmen für Ihre Pflanzen bildet.

SIEHE *Gartenzäune, Seite 118.*

? Umgeben hohe Gebäude Ihren Garten?

Erhöhen Sie Ihre Mauern oder Zäune (erkundigen Sie sich beim Bauamt), und lassen Sie das Ganze von attraktiven Kletterpflanzen bewachsen. *Oben:* Ein Spalier, bewachsen mit der schönen Kletterrose *Rosa* 'Handel', erhöht die Mauer und schützt den Garten vor neugierigen Blicken.
SIEHE *Mauer oder Zaun mit Spalier, Seite 104.*

? Bildet Ihre Hecke eine einfarbige Fläche?

Pflanzen Sie eine blühende Heckenpflanze, oder setzen Sie eine Reihe blühender Kletterpflanzen ein, die für Farbvielfalt sorgen. *Oben:* An der gestutzten dunkelgrünen Eibe klettert eine feuerrote Kapuzinerkresse empor.
SIEHE *Farbe für grüne Hecken, Seite 108; Eine Hecke als Abgrenzung, Seite 112.*

? Sehen Ihre Beetränder unordentlich aus?

Pflanzen Sie eine Mini-Hecke als Beeteinfassung ein. *Links:* Diese Miniatur-Buchsbaumhecke bildet eine ordentliche Beeteinfassung und versteckt die kahlen Rosenstämme. Steingarten-Gänseblümchen und Katzenminze fließen über die Mauer vor der Mini-Hecke.
SIEHE *Beeteinfassungen, Seite 116.*

? Wird Ihr Garten von einer kahlen und langweiligen Mauer umgeben?

Verwenden Sie Spaliere, an denen Kletterpflanzen hochwachsen, um eine kahle Wand zu beleben. Wenn der Platz sonnig ist, können Sie hier einen duftenden Sitzplatz einrichten.
SIEHE *Verschönern von kahlen Mauern, Seite 102; Pflanzen für eine Sonnenwand, Seite 106.*

Verschönern von kahlen Mauern

Bepflanzte Spaliere

Viele Gärten, besonders in der Stadt, wo es wenig Platz gibt und die Häuser dicht nebeneinander stehen, sind von großen kahlen Mauern umgeben. Mit einem Spalier, das mit Kletterpflanzen bewachsen ist, können Sie hier ein ungewöhnliches Gestaltungselement kreieren. An diesem Spalier sehen Sie einen Feuerdorn, der so geschnitten wurde, daß aus dem Leittrieb auf beiden Seiten mehrere waagerechte Seitentriebe wachsen.

Eine lebende Mauer für einen Schattenplatz

Hier wurde der Feuerdorn stark zurückgeschnitten, damit die Triebe von Blättern bedeckt werden und ein lebendes Spalier entstehen kann. Seine leuchtend roten Beerenfürchte harmonieren mit dem roten Herbstlaub des Weines. Immergrüne Kriechspindel bedeckt den Boden.

Ein Problem ist, daß eine Mauer Regen und Licht abhält. In diesem Gestaltungsvorschlag finden Sie Feuerdorn und Wilden Wein, die in einem trockenen, nährstoffarmen Boden im Schatten gut gedeihen. An einer sonnigen Mauer können Sie ein Obstbaumspalier (Apfel, Pflaume, Birne oder Kirsche) in gleicher Weise gestalten.

1 Wilder Wein (*Parthenocissus quinquefolia*)

2 Feuerdorn (*Pyracantha* 'Mohave')

PFLEGE

- Halten Sie den Boden unkrautfrei und gießen Sie regelmäßig; legen Sie im Spätfrühling oder Herbst eine Mulchschicht auf.
- Schneiden Sie unerwünschte Triebe im Sommer heraus.
- Binden Sie die waagerecht wachsenden Triebe des Feuerdorns an das Spalier; verwenden Sie dafür Drahtringe oder Schnur. Kontrollieren Sie die Schnur oder Ringe gelegentlich und lockern Sie sie gegebenenfalls etwas, damit die Triebe genügend Platz zum Wachsen haben.
- Schneiden Sie den Feuerdorn in den Sommermonaten. Unerwünschte Triebe können Sie sofort herausschneiden. Lassen Sie Triebe, die richtig wachsen, Seitentriebe von 5–10 cm Länge entwickeln, um den Haupttrieb zu bedecken.

3 Rosa getönte Kriechspindel (z.B. *Euonymus* 'Variegata')

PLANUNG UND ANLAGE

Zeitbedarf
1/2
Tag

Werkzeug und Material

Spalier • Wasserwaage • Stift oder Kreide • Holzlatten (5 × 2,5 cm) • Schrauben und Schraubenzieher • Bohrmaschine mit Holz- und Betonbohrer • Nägel • Dübel • Spaten • Kompost oder Volldünger • Knochenmehl • Grabgabel • Rechen • Baumpfahl • Drahtringe • Gartenschere

1 Halten Sie das Spalier an die Wand und prüfen Sie mit der Wasserwaage nach, ob es gerade ist. Markieren Sie mit Stift oder Kreide die Position an der Wand.

2 Halten Sie die Holzlatten an die Markierung. Bohren Sie die Löcher für die Schrauben in Abständen von 45 cm in die Latten.

3 Schlagen Sie durch jedes Loch an der Latte einen Nagel in die Wand ein, um die Position der Schrauben zu markieren. Bohren Sie mit dem Betonbohrer die Löcher für die Schrauben.

4 Drücken Sie die Dübel in die Löcher hinein und machen Sie die Latten an der Wand fest. Schrauben Sie das Spalier an die Latten an. Prüfen Sie mit der Wasserwaage nach, ob alles gerade ist.

5 Bereiten Sie den Boden an der Mauer vor, indem Sie reichlich Dünger oder Kompost ausbringen. Pflanzen Sie den Feuerdorn ein (siehe Seite 33). *Stützen Sie den vertikalen Haupttrieb mit einem Baumpfahl, so daß die Pflanze gerade wachsen kann.*

6 Breiten Sie die seitlichen Äste des Feuerdorns aus. Schneiden Sie Triebe, die nicht wie erwünscht wachsen, direkt am Leittrieb ab. Die richtig wachsenden Äste werden mit Drahtringen an dem Spalier festgemacht.

7 Pflanzen Sie an beiden Enden des Spaliers je einen Wilden Wein ein, um den Spalierrand zu kaschieren und der Bepflanzung einen Rahmen zu geben. Vor dem Spalier wird die Kriechspindel eingepflanzt.

Mauer oder Zaun mit Spalier

Pflanzen als Sichtschutz

Es kann verschiedene Gründe geben, warum man eine Mauer oder einen Zaun erhöhen möchte – um eine unschöne Stelle zu kaschieren, um eine besondere Kletterpflanze zur Geltung zu bringen oder einfach, um den privaten Bereich vor neugierigen Blicken zu schützen.

Formstabile Spaliere in verschiedenen Größen sind in Gartencenter erhältlich. Sie können sie auch selbst bauen – aber verwenden Sie hier nur vorbehandeltes und für den Garten geeignetes Holz. Sie können auch zusammenlegbare, leichte Spaliere mit Rautenmuster verwenden. Aber da sie nicht sehr stabil sind, kommt diese Art von Spalier nur als Zwischenlösung in Frage. Denn wenn Ihre Kletterpflanzen groß werden, sind sie für so ein Spalier zu schwer.

Das hier gezeigte stabile Spalier erhöht eine Mauer von 1,3 m Höhe um etwa 45 cm und wird von Kletterpflanzen berankt. Dabei kommen viel Licht und Luft hindurch, es sieht auch viel freundlicher aus als eine hohe Mauer oder ein massiver Zaun. Zäune sollten etwa in Augenhöhe enden: Mauern und Zäune, die niedriger sind, lenken fremde Blicke unweigerlich auf den Garten. Umzäunungen, die weit über Augenhöhe aufhören, halten das Licht ab.

Sichtschutz für einen Sonnenplatz

Hier wurde eine 1,3 m hohe Mauer mit einem Spalier erhöht. Es bietet Kletterpflanzen Wachstumsmöglichkeit und dient gleichzeitig als Sichtschutz. Die ausgewählten Pflanzen sehen den ganzen Frühling und Sommer attraktiv aus.

1 Geißblatt (*Lonicera periclymenum* 'Serotina')

2 Passionsblume (*Passiflora* 'Amethyst')

3 Rostrote Rebe (*Vitis coignetiae*)

PLANUNG UND ANLAGE

Zeitbedarf
1/2
Tag

Werkzeug und Material

Wasserwaage • Kreide oder Stift • Zaunpfähle (7,5 × 7,5 cm) • Bohrmaschine mit Standard- und Betonbohrer • Meterstab • Dübel • Schrauben (10 cm) • Schraubenzieher • Spalier • Winkelstützen (6 für jede Spalierseite) • Zieraufsätze • Hammer • Volldünger oder Kompost • Grabgabel • Rechen • Pflanzschaufel • Knochenmehl

1 Markieren Sie mit Hilfe der Wasserwaage die Position der Zaunpfähle an der Mauer. Halten Sie die Pfähle gegen die Mauer und bohren Sie Löcher in etwa 45 cm Abstand durch das Holz und die Mauer. Schlagen Sie die Dübel mit dem Hammer durch die Pfähle und Mauer ein.

2 Drücken Sie die Schrauben (10 cm) in die Dübel ein und ziehen Sie sie fest.

3 Halten Sie das Spalier an den Pfahl und markieren Sie die Stelle, wo es angebracht werden soll. Bohren Sie Löcher in den Pfahl und schrauben Sie die Winkelstützen daran fest. Kleines Bild: *Schrauben Sie das Spalier an den Winkelstützen fest.*

4 Bringen Sie an jedem Zaunpfahl einen dekorativen Aufsatz an. Bereiten Sie das Beet vor der Mauer vor (siehe Seite 46) *und setzen Sie die Kletterpflanzen ein* (siehe Seite 33).

PFLEGE

- Bringen Sie im Spätfrühling oder Herbst nach dem Bewässern eine Schicht Kompost aus.
- Ziehen Sie die wachsenden Triebe der Kletterpflanzen durch das Spalier.
- Falls nötig, schneiden Sie die Pflanzen im Frühjahr oder Herbst zurück (*siehe Seite 43*).
- Entfernen Sie die abgestorbenen und schwachen Triebe im Frühjahr.
- Kontrollieren Sie einmal im Jahr, ob die Pfähle und das Spalier noch stabil sind.
- Halten Sie das Beet unkrautfrei und gießen Sie regelmäßig.

Pflanzen für eine Sonnenwand

Ein duftender Sitzplatz

Sonnenbeschienene Mauern und Zäune, an denen Kletterpflanzen emporwachsen, sind eine Freude für jeden Betrachter. Eine Bank kann diesen Bereich zu einem gemütlichen Sitzplatz zum Entspannen verwandeln. Wenn die Bank an allen Seiten umpflanzt wird, schaffen Sie damit einen ganz eigenen Bereich.

Geeignete Pflanzen für solche Sitzplätze – besonders an warmen Sommerabenden, wenn ihr Duft die Luft schwängert – sind wohlriechende Arten. Lavendel und andere duftende Kräuter sind immer beliebt.

Wenn Sie den Platz hinter der Bank bepflanzen, wählen Sie große Gewächse aus, die man sehen kann und die trotz Schatten im Wurzelbereich gut gedeihen. Hier wurde Ziertabak eingepflanzt. Geeignet sind auch Lilien, die es in vielen Sorten gibt und die in verschiedenen Höhen vorkommen – von 1 m (*Lilium regale*) bis zu 2,1 m (*Lilium henryi*).

Das Geißblatt und die Kletterrose werden von Drähten besser gestützt als von einem Spalier. Sie wachsen daran schnell in die Höhe und kaschieren die Kletterhilfe.

Eine duftende Laube

Diese Bepflanzung sieht von Spätfrühling bis zum ersten Frost attraktiv aus. Im Frühling bringt zuerst das Geißblatt Blüten hervor. Die Rosen erreichen ihren Höhepunkt im Frühsommer, blühen aber bis zum Herbst, wenn verwelkte Blüten regelmäßig entfernt werden. Der Lavendel blüht von Frühsommer bis zum Herbst – obwohl der Duft später weniger intensiv ist. Der weißblütige Ziertabak neigt die Blütenköpfe hinter der Bank – er sollte aber nicht eingepflanzt werden, bevor die Frostgefahr vorüber ist.

1 Geißblatt (*Lonicera japonica* 'Halliana')

2 Rose (*Rosa* 'Golden Showers')

3 Ziertabak (*Nicotiana sylvestris*)

4 Lavendel (*Lavandula angustifolia* 'Hidcote')

PFLEGE

- Gießen Sie regelmäßig, besonders an heißen Tagen.
- Schneiden Sie die verwelkten Rosen ab; dadurch verlängern Sie Blütezeit.
- Schneiden Sie die vertrockneten Lavendelblüten im Frühjahr ab und streuen Sie etwas Dünger um die Pflanzen.
- Halten Sie das Beet unkrautfrei. Bringen Sie Kompost oder Dünger aus.
- Graben Sie den Ziertabak im Frühherbst aus. Setzen Sie im nächsten Frühjahr nach dem Frost neue Tabakpflanzen ein.

PLANUNG UND ANLAGE

Zeitbedarf
1/2
Tag

Werkzeug und Material

Wasserwaage • Stift oder Kreide • Bohrmaschine und Betonbohrer • Dübel • Hammer • Schraubenzieher • Haken (5 cm und 7,5 cm) • verzinkter Draht (2,5 mm dick) • Drahtschere • Drahtzange • mit Kunststoff überzogener Draht • Grabgabel • Kompost oder Volldünger • Rechen • Drahtringe

1 Lassen Sie auf beiden Seiten der Bank genug Platz für je ein kleines Beet. Markieren Sie an der Mauer, wo die Drähte angebracht werden sollen. Zwischen den einzelnen Drahtreihen sollte etwa 45–60 cm Abstand sein. Markieren Sie die Position der Haken; sie sollen entlang der Drahtreihe in Abständen von 45 cm angebracht werden. Wenn möglich, sollen die Haken nicht zwischen den Ziegelsteinen angebracht werden. Am Ende jeder Reihe wird die Lage der 5 cm langen Haken markiert; die 7,5 cm langen Haken sollen 10–15 cm von den Enden jeder Reihe entfernt angebracht werden.

2 Bohren Sie an den gekennzeichneten Stellen an der Mauer die Löcher und drücken Sie die Dübel hinein.

3 Schrauben Sie an jedem Ende und in der Mitte der Reihe einen 5 cm-Haken, 10–15 cm von den Enden entfernt einen 7,5 cm-Haken ein.

4 Biegen Sie mit einem Hammer die längeren Haken so, daß diese sich in einem 45°-Winkel befinden und sich zur Reihenmitte neigen.

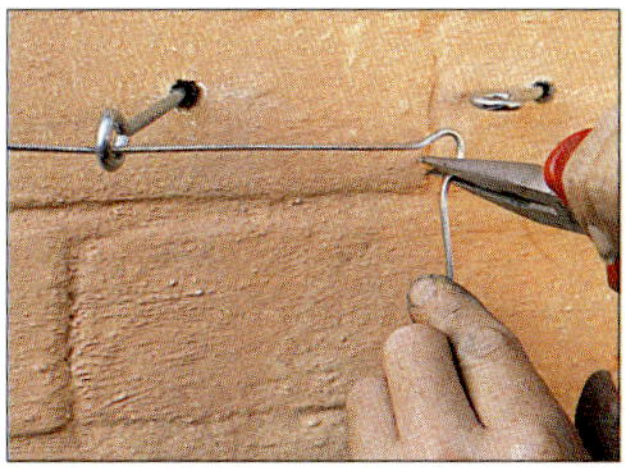

5 Schneiden Sie den verzinkten Draht (2,5 mm) in gewünschter Länge ab, ziehen ihn durch die Haken und biegen ein Ende des Drahtes, um einen Haken zu formen.

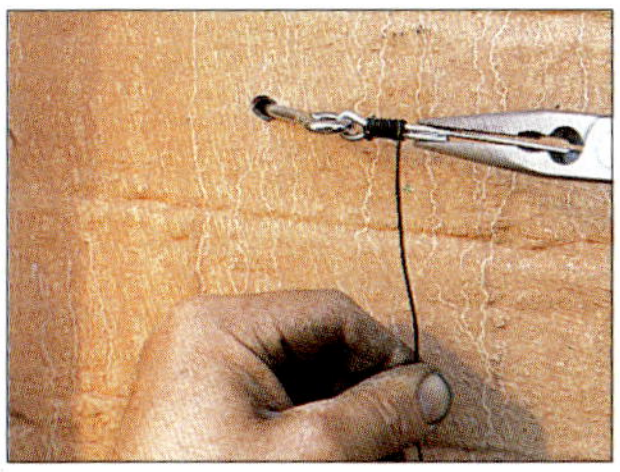

6 Drücken Sie das gebogene Ende des Drahtes mit der Drahtzange fest und umwickeln Sie die gebogenen Enden mit einem kunststoffüberzogenen Draht.

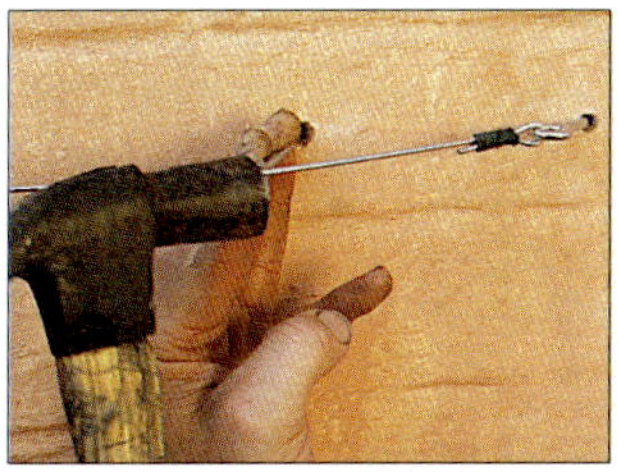

7 Biegen Sie den angewinkelten Haken mit dem Hammer in die ursprüngliche Lage zurück, damit der Draht ganz straff wird.

8 Bereiten Sie das Beet vor der Mauer sowie an den beiden Seiten der Bank vor (siehe Seite 46).

9 Kaufen Sie die Pflanzen. Wenn diese nicht sofort eingepflanzt werden können, lagern Sie die Pflanzen schattig und gewässert.

10 Setzen Sie die Pflanzen ein (siehe Seite 30–33). *Befestigen Sie die Kletterpflanzen mit den Drahtringen an den bespannten Drähten.*

Farbe für grüne Hecken

Blühende Clematis-Hecke

Wenn Sie etwas Abwechslung in eine grüne Heckenbepflanzung bringen wollen, lassen Sie an der Hecke Kletterpflanzen ranken und gestalten Sie damit ein ungewöhnliches sowie dekoratives Gartenelement. Es gibt eine Reihe von Pflanzen, die den Heckenschnitt gut vertragen. Einjährige Kletterpflanzen wie Duftwicke oder Prachtwinde bringen sehr attraktive Sommerfarben hervor. Sie können auch mit mehrjährigen Kletterern etwas Dauerhaftes kreieren. Eine große Zahl mehrjähriger Pflanzen blüht zu verschiedenen Zeiten.

Die Clematis-Gruppe mit ihren verschiedenen Arten, Hybriden und Sorten – besonders die weniger starkwüchsigen – eignen sich für solche Heckenbepflanzungen sehr gut. Vor allem die Wildarten der Clematis stellen wenig Ansprüche an den Boden und sind mit jährlicher Düngergabe zufrieden. Die großblumigen Arten sind etwas empfindlicher, fühlen sich aber in einem gut durchlässigen, nährstoffreichen Boden auch wohl. Ihre Blüten sowie die haarigen Fruchtstände, wenn sie nicht weggeschnitten wurden, sind sehr dekorativ, während ihr Laub eher unauffällig ist. Spätblühende Viticella-Hybriden, wie zum Beispiel die dunkelviolette *Clematis* 'Abundance', machen sich als Farbtupfer in einer grünen Hecke besonders gut.

Gelbe und violette Heckenblüten

Wenn Sie Ihre Clematissorten richtig auswählen, haben Sie von Frühling bis Herbst eine blühende Hecke. Hier sehen Sie die silbrigen Fruchtstände der frühblühenden blauen Alpenwaldrebe 'Francis Rivis', *während die anderen Clematissorten – eine gelbe Goldwaldrebe und eine violette* Clematis 'Jackmanii Superba' – *erst ihre Blüten hervorbringen. Schneiden Sie die Hecke erst später, wenn die Clematis den Höhepunkt überschritten hat oder bevor die ersten Blüten erscheinen.*

1 *Clematis* 'Jackmanii Superba'

Pflanzvariationen

Feuriges Patchwork

Purpurrot und Grün sind Komplementärfarben und sorgen nebeneinander gepflanzt für lebhaften Kontrast. Die unten angegebenen Pflanzen eignen sich besonders gut für eine feinblättrige Koniferenhecke. Die Kapuzinerkresse bringt im Sommer ein spektakuläres Rot in die Hecke, und die Blätter der Rostroten Rebe werden im Herbst gelb und rot. Die großen Blätter der Rebe und des Hopfens bilden einen schönen Kontrast zu den feinen Nadeln der Koniferen. Der Gelbblättrige Hopfen hat interessant gezähnte Blätter mit rankenden Trieben und grüne, hängende Blütenstände im Herbst.

1 Rostrote Rebe (*Vitis coignetiae*)
2 Gelbblättriger Hopfen (*Humulus lupulus* 'Aureus')
3 Rote Kapuzinerkresse (*Tropaeolum speciosum*)

PLANUNG UND ANLAGE

Zeitbedarf
1/2
Tag

Werkzeug und Material
Kleine Grabgabel • Gießkanne oder Gartenschlauch • Spaten • Volldünger oder Kompost • Knochenmehl • Mulch
Die Zeitangabe bezieht sich auf 10 Pflanzen (1 Pflanze pro Meter)

1 Kaufen Sie die Pflanzen. Wenn diese nicht sofort eingesetzt werden können, lagern Sie sie schattig und gewässert.

2 Graben Sie den Boden um die Hecke um. Lockern Sie die Erde mit einer kleinen Grabgabel. Falls nötig, wässern Sie den Boden vor dem Einpflanzen.

3 Entfernen Sie vorsichtig die Stützen der Clematis.

4 Heben Sie das Pflanzloch aus – die Clematis sollte etwas tiefer eingepflanzt werden als in ihrem Container – und geben Sie etwas Knochenmehl als Bodenverbesserer dazu (siehe Seite 33).

5 Ziehen Sie die Triebe der Clematis vorsichtig durch die Äste der Heckenpflanze.

6 Gießen Sie gründlich und legen Sie eine Mulchschicht auf, um die Feuchtigkeit zu halten – der Heckenboden trocknet oft aus und ist nährstoffarm.

2 Goldwaldrebe
(*Clematis tangutica*)

PFLEGE

- Schneiden Sie die Hecke im Vorfrühling mit einer scharfen Heckenschere.
- Bringen Sie um die Clematispflanzen jedes Frühjahr Kompost oder Volldünger aus.

3 Alpenwaldrebe (*Clematis alpina* 'Frances Rivis' – hier in Blüte)

Den Garten teilen

Eine Abgrenzung mit Rosen

Eine unschöne Ecke im Garten oder eine Rasenfläche können Sie mit einem besonderen Gartenteiler abgrenzen: Pfosten, die durch Ketten miteinander verbunden sind und von Kletterrosen kaschiert werden. Eine Abgrenzung wie diese lenkt die Blicke auf dazwischen liegende Pflanzen und Elemente. Außerdem ist sie nicht so einengend wie eine Hecke oder Mauer.

Dieser Gartenteiler ist eine ausgezeichnete Rankhilfe für Rosen, da die Luft zwischen den Zweigen zirkulieren kann. Sie bietet ideale Möglichkeiten für Kletterrosen oder andere rankende Pflanzen. Normalerweise werden die Pfosten durch Seile verbunden, aber hier wurden Ketten verwendet, da diese leichter an den Pfosten anzubringen sind.

Abgrenzung mit Rosen

Hier erklimmt die wunderschöne roséfarbene Kletterrose 'Albertine' die Holzpfosten und die schwarzen Verbindungsketten. Pflanzen Sie zu Füßen der Rose Frauenmantel ein. Die üppigen Pflanzen kaschieren die kahlen Rosenstämme sowie die Stützpfosten aus Metall.

1 Kletterrose (*Rosa* 'Albertine')

PFLEGE

- Entfernen Sie Blattläuse von den jungen Rosentrieben. Gegebenenfalls werden stark befallene Triebe abgeschnitten (*siehe Seite 36–37*).
- Schneiden Sie verwelkte Rosen ab.
- Schneiden Sie den Frauenmantel im Sommer zurück, um das Wachstum anzuregen.
- Schneiden Sie die Rosen im Herbst zurück (*siehe Seite 42*).
- Bringen Sie nach dem Schnitt Kompost aus.

2 Frauenmantel (*Alchemilla mollis*)

PLANUNG UND ANLAGE

Zeitbedarf
1
Tag

Werkzeug und Material

Schnur • Metallstange • Wasserwaage • Stützpfosten aus Metall • Holzhammer • 2,5 m hohe Holzpfosten • Schraubenzieher • 5 cm lange Haken • 2,5–5 cm dicke Ketten • Leiter • Zieraufsätze • Grabgabel • Kompost oder Volldünger

1 Markieren Sie mit der Schnur die Stelle für den Gartenteiler. Treiben Sie alle 2,5–3 m mit einer Metallstange ein Loch in Höhe des Stützpfostens in den Boden. Kontrollieren Sie mit der Wasserwaage, ob die Stange gerade ist.

2 Entfernen Sie die Metallstange und setzen Sie einen Stützpfosten in jedes Loch. Schlagen Sie diesen mit dem Holzhammer ein.

3 Stecken Sie den Holzpfosten in den Metallpfosten. Klopfen Sie ihn mit dem Hammer ein. Sie müssen wahrscheinlich auf eine Leiter steigen, jemand sollte den Pfosten festhalten.

4 Bringen Sie die restlichen Pfosten an und kontrollieren Sie mit der Wasserwaage, ob sie parallel sind. Drehen Sie die Haken 2,5–5 cm unterhalb ein.

5 Hängen Sie die Ketten ein und regulieren Sie die Länge nach Wunsch.

6 Montieren Sie die Zieraufsätze. Nageln Sie die Aufsatzplatten am Pfostenende fest und schrauben Sie die Aufsätze darauf.

7 Bringen Sie unter jedem Pfosten Kompost oder Dünger aus und setzen Sie je eine Rose ein (siehe Seite 33). *Wickeln Sie die Rosentriebe um die Pfosten. Zu Füßen jeder Rose wird ein Frauenmantel eingesetzt.*

Eine Hecke als Abgrenzung

Blühende Hecke

Es gibt eine Reihe guter Gründe, eine Hecke als Abgrenzung einzupflanzen, statt eine Mauer oder einen Zaun zu bauen. Zunächst ist sie ein guter Windschutz, der aber soviel Wind hindurchläßt, daß bei Sturm kein gewaltiger Druck entsteht. Zweitens schützt eine Hecke Ihren Garten vor neugierigen Blicken. Außerdem bietet eine Hecke den Wildtieren Unterschlupf und Nahrung.

Wenn Sie über genug Platz im Garten verfügen, ist eine natürlich wachsende Hecke die beste Lösung, da diese keinen regelmäßigen Schnitt benötigt wie architektonisch angelegte Hecken. Eine natürlich wachsende Hecke wirkt außerdem so, als ob Ihr Garten direkt an eine offene Landschaft angrenzen würde.

Wählen Sie eine Heckenpflanze aus, die das ganze Jahr hindurch attraktiv bleibt. Sie muß kein Immergrün sein, sollte aber dicht und buschig wachsen. Auch sollte sie zu mindestens zwei Jahreszeiten dekorativ aussehen – zum Beispiel durch Beerenfrüchte, die auf Blüten folgen. Eine andere Möglichkeit wäre eine Hecke aus verschiedenen Pflanzen; Insekten mögen diese Art von Hecken am liebsten.

Rosa blühende Hecke

Die Heckenrose ist eine dichte und attraktive Hecke zu jeder Jahreszeit: im Frühling erscheinen ihre gekräuselten Blätter, im Hochsommer öffnen sich die rosaroten Blüten, und im Herbst entwickeln sich rote Hagebutten. Außerdem schrekken ihre dornigen Stengel ungebetene Eindringlinge ab.

Pflanzvariationen

Immergrüne Hecke mit gelben Beeren

Das Feuerdorn zählt zu den nützlichsten Heckenpflanzen – besonders wenn eine undurchdringliche Hecke erforderlich ist. Es gibt immergrüne Pflanzen mit creme-weißen Blüten ('Saphyr Jaune'), die im Frühling erscheinen und später hellgelbe Früchte bekommen. Aber es gibt auch verschiedene Sorten mit roten, gelb- oder orangefarbenen Beerenfrüchten, die vom Herbst bis in den Winter an der Pflanze bleiben.

Feuerdorn (*Pyracantha* 'Saphyr Jaune')

Schnellwachsende immergrüne Hecke

Koniferen sind sehr beliebte Pflanzen für Hecken, die rasch wachsen sollen. Aber schnelles Wachstum hat auch Nachteile, denn je schneller die Pflanze wächst, umso öfter muß sie gestutzt werden. Viele bekannte Koniferenarten sind viel zu starkwüchsig, obwohl sie häufig auch als Heckenpflanzen verkauft werden. Die Leyland-Scheinzypresse zum Beispiel wächst für eine Hecke zu groß, besonders in einem kleinen Garten, und benötigt regelmäßigen Rückschnitt. Wenn Sie eine schnellwachsende Koniferenhecke wollen, entscheiden Sie sich für die pflegeleichtere Lawson-Scheinzypresse.

Lawson-Scheinzypresse (*Chamaecyparis lawsoniana*)

Heckenrose (*Rosa rugosa*)

PLANUNG UND ANLAGE

Zeitbedarf
1
Tag

Werkzeug und Material

Schnur und Markierungspflöcke • Meterstab • Grabgabel • Spaten • organischer Dünger oder Gartenkompost • Knochenmehl • Gartenschere

Die Zeitangabe bezieht sich auf eine Hecke von 7 m Länge.

1 *Bestimmen Sie den Standort der Hecke. Stellen Sie Pappschachteln in der Höhe, die die Hecke erreichen soll, auf. So sehen Sie, welchen Sichtschutz die Hecke später bieten wird. Außerdem können Sie sich besser vorstellen, wieviel Windschutz die Hecke bieten und wieviel Schatten sie zu verschiedenen Tageszeiten werfen wird.*

2 *Markieren Sie eine Reihe für die Heckenpflanzen* (siehe Seite 32) *und rechnen Sie aus, wieviel Pflanzen Sie benötigen.*

3 *Kaufen Sie die Pflanzen. Falls Sie Ballenpflanzen gekauft haben, lassen Sie diese für mehrere Stunden mit Wasser vollsaugen, bevor Sie sie einsetzen. Haben Sie Containerpflanzen gekauft, die nicht sofort eingesetzt werden können, dann bewahren Sie sie schattig und gut gewässert auf.*

4 *Bereiten Sie den Boden vor und setzen Sie die Pflanzen ein* (siehe Seite 32).

5 *Wässern Sie die Hecke nach dem Einpflanzen gründlich. Bringen Sie eine 5–7,5 cm dicke Schicht Kompost oder Dünger als Mulch aus. Wurden die Pflanzen an einem warmen Tag eingesetzt, darf der Boden nicht austrocknen – das gilt besonders für die ersten Wochen nach dem Einpflanzen.*

6 *Stutzen Sie die neu gepflanzte Hecke um ein Drittel zurück* (siehe Seite 44). *Wenn die bepflanzte Stelle sehr weitläufig ist, bringen Sie im ersten Jahr ein Netz als Windschutz an.*

PFLEGE

- Hacken Sie das Unkraut regelmäßig weg.
- Gießen Sie regelmäßig – besonders während des ersten Sommers.
- Geben Sie im Frühjahr, wenn der Boden sich erwärmt hat, 5–7,5 cm Kompost oder Dünger auf den Heckenboden.
- Schneiden Sie die Hecke jedes Jahr im Spätsommer zurück – oder, wenn die Pflanze im Herbst Früchte trägt, im Frühjahr, noch bevor die Vögel ihre Nester bauen. Verwenden Sie eine scharfe Heckenschere oder eine Motorheckenschere.

Architektonische Hecken

Ein Garten im Garten

Hecken müssen nicht immer nur eine Abgrenzung nach außen bedeuten. Eine streng geschnittene Hecke ist auch eine einfache, aber sehr wirkungsvolle Möglichkeit, einen großen Garten in kleine, lauschige Plätze zu teilen. Pflanzen Sie Hecken ein, die enge Gäßchen bilden und Ihre Gäste zum Spazierengehen in Ihrem Garten einladen. Sie können auch, wie unten gezeigt, einen Garten im Garten gestalten – einen Naturbereich, in den Sie sich zurückziehen können.

Eine architektonische Hecke stellt den idealen Hintergrund für Pflanzenbeete dar; die strenge, gleichmäßige Oberfläche der Hecke bildet einen schönen Kontrast zur Farbe der Blüten und hebt die ungleichmäßigen Konturen der Pflanzen im Vordergrund deutlich hervor. Es gibt verschiedene Arten von Heckenpflanzen, die Sie auswählen können. Schnellwüchsige Koniferen und die langsamer wachsende Buche sind zwei der Pflanzvarianten, die Sie haben. Koniferen mit ihren fein zerteilten, immergrünen Nadeln bilden eine weichstrukturierte Hecke. Aber die schnellwüchsigen Arten sollten Sie lieber vermeiden, sofern Sie nicht ganz dringend einen Windschutz benötigen. Buchen geben eine schöne frisch-grüne Hecke ab, die innerhalb von fünf Jahren eine Höhe von 1,5 m erreicht. Auch wenn sie kein Immergrün ist, behält sie im Winter ihr abgestorbenes Laub; die Blätter werden rostbraun und bringen in den kältesten Monaten des Jahres Wärme in den Garten.

Damit Sie beim Heckenschneiden keine Probleme haben, sollten Sie einen Weg zwischen der Hecke und dem Beet anlegen. Dieser Weg ist meistens vom vorderen Beetrand aus nicht zu sehen, so daß er aus Betonplatten, die auf Sand gelegt werden, bestehen kann.

Grüner Hintergrund

Hier bildet eine hübsche grüne Buchenhecke einen lebhaften, aber neutralen Hintergrund für ein Beet mit Sträuchern und Stauden.

Pflanzvariationen

Schatten in Purpur

Statt einer hellgrünen Buche können Sie auch eine rotblättrige Buchensorte auswählen. Sie bildet einen interessanten Kontrast zu einem Beet mit Sträuchern und Stauden.

Rotbuche (*Fagus sylvatica* Atropurpurea-Gruppe)

Samtweiche Koniferen

Die langsam wachsende Eibe mit ihrem samtartigen Aussehen ist die Königin der Hecken-Koniferen. Es dauert fünf Jahre oder länger, bis sie eine Höhe von 1,5 m erreicht hat – aber sie sieht viel ordentlicher aus als eine schnellwüchsige Pflanze und braucht nur gelegentlich gestutzt zu werden.

Eibe (*Taxus baccata*)

Buche (*Fagus sylvatica*)

PLANUNG UND ANLAGE

Zeitbedarf
1
Tag

Werkzeug und Material

Schnur und Markierungspflöcke • Meterstab • Gießkanne oder Gartenschlauch • Grabgabel • Spaten • Dünger oder Kompost • Knochenmehl • Gartenschere • Betonplatten • Sand • Wasserwaage

Die Zeitangabe bezieht sich auf eine Hecke von 7 m Länge.

1 *Bestimmen Sie den Standort der Hecke. Stellen Sie Pappschachteln in der Höhe, die die Hecke erreichen soll, auf. So sehen Sie, welchen Sichtschutz die Hecke später bieten wird. Außerdem können Sie sich besser vorstellen, wieviel Windschutz die Hecke bieten und wieviel Schatten sie zu verschiedenen Tageszeiten werfen wird.*

2 *Markieren Sie eine Reihe für die Heckenpflanzen* (siehe Seite 32) *und rechnen Sie aus, wieviel Pflanzen Sie benötigen.*

3 *Kaufen Sie die Pflanzen. Falls Sie Ballenpflanzen gekauft haben, lassen Sie diese für mehrere Stunden mit Wasser vollsaugen, bevor Sie sie einsetzen. Haben Sie Containerpflanzen gekauft, die nicht sofort eingesetzt werden können, dann bewahren Sie sie schattig und gut gewässert auf.*

4 *Bereiten Sie den Boden vor und setzen Sie die Pflanzen ein* (siehe Seite 32).

5 *Wässern Sie gründlich. Verteilen Sie anschließend 5–7,5 cm hoch Dünger oder Kompost auf dem Boden.*

6 *Stutzen Sie die neu gepflanzte Hecke um ein Drittel zurück* (siehe Seite 44).

7 *Die Platten für den Heckenweg sollen parallel zur Hecke aufgelegt werden. Tragen Sie 10 cm Erde ab, breiten Sie etwa 5 cm hoch Sand aus, setzen Sie dann eine Platte auf. Prüfen Sie mit der Wasserwaage nach, ob diese gerade aufliegt, bevor Sie die nächsten Platten anbringen.*

8 *Legen Sie vor dem Weg ein Beet an und bepflanzen Sie es* (siehe Seite 46).

PFLEGE

- Hacken Sie das Unkraut regelmäßig weg.
- Gießen Sie regelmäßig, besonders bei trockenem Wetter während des ersten Sommers.
- Geben Sie im Frühjahr, wenn der Boden sich erwärmt hat, 5–7,5 cm Kompost oder Dünger auf den Heckenboden.
- Schneiden Sie Ihre Hecke jedes Jahr im Spätsommer zurück; verwenden Sie dazu eine scharfe Heckenschere oder eine Motorheckenschere.

Beeteinfassungen

Miniatur-Hecken

Wenn Ihre Beete exakt abgegrenzt werden und stilvoll aussehen sollen, dann umsäumen Sie sie mit zwergwüchsigen Heckenpflanzen. Eine einheitliche Beeteinfassung wirkt für eine zufällige Gruppierung von Pflanzen wie ein Bilderrahmen.

Ähnlich wie die normalen Hecken können Miniatur-Hecken formal oder natürlich angelegt werden. Für eine ordentlich aussehende und immergrüne Hecke eignet sich der Buchsbaum besonders gut. Die winzigen Blätter verleihen ihm ein einheitliches Aussehen, und da er recht langsam wächst, genügt es, wenn er ein- bis zweimal pro Sommer geschnitten wird. Der farbenprächtige Lavendel ist eine dekorative Möglichkeit, etwas Höhe (60 cm) ins Beet zu bringen. Wählen Sie eine kompakte Sorte mit dunkelvioletten Blüten wie zum Beispiel 'Hidcote' aus.

Sie können die Heckenpflanzen wie unten gezeigt arrangieren, so daß ein geometrisches Muster entsteht wie bei traditionellen Bauerngärten. Besonders wenn Sie Ihre Pflanzen von oben betrachten wollen – zum Beispiel vom Schlafzimmerfenster im ersten Stock –, ist dies eine gute Idee. Sie können zwei, drei oder mehr Arten von Heckenpflanzen verwenden, die unterschiedliche Farben und Strukturen besitzen. Das einzige, was Sie bedenken müssen, ist die Pflege. Die Hecken müssen leicht zugänglich sein, damit sie regelmäßig geschnitten werden können, und das Unkraut muß auch entfernt werden, sonst werden diese Miniatur-Hecken nicht lange attraktiv aussehen.

Dunkelgrün mit Lavendel

Das Karomuster aus Buchsbaum von 22,5 cm Höhe wird von einer etwas höheren (30 cm) Hecke, ebenfalls aus Buchsbaum, umsäumt. In jedem Quadrat wächst eine Lavendelpflanze, deren Höhe zu der horizontal-flachen Hecke einen interessanten Kontrast bildet. Der Lorbeerbaum in der Mitte (in einen Kübel gepflanzt, damit er bei kaltem Wetter ins Haus getragen werden kann) stellt einen zusätzlichen Kontrast dar.

Pflanzvariationen

Dunkelgrün mit Gelb

Nehmen Sie einen Zitronenstrauch mit gelben Blüten anstelle des Lorbeerbaums und Zypressenkraut mit zartgelben Blüten statt des Lavendels.

1 Zitronenstrauch (*Aloysia triphylla*)

2 Zypressenkraut (*Santolina chamaecyparissus*)

1 Lorbeerbaum (*Laurus nobilis*)

2 Lavendel (*Lavandula angustifolia* 'Hidcote')

3 Buchsbaum (*Buxus sempervirens*)

PLANUNG UND ANLAGE

Zeitbedarf

1

Tag

Werkzeug und Material

Zeichenpapier und Stift • Meterstab • Markierungsstäbe • Gießkanne oder Gartenschlauch • Spaten • Grabgabel • Dünger oder Kompost • Knochenmehl • Rinden- oder Kiesmulch • Gartenschere

Die Zeitangabe bezieht sich auf eine Fläche von 10 m Länge.

1 Bestimmen Sie den Standort der Miniatur-Hecke und zeichnen Sie die Form auf.

2 Messen Sie nach Ihrem Plan den Standort aus. Markieren Sie die Hecke mit den Stäben nach jedem Meter und rechnen Sie die Zahl der benötigten Pflanzen aus.

3 Kaufen Sie die Pflanzen. Falls Sie Ballenpflanzen gekauft haben, lassen Sie diese für mehrere Stunden mit Wasser vollsaugen, bevor Sie sie einsetzen. Haben Sie Containerpflanzen gekauft, die nicht sofort eingesetzt werden können, dann bewahren Sie sie im Schatten und gut gewässert auf.

4 Bereiten Sie den Boden vor und setzen Sie die Pflanzen ein (siehe Seite 32). *Für eine Miniatur-Hecke ist ein Graben von 30 cm Breite und 25–30 cm Tiefe ausreichend.*

5 Gießen Sie gründlich und decken Sie den Boden um die Pflanzen mit Kies- oder Rindenmulch ab.

6 Stutzen Sie die Pflanzen seitlich um ein Drittel zurück; oben wird nicht geschnitten, bis die Pflanzen die erwünschte Höhe erreicht haben (siehe Seite 44).

7 Bringen Sie um die Lavendelpflanzen Dünger oder Kompost aus.

PFLEGE

- Gießen Sie regelmäßig und entfernen Sie das Unkraut.
- Wässern Sie das Beet im Herbst gründlich und ergänzen Sie das Mulchmaterial.
- Stutzen Sie die Hecke zweimal pro Sommer.
- Schneiden Sie den Lavendel im Frühjahr zurück und nach der Blüte noch einmal.
- Schneiden Sie den Lorbeerbaum im Sommer zurück und tragen Sie ihn ins Haus, bevor der erste Frost da ist.

Gartenzäune
Ein Zaun aus Latten

Ein frisch gestrichener Gartenzaun zeigt Ihr Haus und Ihren Garten von der besten Seite. Lattenzäune sind nicht teuer und leicht zu bauen. Sie können sie selbst bauen oder fertig kaufen – dann müssen Sie nur noch die Pfosten anbringen, an die die Latten angenagelt werden und den Zaun anstreichen. Setzen Sie entlang des Zaunes hohe Pflanzen wie Lupinen, Rittersporn und Malven ein, um eine nostalgische Bauerngarten-Atmosphäre zu schaffen.

Lattenzäune gibt es in mehreren Formen. Die Latten können abgerundet, spitz, kunstvoll geschnitzt oder durchbrochen sein. Sie können abgestufte Latten kaufen, so daß ein wellenförmiger Zaun entsteht oder das Material variieren und Bambusrohre statt Holzlatten verwenden.

Die Breite der Latten und der Lattenabstand hängt von Ihnen ab. Bevor Sie mit dem Zaunbau beginnen, zeichnen Sie Ihren Entwurf auf Papier, so daß Sie ausrechnen können, wieviel Material Sie benötigen.

Lattenzäune werden nicht für die Ewigkeit gebaut. Deshalb sollten Sie sie regelmäßig kontrollieren, säubern, verrottete Latten austauschen und den Zaun alle 2–3 Jahre neu anstreichen.

Einzigartige Zäune

Entwerfen Sie Ihren eigenen Gartenzaun und zeichnen Sie ihn auf. Lassen Sie sich die Latten vom Schreiner in gewünschter Länge zuschneiden. Kaufen Sie mehr, als Sie benötigen, damit Sie genug Ersatzlatten haben.

Abgerundete Latten für einen klassischen Zaun

Latten im 'gotischen Stil'

Abgestufte Latten

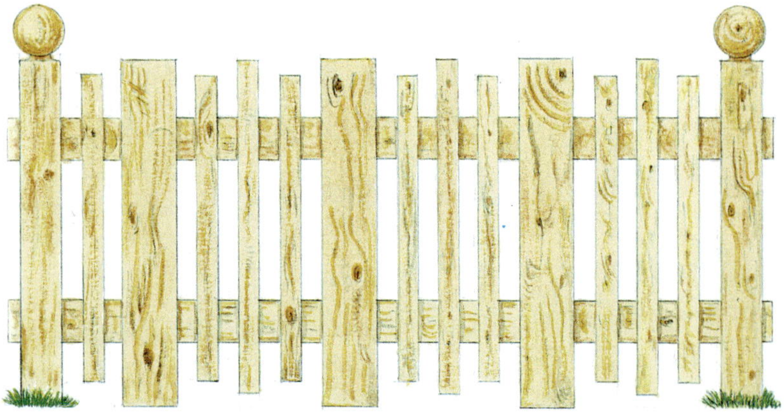

Zaun mit Latten unterschiedlicher Breite, die sich wiederholen

Zaun aus Bambusrohren

PLANUNG UND ANLAGE

Zeitbedarf
1
Tag

Werkzeug und Material

Schraubenzieher • 5 cm lange Schrauben • Gartentor mit Scharnieren und Schloß • Torpfosten • Metallstange • Stützpfosten aus Metall • Holzhammer • Wasserwaage • Zaunpfosten und Querlatten • Schnur • Zaunlatten oder Fertigbauteile • Nägel • Gummihammer • Farbe für Außenanstrich und Pinsel

Die Zeitangabe bezieht sich auf einen Zaun von 10 m Länge.

1 Schrauben Sie Scharniere und Schloß an Gartentor und Torpfosten. Machen Sie mit der Metallstange alle 3–4 m Löcher für die Stützpfosten in den Boden und schlagen Sie Tor- und Zaunpfosten ein.

2 Bringen Sie das Tor zwischen den Torpfosten an (bitten Sie jemand um Hilfe). Schließen Sie das Tor und kontrollieren Sie, ob es gerade ist und das Schloß richtig funktioniert.

3 Spannen Sie über dem Zaun eine Schnur, die als Richthöhe für die Zaunlatten dienen soll. Führen Sie die Querlatten durch die Zaunpfosten und kontrollieren Sie, ob das Zaungerüst gerade ist.

4 Nageln Sie die Latten mit je zwei Nägeln an den Querlatten fest. Bitten Sie Ihren Helfer, daß er von der anderen Seite mit dem Gummihammer gegen die Querlatten drückt, während Sie die Nägel einschlagen.

5 Bringen Sie die restlichen Zaunlatten an. Kontrollieren Sie zwischendurch, ob sie gerade sind und der Zwischenabstand gleichmäßig ist. Streichen Sie den Zaun mit der Farbe Ihrer Wahl.

Diagonale Latten von unterschiedlicher Größe

PFLEGE

- Kontrollieren Sie einmal im Jahr die Zaun- und Torpfosten, ob sie noch stabil sind. Falls sie wackeln sollten, machen Sie sie mit Mörtel fest.
- Streichen Sie den Zaun alle 2–3 Jahre neu an.

BEETE UND RABATTEN

Farbenpracht

Von der buschigen gelben Sonnenbraut (Helenium) *im Vordergrund zu den mit orangefarbenen Trichterblüten besetzten Ähren der Monbretie* (Crocosmia) *weiter hinten sorgt dieses herrliche Beet mit roten und goldenen Stauden für ein eindrucksvolles Farbenspiel und wird zum Blickfang im Garten.*

Ideen für sonnige Beete und Rabatten

Beete und Rabatten in sonnigen Lagen ermöglichen eine üppige Blütenpracht. Viele der ausdauernden Pflanzen, die Gartenbeete schmücken, sind richtige Sonnenanbeter. Wenn Sie einen sonnenbeschienenen Garten besitzen, können Sie sich Jahr für Jahr an den tollen Farben und dem betörenden Duft dieser wunderschönen Blumen erfreuen.

Sie müssen jedoch Pflanzen auswählen, die tatsächlich direkte Sonne mögen: Arten, die Feuchtigkeit lieben, können an sonnigen Stellen nur gedeihen, wenn Sie bereit sind, diese in ihrer Freizeit regelmäßig zu wässern. In einem guten Handbuch finden Sie die entsprechenden Informationen. Lesen Sie vor dem Kauf der Topfpflanzen die Beschreibung. Dadurch machen Sie sich das Leben leichter, denn zufriedene Pflanzen brauchen weniger Pflege.

Die Fragen und Antworten auf diesen beiden Seiten sollen Ihnen Möglichkeiten zeigen, wie Sie Ihre Gartenbeete attraktiver gestalten können. Dazu finden Sie auf den folgenden Seiten Vorschläge mit Schritt-für-Schritt-Anleitung und Pflanzen, die Sonnenlagen bevorzugen.

? *Ist Ihr Garten so sonnig, daß viele Pflanzen welken?*

Wählen Sie Pflanzen aus, die an heißen Standorten gedeihen und mit wenig Wasser auskommen. *Rechts:* Goldlandginster, Wolfsmilch, Zierzwiebel, graublättrige Fetthenne, stachelige Agave und der bodenbedeckende Wollziest sind geeignet.

SIEHE *Beet für einen trockenen Standort, Seite 124.*

? *Ist Ihr Garten zu bestimmten Zeiten im Jahr wenig attraktiv?*

Sorgen Sie dafür, daß der Garten zu jeder Zeit gut aussieht – Zwiebelblumen im Frühling, Beeren im Herbst, Immergrüne und Pflanzen mit interessanter Struktur lassen den Garten rund um das Jahr attraktiv aussehen.

SIEHE *Beet für alle Jahreszeiten, Seite 134.*

? *Lieben Sie üppige, warme Farben?*

Viele Sommerstauden lieben sonnige Plätze und haben Blüten in warmen Farben (rot, gold, orange). Sie blühen Jahr für Jahr und benötigen wenig Pflege.

SIEHE *Ideal für den sonnigen Standort, Seite 132.*

? Fehlt Ihrem Garten ein Blickfang?

Eine Laube oder ein Bogengang, umrankt von Blumen, kann zum Blickpunkt in Ihrem Garten werden. *Rechts:* Die Kletterrose (*Rosa* 'Félicité Perpétue') sorgt hier für bezaubernde Farbenpracht. Zu ihren Füßen wächst Rosmarin.
SIEHE *Einen Blickfang gestalten, Seite 130.*

? Sind kahle Stellen um junge Sträucher?

Büsche und Sträucher brauchen oft Jahre, bis sie ihre volle Höhe und Breite erreicht haben. Füllen Sie die Lücken mit einjährigen Sommerpflanzen, die Sie selber heranziehen können.
Oben: In diesem Beet sorgen gelbe Gänseblümchen, orangefarbene Mädchenaugen und hohe weiße Schmuckkörbchen zwischen den Sträuchern für farbige Akzente.
SIEHE *Lücken füllen, Seite 128.*

? Haben Sie ein niedriges Beet mit kleinwüchsigen Pflanzen?

Mit einem »Turm« aus Duftwicken bringen Sie optische Abwechslung in den Garten.
SIEHE *Höhe und Fülle im Beet, Seite 126.*

Beet für einen trockenen Standort

Eine glühende Wüstenlandschaft

Legen Sie ein Beet für Pflanzen an, die bei Trockenheit bevorzugt gedeihen, und Ihr Garten wird wie eine Oase mitten in der Wüste aussehen. An geschützten sonnigen Stellen lassen sich solche Landschaften problemlos verwirklichen, besonders bei einem gut durchlässigen Boden. Prüfen Sie aber den Gartenboden, ob das Wasser wirklich schnell abfließt; wahrscheinlich müssen Sie groben Sand oder Kies untermischen, um die Bodendurchlässigkeit zu verbessern (*siehe Seite 19*).

Das Beet sollte in der Mitte leicht erhöht sein. Plazieren Sie an den abfallenden Stellen Naturfelsen. Nachdem die Pflanzen eingesetzt sind, wird der Boden mit Kieselsteinen, grobem Sand oder Kies bedeckt, um der bepflanzten Fläche ein halbwüstenähnliches Aussehen zu verleihen.

1 Ätna-Ginster
(*Genista aetnensis*)

Farbenpracht

Die Bepflanzung in diesem Beet ist sehr wirkungsvoll. Glühendes Rot, Gelb und Orange dominieren, während die Kontraste in Form, Wuchs und Struktur Aufsehen erregen.

2 Walzenwolfsmilch
(*Euphorbia myrsinites*)

3 Palmlilie
(*Yucca gloriosa*)

4 Nachtkerze (*Oenothera fruticosa* 'Fireworks')

5 Weiches Flattergras
(*Milium effusum* 'Aureum')

8 Kalifornischer Mohn (*Eschscholzia californica*)

7 Zwergwacholder (*Juniperus communis* 'Compressa')

6 Zypressenwolfsmilch (*Euphorbia cyparissias*)

PLANUNG UND ANLAGE

Zeitbedarf
1
Tag

Werkzeug und Material

Grabgabel • Rechen • grober Sand oder feiner Kies • große Steine • Baumpfähle und Schnur • Pflanzschaufel • Kieselsteine oder Kiesmulch

Die Zeitangabe bezieht sich auf eine Fläche von 3 × 1,5 m Größe.

1 *Markieren Sie die Stelle und bereiten Sie den Boden vor* (siehe Seite 46)*; geben Sie zur Steigerung der Durchlässigkeit Sand oder feinen Kies dazu, falls es kein Sandboden ist.*

2 *Kaufen Sie einige große Steine (oder holen Sie sie aus anderen Gartenbereichen) und legen Sie sie an die vorgemerkten Stellen. Die Steine sollten richtig in der Erde sitzen, damit das Ganze natürlich aussieht.*

3 *Kaufen Sie die Pflanzen. Falls sie nicht sofort eingepflanzt werden, lagern Sie sie kühl und gut gewässert.*

4 *Verteilen Sie die Pflanzen zunächst probehalber im ganzen Beet, danach setzen Sie sie ein. Pflanzen Sie den Ätna-Ginster zuerst, stützen Sie ihn mit Pfählen. Danach setzen Sie die Palmlilie, den Zwergwacholder und das Flattergras ein. Die kleinen Pflanzen bilden den Abschluß – die Nachtkerze, der Kalifornische Mohn, Zypressen- und Walzenwolfsmilch.*

5 *Gießen Sie gründlich. Bedecken Sie jede sichtbare Bodenstelle mit Kieselsteinen oder Kiesmulch, um eine möglichst naturgetreue Wüstenlandschaft zu schaffen.*

PFLEGE

- Jäten Sie regelmäßig Unkraut, besonders in den ersten zwei Jahren, bis die Pflanzen sich eingewöhnt haben. Lassen Sie einige Sämlinge des Kalifornischen Mohns wachsen.
- Schneiden Sie im Herbst abgestorbene und wuchernde Pflanzenteile ab.
- Entfernen Sie Verwelktes regelmäßig, damit das Beet sein attraktives Aussehen behält. Außerdem regen Sie dadurch eine zweite Blüte an.
- Setzen Sie im Herbst Zwiebeln von Frühlingsblühern wie Krokus oder Iris ein.
- Ergänzen Sie im Frühjahr die Kieselsteine oder den Kiesmulch, um das Wachstum von Unkraut zu unterdrücken.

Höhe und Fülle im Beet

Ein Turm aus Duftwicken

Sowohl neu angelegte Gärten als auch alte können von Kreationen, die für Höhe und Fülle sorgen, profitieren. Ein Beet, das nur mit niedrigen Gewächsen bepflanzt ist, kann manchmal etwas eintönig wirken; in diesem Fall wird eine hohe Form der Bepflanzung schnell zum Blickfang. Für eine dauerhafte Gestaltung können Sie eine Gartenfigur kaufen, die Sie dann von Kletterpflanzen beranken lassen, oder Sie bringen eine Kletterhilfe aus Bambus, Metall oder ein Gitter an. Eine zeitlich begrenzte, aber schnelle und dekorative Lösung für mehr Höhe und Fülle in einem Beet mit jungen Pflanzen bietet ein selbst gemachter Bambusturm. Ideal hierfür sind einjährige Kletterpflanzen wie Prunkwinde, rankende Kapuzinerkresse und Schwarzäugige Susanne. Innerhalb weniger Wochen haben Sie einen wunderschönen Blickfang, an dem Sie sich den ganzen Sommer und Herbst erfreuen können.

Eine bunte Kaskade

Duftwicken eignen sich als Kletterpflanzen für einen Bambusturm besonders gut. Eine hochrankende Sorte erklimmt die Rankhilfe in kurzer Zeit und bildet eine reizvolle Kaskade – und je mehr Blüten Sie abschneiden, umso mehr neue Blüten produziert die Pflanze. So können Sie Ihr Haus mit den prächtigen Blumen und deren herrlichem Duft füllen.

1 Duftwicke (*Lathyrus odoratus* 'Galaxy Mixed')

Pflanzvariationen

Einfarbige Kaskaden

Eine Reihe von einjährigen Kletterpflanzen können ähnlich wie Duftwicke einen Bambusturm erklimmen. Die vorgeschlagenen Pflanzen bieten eine Reihe von attraktiven Farben.

Prunkwinde (Ipomoea rubrocaerulea 'Heavenly Blue') – blaue Blüten

Kapuzinerkresse (Tropaeolum peregrinum) – gelbe Blüten

Schwarzäugige Susanne (Thunbergia alata) – orangefarbene Blüten

PFLEGE

- Etwa eine Woche nach dem Einpflanzen der Duftwicken werden bis auf die kräftigsten Triebe alle anderen entfernt.
- Verwenden Sie Drahtringe, um die Jungpflänzchen locker an die Bambusstäbe zu binden. Die Ranken wachsen sehr schnell und bieten bald genug Stütze.
- Entfernen Sie das Unkraut und gießen Sie regelmäßig.
- Schneiden Sie alle paar Tage die Blüten ab, um die weitere Flor anzuregen und Ihre Vasen zu füllen.
- Geben Sie einen Flüssigdünger hinzu, wenn die Blüte im vollen Gang ist.

PLANUNG UND ANLAGE

Zeitbedarf
1
Stunde

Werkzeug und Material

Rechen • acht Bambusstäbe, 1,8–2,1 m lang • Schnur, Bindfaden oder Bast • Pflanzschaufel • Drahtringe

1 Säen Sie im Herbst oder Vorfrühling die Duftwickensamen in einem Topf oder in einer Anzuchtschale aus (siehe Seite 29).

2 Mindestens zwei Wochen vor dem Einpflanzen wird der Boden vorbereitet. Dazu graben Sie den Boden so um, als ob Sie ein neues Beet anlegen wollten (siehe Seite 46). *Zerkleinern Sie größere Erdbrocken und rechen Sie die Oberfläche vorsichtig.*

3 Ordnen Sie die Bambusstäbe in einem Kreis von 1 m Durchmesser an und stecken Sie sie so in die Erde, daß alle die gleiche Höhe haben.

4 Fassen Sie die oberen Spitzen der Stäbe mit der Hand zusammen und binden Sie sie mit der Schnur fest.

5 Sichern Sie die Bambusstäbe ebenfalls mit der Schnur etwa 1 m über dem Boden ab. Dadurch wird das Gebilde stabiler, und die Pflanzen haben eine zusätzliche waagerechte Kletterhilfe.

6 Wenn die Duftwicken mindestens 5 cm hoch sind, werden sie gegossen, aus dem Behälter herausgeholt und vorsichtig geteilt. Anschließend wird an jedem Bambusstab eine einzelne Pflanze eingesetzt.

Pflanzvariationen

Gemüsetürme

Eine Alternative zu Blütenpflanzen bieten Gemüsepflanzen, die die Bambusstäbe emporklettern. Alle hier vorgeschlagenen Sorten produzieren nicht nur attraktive Blüten, sondern auch schmackhaftes Gemüse.

Feuerbohne
(*Phaseolus coccineus* 'Painted Lady')
– rote und weiße Blüten

Erbse
(*Pisum sativum* 'Carouby de Maussane')
– violette Blüten

Zucchini
(*Cucurbita pepo* 'Munchkin')
– gelbe Blüten

Lücken füllen

Pflanzen in Weiß und Rosa

Wenn Sie zwischen ausdauernden Pflanzen wie zum Beispiel Sträuchern Lücken haben, können Sie diese mit einjährigen bunten Sommerblühern füllen. Da die Einjährigen nach einer Saison eingehen, bedeuten sie keinen dauerhaften Zusatz für das Beet und können auch die Sträucher nicht überwuchern. Durch das Bedecken des kahlen Bodens mit Pflanzen umgehen Sie außerdem das Problem des ständigen Unkrautjätens. Sie können eine Reihe von Sommerpflanzen kaufen oder selbst aus Samen heranziehen. Gartencenter, Züchter und Kataloge bieten dafür eine große Auswahl.

Obwohl die Anzucht der Pflanzen recht viel Zeit in Anspruch nimmt, ist das Ergebnis viel befriedigender und auch billiger als bei gekauften Pflanzen. Außerdem bieten Samen meistens eine größere Farb- und Sortenauswahl als bereits vorgezogene Pflanzen. Säen Sie die hier vorgestellten winterharten Einjährigen da aus, wo sie später blühen sollen. Wenn die Pflänzchen groß genug sind, werden sie pikiert, damit die verbleibenden Exemplare genug Platz haben, sich zu entfalten. Die halbwinterfesten Pflanzen werden im Haus in Anzuchtschalen vorgezogen und erst ausgepflanzt, wenn die Frostgefahr vorbei ist.

Zartes Weiß und Rosa

Der vordere Rand eines Strauchbeets kann sogar im Sommer langweilig und leblos aussehen. Hier wurden selbst gezogene winterfeste Einjährige mit einigen gekauften halbwinterfesten Rührmichnichtan gemischt und bilden einen Teppich aus weißen und rosafarbenen Blüten.

Pflanzvariationen

Ein warmes Glühen

Um ein Schauspiel von vorherrschend orangefarbenen und gelben Blüten zu erhalten, können Sie die hier gezeigten Pflanzen durch die unten aufgelisteten ersetzen.

1 Kapuzinerkresse (*Tropaeolum majus* 'Alaska')

3 Sumpfblume (*Limnanthes douglasii*)

4 Ringelblume (*Calendula officinalis*)

1 Rührmichnichtan (*Impatiens balsamina*)

2 Sommersteinbrech (*Lobularia maritima*)

4 Löwenmaul (*Antirrhinum* 'White Wonder')

PLANUNG UND ANLAGE

Zeitbedarf
1
Stunde

Werkzeug und Material

Grabgabel • Rechen • Sand • Maschendraht • Pflanzen-Schildchen • alte Gabel

1 Suchen Sie die Lücken, die Sie bepflanzen wollen. Entfernen Sie das Unkraut, graben Sie den Boden um und rechen Sie ihn glatt.

2 Wenn Sie Ihre Einjährigen aus Samen ziehen, können Sie diese da aussäen, wo sie später blühen sollen (siehe Seite 29). *Versehen Sie die Stellen mit den Pflanzennamen und schützen Sie das Saatgut mit Maschendraht vor Vögeln. Sind die Pflänzchen groß genug, pikieren Sie sie mit einer alten Gabel. Gekaufte Pflanzen sollten Sie abhärten, bevor sie ausgepflanzt werden; lassen Sie die Pflanzen tagsüber draußen, tragen Sie sie aber nachts ins Haus, bis die Frostgefahr vorüber ist.*

3 Einjährige Schleifenblume (*Iberis amara*)

PFLEGE

- Dünnen Sie die Pflänzchen aus, damit diese sich besser entfalten können. Kontrollieren Sie regelmäßig, ob Unkraut wächst oder sich Schnecken an die zarten Sämlinge heranmachen und entfernen Sie diese sofort.
- Gießen Sie öfters, besonders an heißen Tagen.
- Zwicken Sie die Spitzen der Löwenmaul-Sämlinge ab, damit die Pflanzen buschiger wachsen.
- Entfernen Sie Verblühtes sofort, damit die Pflanze zu mehr Blüte angeregt wird.

Einen Blickpunkt gestalten

Laube mit duftenden Lilien und Rosen

Eine freistehende Laube oder ein Bogengang, bewachsen mit verschiedenen Blüten, kann unterschiedlich genutzt werden: als Trennhilfe, als Rahmen für eine besondere Aussicht oder zum Kaschieren einer unschönen Stelle. Außerdem ist eine Laube ein richtiger Blickfang – ein ganz besonderes Gestaltungselement für den Garten.

Sie können den Bogengang selbst bauen, aber es ist einfacher, ihn als Fertigbauteil in einem Gartencenter zu erwerben. Es gibt verschiedene zur Auswahl – aus Holz oder Metall, preiswert oder teuer. Ist die Laube erst einmal ganz fest und sicher im Garten aufgestellt, können Sie mit dem Einsetzen der Kletterpflanzen beginnen.

Ein Bogengang ist sehr wirkungsvoll, um duftende Kletterpflanzen wie Rosen oder Geißblatt zur Geltung zu bringen. Manche Rosensorten, besonders wenn sie an Mauern oder anderen soliden Oberflächen wachsen, neigen dazu, unter feuchten Bedingungen an Mehltau zu erkranken. An einem Bogengang jedoch kann die Luft gut durch die Triebe der Pflanze zirkulieren.

Ein duftender Bogen in Rosa und Weiß

Herrlich duftende rosafarbene Rosen umschlingen den Bogengang, während die Lilientöpfe ihren Duft am Boden verströmen. Prachtstorchschnabel und Duftveilchen bedecken die Erde und verhindern das Wachstum von Unkraut.

1 Rosa Strauchrose wie *Rosa* 'New Dawn'

2 Madonnenlilie (*Lilium candidum*)

3 Pinkfarbene Kletterrose wie *Rosa* 'Zéphirine Drouhin'

4 Prachtstorchschnabel (*Geranium* × *magnificum*)

5 Duftveilchen (*Viola odorata*), – hier im Frühling blühend

PFLEGE

- Jäten Sie regelmäßig Unkraut.
- Gießen Sie regelmäßig, besonders an heißen Tagen.
- Geben Sie den Rosen im Frühjahr Dünger zu.
- Binden Sie die Triebe der Kletterrosen an den Bogengang. Winden Sie die wachsenden Triebe um den Bogen herum.
- Entfernen Sie verwelkte Rosen.
- Schneiden Sie die Rose 'New Dawn' zurück, wenn Sie verblüht ist. Entwinden Sie Triebe und schneiden diejenigen, die Blüten getragen haben, bis auf den Haupttrieb zurück (*siehe Seite 42*). Die andere Rose ist eine Kletterrose und benötigt keinen regelmäßigen Rückschnitt. Totes Holz und unerwünschte Triebe sollten jedoch im Frühjahr entfernt werden.
- Wenn die Lilien verblüht sind, ersetzen Sie sie durch andere blühende Topfpflanzen.
- Entfernen Sie im Herbst das Fallaub und andere Abfälle, und decken Sie den Boden mit Rindenmulch ab.

Pflanzvariationen

Ein Bogen in Gold

Für einen Bogengang in Gold und Creme können Sie die gezeigten Pflanzen durch die aufgelisteten ersetzen.

1 *Rosa* 'Golden Showers'

3 *Rosa* 'Madame Alfred Carrière'

4 Frauenmantel (*Alchemilla mollis*)

5 Wilde Stiefmütterchen (*Viola tricolor*)

PLANUNG UND ANLAGE

Zeitbedarf
1
Tag

Werkzeug und Material

Fertigbauteil Bogengang • Holzhammer • Fäustel oder Gummihammer • Wasserwaage • Grabgabel • Spaten • organischer Dünger • Rindenmulch

1 Wählen Sie den Standort für den Bogengang. Messen Sie den Platz ungefähr aus, damit Sie einen passenden Bogen bauen (oder kaufen).

2 Setzen Sie die Seiten und den oberen Teil des Bogens nach Herstelleranleitung zusammen.

3 Setzen Sie den ersten Stützpfosten aus Metall in den Boden ein. Legen Sie ein Schutzstück darauf und klopfen Sie das Ganze mit dem Holzhammer in die richtige Position.

4 Legen Sie ein Seitenteil auf den Boden, um nachzuprüfen, wo der zweite Stützpfosten plaziert werden soll. Schlagen Sie ihn ähnlich wie den ersten in den Boden ein.

5 Klopfen Sie das erste Seitenteil mit dem Gummihammer in die Stützpfosten. Ein Querbalken auf dem Boden hilft Ihnen, die Halterung für das zweite Seitenteil in die richtige Position zu bringen. Treiben Sie den Stützpfosten wie bei den Schritten 3 und 4 ein.

6 Setzen Sie das zweite Seitenteil in den Stützpfosten wie bei Schritt 5. Kontrollieren Sie mit einer Wasserwaage, ob die beiden Seitenteile gleich hoch sind. Falls nötig, klopfen Sie sie mit dem Gummihammer nach.

7 Bringen Sie die oberen Kreuzbalken an. Prüfen Sie nach, ob sie gleich hoch und gerade sind. Wenn nötig, klopfen Sie sie mit dem Gummihammer nach.

8 Graben Sie den Boden um, und bringen Sie den Dünger aus, damit der Boden für die Pflanzen vorbereitet ist.

9 Pflanzen Sie auf jeder Seite des Bogengangs eine Rose ein. Setzen Sie den Storchschnabel und die Duftveilchen als Bodendecker ein.

10 Gießen Sie gründlich und decken Sie den Boden mit Rindenmulch ab.

11 Stellen Sie an beiden Seiten des Bogengangs je einen Topf mit Madonnenlilien auf.

Ideal für den sonnigen Standort

Blütenstauden in Dunkelrot und Gold

Blütenstauden sind die Hauptdarsteller in einem Sonnenbeet: Sie blühen Jahr für Jahr und anders als Sommer- und Zwiebelpflanzen, die nach der Blüte entfernt werden müssen, können sie dauerhaft an ihrem Platz bleiben – ideal für den Freizeitgärtner!

Viele der beliebtesten und attraktivsten Blütenstauden – auch die, die unten gezeigt werden – gedeihen in der Sonne. Wenn Sie das Glück haben, einen Garten mit einem Sonnenplatz zu besitzen, können Sie sich das zunutze machen. Wählen Sie Pflanzen in warmen Farbtönen aus, die gut zu warmen Temperaturen passen – Orange, Dunkelrot, Gold und Hellgrün. Kaum etwas kann schöner sein als ein Beet mit Pflanzen, die eine solche Farbenpracht vorweisen. Wenn Sie Staudenarten richtig aussuchen, können Sie sich einer dauerhaften Blüte vom Spätfrühling bis zum Herbst erfreuen.

Sommerfestival

Das hier im Spätsommer gezeigte Beet mit den Blüten in Dunkelrot und Violett bringt Ihnen doppelt Sonnenschein und Wärme. Leuchtend orangefarbene Fackellilien, Sonnenbraut, Crocosmia, Taglilien und Dahlien werden umgeben von Pflanzen mit eher sanften Formen wie Storchschnabel, Frauenmantel und Bergflockenblume. Am vorderen Rand des Beets bildet die Katzenminze eine überfließende Mini-Hecke.

1 Fackellilie (*Kniphofia* 'Alcazar')

2 Katzenminze (*Nepeta × faassenii*)

3 Frauenmantel (*Alchemilla mollis*)

4 Storchschnabel (*Geranium* 'Johnson's Blue')

5 Sonnenbraut (*Helenium* 'Moerheim Beauty')

6 *Crocosmia* 'Lucifer'

7 Dahlie (*Dahlia* 'Bishop Llandaff') – hier im Frühsommer in voller Blüte

PLANUNG UND ANLAGE

Zeitbedarf
1
Tag

Werkzeug und Material

• Grabgabel • Rechen • Dünger • Knochenmehl • Pflanzschaufel • Stützstäbe (1,2–1,5 m hoch) • Rindenmulch

Die Zeitangabe bezieht sich auf eine Fläche von 4 × 2 m Größe.

1 Stecken Sie das neue Beet ab und bereiten Sie den Boden vor dem Einpflanzen vor (siehe Seite 46).

2 Kaufen Sie die Pflanzen. Falls Sie die Pflanzen nicht sofort einsetzen können, lagern Sie sie kühl und gut gewässert.

3 Streuen Sie in jedes Pflanzloch eine Handvoll Knochenmehl, bevor Sie es mit Erde auffüllen. Die Crocosmia wird zuerst eingepflanzt, da Sie den Mittelpunkt des Arrangements bildet. Dann folgen die Dahlienknollen mit den Stützstäben. Anschließend werden die Fackellilien, die Sonnenbraut und die Taglilien eingesetzt. Storchschnabel, Frauenmantel und Bergflockenblume werden dazwischen verteilt. Umpflanzen Sie die Vorderseite des Beets mit einer niedrig wachsenden Katzenminze.

4 Wässern Sie ausgiebig. Die Stellen zwischen den Pflanzen können mit Rindenmulch bedeckt werden.

9 Bergflockenblume (*Centaurea montana*)

8 Taglilie (*Hemerocallis* 'Stella d'Oro')

PFLEGE

- Um buschige Dahlien zu bekommen, zwicken Sie die Triebspitzen ab, wenn die Pflanze etwa 30–45 cm hoch ist. Größere Blüten erhalten Sie, wenn Sie einige Knospen entfernen und nur etwa zehn sich entwickeln lassen. Geben Sie im Frühsommer Dünger zu.
- Entfernen Sie Verwelktes und Verblühtes, um die weitere Blüte anzuregen.
- Mulchen Sie im Herbst oder Spätfrühling.
- Jäten Sie regelmäßig Unkraut und gießen Sie gut.
- Stützen Sie Dahlien und andere hochwachsende Stauden. Bambus- oder Metallstäbe helfen dabei, wenn die Pflanze etwa 30 cm hoch ist. Binden Sie die Stäbe so zusammen, daß die Pflanzen durch das Stützgerüst hindurchwachsen können.
- Wenn die Dahlienblätter im Herbst abgestorben sind, schneiden Sie die Pflanze bis auf 15 cm zurück. Holen Sie die Knollen heraus, trocknen Sie sie 2–3 Wochen lang frostfrei. Legen Sie sie in einer Schachtel mit reichlich Substrat und lagern Sie sie kühl und trocken.
- Schneiden Sie die abgestorbenen Triebe von anderen Stauden ab (*siehe Seite 39*).

Beet für alle Jahreszeiten

Ein Inselbeet für das ganze Jahr

Es ist oft wichtig, daß ein Blumenbeet das ganze Jahr hindurch gut aussieht. Wählen Sie Pflanzen aus, die ihren Höhepunkt zu unterschiedlichen Jahreszeiten erreichen und deshalb stets für einen Blickfang sorgen. Mit Zwiebelpflanzen können Sie das Beet in den ersten Monaten das Jahres, bevor andere Pflanzen ihr Laub entwickeln, verschönern. Bei begrenztem Platz sollten Sie Pflanzen einsetzen, die länger als eine Jahreszeit dekorativ sind – zum Beispiel einen im Frühling blühenden Strauch, der im Herbst schöne Beerenfrüchte trägt. Es gibt Gehölze wie Purpurhartriegel und Weide, die im Winter und Frühling ungewöhnlich gefärbte Äste haben, wenn Sie sie regelmäßig zurückschneiden.

Spätsommer-Pracht

Der Haselnußbaum auf diesem Inselbeet bringt gelbe Blütenkätzchen und im Sommer mittelgrüne Blätter hervor, die im Herbst gelb leuchten. Die Bodendecker und kleinen Zwiebelpflanzen lassen das Beet immer wieder anders aussehen.

1 Haselnuß (*Corylus avellana*)

2 Schneeglöckchen (*Galanthus* sp.) – setzen Sie neue Pflanzen nach der Blüte ein, aber noch bevor die Blätter verwelken.

3 *Nerine bowdenii* – setzen Sie die Zwiebeln im Herbst ein.

4 Irischer Efeu (*Hedera hibernica*)

5 Berberitze (*Berberis thunbergii* 'Atropurpurea Nana')

9 Purpurhartriegel (*Cornus alba* 'Sibirica') – mit leuchtend roten Ästen ist er im Winter am wirkungsvollsten.

8 Wiesenknöterich (*Persicaria bistorta* 'Superba')

7 Alpenveilchen (*Cyclamen coum*) – setzen Sie die Knollen im Herbst ein.

6 Winteriris (*Iris unguicularis*)

PLANUNG UND ANLAGE

Zeitbedarf
1
Tag

Werkzeug und Material

• Gartenschlauch oder Seil • Grabgabel • Spaten • Rechen • Knochenmehl • Dünger • Pfähle und Schnur • feine Erde • Rindenmulch

Die Zeitangabe bezieht sich auf eine Fläche von 4 × 2 m Größe.

1 *Markieren Sie die Form des Beets mit dem Gartenschlauch oder einem Seil. Legen Sie das neue Beet an und bereiten Sie den Boden vor* (siehe Seite 46).

2 *Kaufen Sie die Pflanzen. Lagern Sie sie bis zur Einpflanzung kühl und gut gewässert.*

3 *Setzen Sie den Haselnußbaum ein und binden Sie ihn an den Pfählen fest* (siehe Seite 33). *Pflanzen Sie anschließend den Purpurhartriegel, die Berberitze und den Wiesenknöterich ein. Breiten Sie den Efeu über die gesamte Fläche aus und bedecken Sie ihn alle 25–30 cm mit Erde. Pflanzen Sie die Alpenveilchen, Schneeglöckchen und die Winteriris im Herbst ein und bedecken Sie die Zwiebeln mit feiner Erde. Die Nerinen werden im Frühherbst oder im Frühling eingesetzt; die Spitze der Zwiebeln sollte gerade aus der Erde herausschauen.*

4 *Wässern Sie nach dem Einpflanzen ausgiebig. Bedecken Sie freie Stellen mit Rindenmulch.*

PFLEGE

- Schneiden Sie den Purpurhartriegel jedes Frühjahr bis auf den Grund zurück. Im Sommer, wenn er die Gruppe mit den Irispflanzen verdeckt, sollten Sie ihn etwas zurückschneiden.
- Jäten Sie regelmäßig Unkraut und mulchen Sie im Herbst oder Spätsommer. Wenn die bodenbedeckenden Pflanzen sich ausbreiten, kann das Unkrautjäten später weitgehend entfallen.
- Holen Sie die Rhizome vom Winteriris im Sommer oder Frühherbst heraus und teilen Sie sie (*siehe Seite 39*).

Ideen für schattige Beete und Rabatten

Blumenbeete in schattigen Lagen werden nie so bunt sein wie sonnenbeschienene Beete. Aber Sie können sich trotzdem einer reichen Vielfalt an Blüten- und Grünpflanzen erfreuen. Entscheiden Sie sich für kühle, beruhigende Farben wie Blau, Purpur und Grün.

Um die Illusion von mehr Helligkeit, als tatsächlich vorhanden ist, zu schaffen, gibt es einige Tricks: Wählen Sie Pflanzen mit blassen Blüten, streichen Sie Trennmauern mit einer hellen Farbe an, oder installieren Sie einen Spiegel, der das Licht reflektiert. Die richtige Pflanzenwahl ist ebenfalls wichtig: Kleine Arten mit fedrigen Blättern eignen sich besser als große und kompakte, denn sie wirken heller und aufgelockerter.

Die Fragen und Antworten auf diesen beiden Seiten zeigen Ihnen Möglichkeiten, wie Sie ihre Schattenbeete attraktiver bepflanzen können. Auf den folgenden Seiten finden Sie Beispiele mit Schritt-für-Schritt-Anleitungen und ausgewählte Pflanzen für Schattenplätze.

? *Haben Sie einen schattigen und feuchten Garten?*

Wählen Sie Pflanzen wie verschiedene Farnarten, die in diesem typischen Lebensbereich gedeihen. *Rechts:* Der Königsfarn liebt den feuchten und sauren Boden im Schatten der Bäume.

SIEHE *Beet für einen feuchten Standort, Seite 140.*

? *Wird Ihr Garten von einer Mauer zu stark beschattet?*

Hohe Abgrenzungen schützen zwar die Privatsphäre, aber sie nehmen den Pflanzen das Licht weg. Helle Mauern und Zäune oder Spiegel sorgen hier für mehr Licht. *Rechts:* Farne, Kletterpflanzen und Stechpalme reflektieren sich im Spiegel und optimieren die Lichtverhältnisse.
SIEHE *Lichtzauber im Schatten, Seite 142.*

? *Haben Sie einen großen Baum, unter dem nichts gedeihen will?*

Lichtmangel ist nicht das einzige Problem, denn die Baumwurzeln entziehen auch die Feuchtigkeit aus dem Boden. Mit Arten wie kleinen Waldpflanzen, die Schatten tolerieren, können Sie das Problem lösen.
SIEHE *Unterpflanzung eines Baums, Seite 138.*

Unterpflanzung eines Baums

Bodendecker für den Schatten

Ein Baum, vor allem ein schon recht großer, wirkt in einem Garten wie eine lebende Skulptur und bildet einen interessanten Blickpunkt. Er schafft ein Gefühl von Vollkommenheit und bietet Vögeln und anderen Tieren einen Lebensraum.

Ganz problemlos sind Bäume jedoch nicht. Pflanzen, die in ihrem Schatten leben, können wuchern, und der Rasen bekommt kahle Stellen. Außerdem entziehen Bäume dem Boden eine Menge Wasser und Nährstoffe. Reichern Sie den Boden deshalb mit Kompost oder organischem Dünger an, bringen Sie Langzeitdünger wie Knochenmehl aus und mulchen Sie etwa 7,5–10 cm tief, um die Bodenfeuchtigkeit zu erhalten. Wenn Ihr Baum zu viel Schatten wirft, sollten Sie die niedrigen Äste entfernen und das Blätterdach etwas auslichten. Die leicht erreichbaren Äste können Sie mit einer Bügelsäge selbst abschneiden; sonst sollten Sie professionelle Hilfe in Anspruch nehmen. Die beste Zeit, um große Äste zu entfernen, ist der Spätsommer oder Vorfrühling; Kirschbäume jedoch sollten im Sommer zurückgeschnitten werden.

Bodendecker, die im Schatten gedeihen – zum Beispiel Steinkraut und Kleines Immergrün – bedecken kahle Rasenstellen unter Bäumen und bilden einen Blütenteppich, der die Blicke auf sich zieht.

Schatten in Violett

Violett ist eine gute Wahl für schattige Plätze, da es mit dem Schatten zusammenfließt. Geben Sie etwas Weißblühendes und Buntblättriges dazu, um das Licht zu reflektieren. Wenn die Frostgefahr vorüber ist, pflanzen Sie Fleißige Lieschen ein. Setzen Sie im Herbst einige violette Krokusse ein, die im Frühling blühen und die Lücken füllen.

1 Purpurglöckchen (*Heuchera micrantha* 'Palace Purple')

PFLEGE

- Halten Sie den Bereich unkrautfrei. Wenn die Pflanzen groß sind und einen durchgehenden Teppich bilden, kann das Unkrautjäten reduziert werden.
- Gießen Sie das Beet an heißen Tagen, um den Wasserverlust durch die Baumwurzeln auszugleichen.
- Entfernen Sie Verwelktes und mulchen Sie im Herbst oder Frühling.

2 Fleißiges Lieschen (*Impatiens*) – eine weiße Sorte

3 Kleines Immergrün (*Vinca minor*)

PLANUNG UND ANLAGE

Zeitbedarf
1+
Stunden

Werkzeug und Material

Gartenschere • Bügelsäge • Baummesser • Grabgabel • Spaten • Rechen • Knochenmehl • organischer Dünger • Rinden- oder Kiesmulch

1 Falls nötig, werden kleine und dünne Äste, die am Stamm wachsen, mit einer scharfen Gartenschere herausgeschnitten. Achten Sie darauf, daß Sie dabei die Baumrinde nicht verletzen.

2 Die größeren Äste können mit Hilfe einer Bügelsäge entfernt werden. Sägen Sie den Ast in einiger Entfernung vom Stamm von unten her bis zur Mitte ein.

3 Dann sägen Sie ihn, nach außen versetzt, von oben halb ein und brechen den äußeren Teil ab.

4 Anschließend wird der verbliebene Stummel bündig am Stamm abgesägt; diese Arbeit ist jetzt viel einfacher, da der schwere Ast nicht mehr daran hängt.

5 Der Astring wird am Baum belassen. Die Wundränder werden mit einer Hippe (Baummesser) geglättet. Ein Wundverschlußmittel ist bei kleineren Wunden nicht nötig.

6 Lockern Sie vorsichtig die Erde um den Baum, um die Baumwurzeln nicht zu verletzen.

7 Reichern Sie den Boden an, indem Sie Knochenmehl und organischen Dünger ausbringen.

8 Kaufen Sie die Pflanzen. Wenn diese nicht sofort eingesetzt werden können, sollten sie kühl und gut gewässert aufbewahrt werden.

9 Setzen Sie die Pflanzen ein (siehe Seite 32) *und wässern Sie ausgiebig. Decken Sie den Boden mit Rindenmulch oder Kies ab.*

Beet für einen feuchten Standort
Eine Farnlandschaft

Befindet sich in Ihrem Garten eine schattige Ecke mit feuchtem Boden? Bepflanzen Sie den größten Teil davon mit Gewächsen, die unter diesen Bedingungen gut gedeihen. Waldfarne bilden durch ihr interessantes Aussehen den richtigen Kontrast zu hart wirkenden Oberflächen wie Steinen, Bodenbelägen und Mauern.

Farne gleichen das Fehlen von Blüten durch ihre sehr dekorativen Blätter und Wedel aus. Jedes Frühjahr entfalten sich neue frische Wedel und bilden wunderschöne üppige Büsche mit filigranen Federn wie beim Frauenfarn (*Athyrium filix-femina*). Die Wedel anderer Farne wie zum Beispiel des Hirschzungenfarns sind ungeteilt, groß und glänzend. Viele Farne sind sehr starkwüchsig und daher ausgezeichnete Bodendecker für Bereiche unter Bäumen und Sträuchern. Im Herbst werden viele Farne rostfarben. Andere wie der Weiche Schildfarn bleiben den ganzen Winter grün.

Die meisten Farne benötigen einen nährstoffreichen, feuchten Boden, obwohl einige Arten auch an trockenen Standorten gedeihen und sogar in schattigen Mauerspalten wachsen. Es gibt nur wenige Arten, die einen kalkfreien Boden brauchen, aber im allgemeinen sind Farne pflegeleichte Pflanzen, die mit etwas Aufmerksamkeit und Pflege selten unter Schädlingen und Krankheiten leiden.

Farn für einen sauren, neutralen oder kalkhaltigen Boden

Diese Farne, die für gewöhnlichen Gartenboden geeignet sind, fühlen sich – um einen gepflasterten, schattigen Bereich zwischen großen Steinen gepflanzt – sehr wohl. Grüppchen kleiner, frühblühender Zwiebelpflanzen, die neben den sich entwickelnden Farnwedeln wachsen, sorgen bereits früh im Jahr für einen attraktiven Anblick.

1 Pfauenradfarn (*Adiantum pedatum*)

2 Wurmfarn (*Dryopteris filix-mas*)

3 Straußfarn (*Matteuccia struthiopteris*)

Pflanzvariationen

Farne für einen kalkfreien Boden

Wenn Ihr Gartenboden sauer ist, dann können Sie Farne einpflanzen, die keinen Kalk mögen. Dazu gehört zum Beispiel der prächtige Königsfarn (*Osmunda regalis*). Damit eine so große Farnart richtig zur Geltung kommt, sollten Sie die Zahl der Nachbarpflanzen etwas reduzieren. Der Petersilienfarn (*Cryptogramma crispa*) und das Venushaar (*Adiantum venustum*) sind relativ kleine Pflanzen. Setzen Sie diese Farne anstelle der unten gezeigten Arten ein.

2 Petersilienfarn (*Cryptogramma crispa*)

3 Königsfarn (*Osmunda regalis*)

4 Venushaar (*Adiantum venustum*)

PLANUNG UND ANLAGE

Zeitbedarf
1
Tag

Werkzeug und Material

Grabgabel • Rechen • organischer Dünger • große Steine • Pflanzschaufel • gut zersetzter Kompost • Knochenmehl • Rindenmulch

Die Zeitangabe bezieht sich auf eine Fläche von 2 × 2 m Größe.

1 *Kennzeichnen Sie die Form des neuen Beets und bereiten Sie den Boden vor* (siehe Seite 46).

2 *Kaufen oder sammeln Sie große Steine und verteilen Sie diese so auf dem Boden, daß es natürlich aussieht.*

3 *Kaufen Sie die Pflanzen. Lagern Sie sie schattig und feucht, bis sie eingepflanzt werden können.*

4 *Plazieren Sie die Farne an den richtigen Stellen. Pflanzen Sie den großen Straußfarn zuerst. Anschließend werden die mittelgroßen Arten, – Wurmfarn, Weicher Schildfarn und Pfauenradfarn –, eingesetzt. Der kleine Rippenfarn kann eine noch vorhandene Lücke füllen.*

5 *In die Pflanzlöcher und um diese herum kommen noch Kompost und Knochenmehl, bevor sie mit Erde aufgefüllt werden.*

6 *Gießen Sie reichlich und decken Sie den Boden um jede Farnpflanze und den restlichen Boden mit Rindenmulch ab.*

6 Hirschzungenfarn
(*Asplenium scolopendrium*)

4 Weicher Schildfarn
(*Polystichum setiferum*)

5 Seefederrippenfarn
(*Blechnum penna-marina*)

PFLEGE

- Gießen Sie die Farne bei warmem Wetter regelmäßig. Der Boden sollte naß sein; aber vermeiden Sie Staunässe.
- Schneiden Sie die verwelkten Wedel im Herbst mit der Gartenschere zurück. Die immergrünen Arten werden im Frühling zurückgeschnitten, damit sich neue Triebe bilden können.
- Jäten Sie regelmäßig Unkraut.
- Entfernen Sie junge Farnwedel, die an falscher Stelle wachsen, damit das Beet immer attraktiv aussieht.
- Streuen Sie im Frühjahr um jede Pflanze etwas Knochenmehl und füllen Sie Rindenmulch nach. Sie können diese Arbeit auch im Herbst ausführen, bevor der erste Frost kommt.

Lichtzauber im Schatten

Das Spiegelbild

Mit Spiegeln läßt sich ganz leicht mehr Licht an einen schattigen Platz im Garten bringen. Außerdem wirkt Ihr Garten dadurch größer, und die Zahl der in der Nähe des Spiegels wachsenden Pflanzen scheint sich zu verdoppeln. So vermittelt ein Spiegel den Eindruck von üppigem Bewuchs. Die Illusion wird noch wirkungsvoller, wenn die umgebenden Mauern oder Zäune hell angestrichen sind. Trotzdem müssen Sie Gewächse auswählen, die im Schatten gedeihen. Denn das zusätzliche Licht kann die Wachstumsbedingungen nicht wesentlich beeinflussen.

Vor dem Spiegel setzen Sie am besten Pflanzen mit kleinen federartigen oder geteilten Blättern ein, damit Glas und Lichtreflexe hindurchblitzen können. Verzichten Sie auf dichte, buschige Pflanzen, die einen zu kompakten Hintergrund bilden. Die kahl wirkenden Ränder des Spiegels werden von Kletterpflanzen und Sträuchern bedeckt.

Bevor Sie einen Spiegel anbringen, probieren Sie aus, welcher Standort sich am besten dafür eignet. Beobachten Sie tagsüber die Lichtverhältnisse an der Stelle. Je nach Lichtreflexion können Sie entscheiden, ob eine Pflanze, ein Behälter oder sogar eine Gartenplastik die beste Wirkung vor dem Spiegel erzielt.

Helle, leuchtende Pflanzen für einen neutralen bis basischen Boden

Ein weißer Anstrich und Spiegel machen diese dunkle Hauswand freundlicher. Große Japanische Anemonen (Anemone × hybrida) und das Akanthusblatt mit seinen attraktiven Blüten sorgen für ein außergewöhnliches Spiegelbild.

1 Wilder Wein (*Parthenocissus tricuspidata*)

2 Akanthusblatt (*Acanthus mollis*)

3 Eichenblättrige Hortensie (*Hydrangea quercifolia*)

PFLEGE

- Wischen Sie den Spiegel einmal im Monat mit einem feuchten Tuch ab.
- Entfernen Sie die Blätter und Zweige, die den Spiegel völlig verdecken.
- Schneiden Sie die Anemonen und das Akanthusblatt nach der Blüte zurück.
- Die Beschichtung des Spiegels wird mit der Zeit blind werden. In diesem Fall sollten Sie den Spiegel erneuern.

4 Japanische Anemone (*Anemone × Hybrida*)

5 Aralie (*Fatsia japonica*)

6 Falsche Alraune (*Tellima grandiflora*)

7 Efeublättriges Alpenveilchen (*Cyclamen hederifolium*)

PLANUNG UND ANLAGE

Zeitbedarf
1+
Stunden

Werkzeug und Material

Stift • Wasserwaage • Spiegel mit vorgebohrten Löchern • Bohrmaschine • Dübel • Gummi-Dichtungsringe • Schrauben und Schraubenzieher

1 Säubern Sie die Wand oder den Zaun, an der oder an dem Sie den Spiegel anbringen wollen. Falls nötig, spachteln Sie alle Löcher zu und streichen alles mit einer hellen Farbe an.

2 Markieren Sie mit einem Stift und einer Wasserwaage an der Wand oder am Zaun, wo die Löcher für die Schrauben, entsprechend den Löchern des Spiegels, gebohrt werden sollen.

3 Bohren Sie die Löcher in die Wand oder in den Zaun und stecken Sie in jedes Loch einen Dübel. Kleines Bild: *Vor jedem Loch fixieren Sie einen Dichtungsring aus Gummi.*

4 Jede Schraube muß durch einen Gummi-Dichtungsring, den Spiegel und den bereits fixierten Dichtungsring an der Wand gesteckt werden. Dies verhindert, daß der Spiegel zerbricht.

5 Legen Sie das Beet an (siehe Seite 46) *und setzen Sie die Pflanzen ein.*

6 Gießen Sie ausgiebig.

THEMEN-GÄRTEN

Oase der Ruhe

In diesem ruhigen, japanisch anmutenden Garten umrahmen üppige Farnpflanzen, Funkien und ein rotblättriger Japanischer Ahorn den Teich, in dem Seerosen und andere Wasserpflanzen schwimmen.

KRÄUTER-GÄRTEN

Kräuter werden seit Jahrhunderten wegen ihrer kulinarischen, aromatischen, kosmetischen und heilenden Eigenschaften angebaut. Zudem gibt es eine Reihe von Kräutern mit schönen, aromatischen Blüten und Blättern, die diese Pflanzen zur Zierde jedes Gartens werden lassen.

Natürlich können Sie die Kräuter zu den Gewächsen in Ihren Beeten und Rabatten dazu pflanzen. Aber ein eigener Kräutergarten, auch wenn er noch so klein ist, bedeutet, daß die Kräuter an einem Ort schnell zur Hand sind. Außerdem bietet so ein Garten einen besonders hübschen Anblick. Denn viele Kräuter, die gemeinsam gut gedeihen, sehen auch nebeneinander gut aus, da sie in der Natur in ähnlichen Lebensräumen vorkommen.

Die Kräutergärten in diesem Kapitel bringen Ihnen einige der beliebtesten Küchen- und Heilkräuter näher. Weiter erfahren Sie, wie man Kräuter ganz leicht in Töpfen ziehen kann, aber auch, wie man ein Hochbeet für Kräuter anlegt, die lockere Erde ohne Staunässe bevorzugen. Sie können sicher sein, daß Sie etwas finden werden, was Ihren besonderen Anforderungen gerecht wird.

Das Kräuterparadies

Links: *Dieser Nutzgarten bietet auch einen reizvollen Anblick. Salbeibüsche und der Frauenmantel mit seinem Blütenschleier umsäumen den Weg, der zu einer Gruppe prächtiger purpurroter Lupinen führt.*

Beet für Küchenkräuter

Küchenkräuter rund um das Jahr

Mit der richtigen Auswahl an frischen Kräutern können Sie köstliche Gerichte zaubern. Aber nicht nur wegen des guten Geschmacks sollte man einen Kräutergarten anlegen: Viele Kräuter verschönern den Garten auch. Der Rosmarin ist zum Beispiel eine schöne, bläuliche Pflanze, die als Strauch eingepflanzt werden kann. Thymian eignet sich als Randbepflanzung, und Sie können ihn in Form schneiden oder wild wachsen lassen. Durch seine federartige Struktur eignet sich der Dill als Begleiter für hellere Pflanzen. Andere nützliche Kräuter wie Minze oder Basilikum sollten jedoch einzeln angebaut werden (*siehe Seite 150 und 154*).

Wenn möglich, sollte Ihr Kräutergarten von der Küche aus schnell erreichbar sein, und die Kräuter sollten nah beieinander wachsen. Dann müssen Sie nicht erst einen langen Weg durch die Blumenbeete zurücklegen, wenn Sie einmal einige Blätter oder Zweige für Ihre Suppe benötigen. Das Beet unten bietet Ihnen eine Auswahl der gebräuchlichsten Kräuter. Aber wenn Sie oder Ihre Familie andere Kräuter lieben, dann planen Sie den Platz dafür ein.

Ein Kräutergarten für das ganze Jahr

Ein sonniger Standort erfüllt die Grundbedürfnisse dieser Kräuterauswahl (Lorbeer, Rosmarin, Thymian und Petersilie). Andere beliebte Kräuter – Estragon, Salbei, Dill und Schnittlauch – vervollständigen dieses vielseitige Kräuterbeet. Ringelblume zählt zwar nicht zu den herkömmlichen Küchenkräutern, aber ihre orangefarbenen Blüten beleben das Beet. Umgeben wird das Ganze von einer niedrigen Thymianhecke.

4 Dill
(*Anethum graveolens*)

5 Rosmarin
(*Rosmarinus officinalis*)

3 Lorbeer
(*Laurus nobilis*)

2 Schnittlauch
(*Allium schoenoprasum*)

1 Thymian
(*Thymus vulgaris*)

Pflanzvariationen

Kräuter für den Sommersalat

Für einen schmackhaften Sommersalat können Sie folgende Kräuter verwenden: Pflanzen Sie anstelle von Lorbeer Zwergkapuzinerkresse ein. Ersetzen Sie den Rosmarin durch Rauke (Rucola). Anstelle von Salbei kommt Sauerampfer. Estragon, Ringelblume, Petersilie, Dill, Schnittlauch und Thymian bleiben, da sie fast unentbehrlich sind. Verwenden Sie die Blüten der Ringelblume, die Blüten und Blätter der Kapuzinerkresse und die Blätter der anderen Kräuter. Pflücken Sie einige Blätter von jeder Pflanze, hacken Sie sie klein und servieren Sie sie mit grünem Salat.

3 Zwergkapuzinerkresse (*Tropaeolum majus* 'Peach Melba')
5 Rauke (*Eruca vesicaria*)
8 Sauerampfer (*Rumex acetosa*)

6 Estragon
(*Artemisia dracunculus*)

7 Ringelblume
(*Calendula officinalis*)

8 Salbei
(*Salvia officinalis*)

9 Petersilie
(*Petroselinum crispum*)

PLANUNG UND ANLAGE

Zeitbedarf
1
Tag

Werkzeug und Material

Grabgabel • Rechen • Sand (nur für Tonböden) • Knochenmehl • Dünger oder Gartenkompost • Gießkanne oder Gartenschlauch • Rindenmulch

1 Stecken Sie den Platz für das Beet ab und bereiten Sie es für das Einpflanzen vor (siehe Seite 46). *Wenn Ihr Garten einen schweren Boden hat, mischen Sie etwas Sand darunter, um die Durchlässigkeit zu verbessern – viele Kräuter mögen keinen nassen Boden.*

2 Kaufen Sie die Pflanzen. Falls diese nicht sofort eingesetzt werden können, bewahren Sie sie an einem schattigen Ort auf und wässern Sie sie.

3 Lorbeer und Rosmarin werden zuerst eingepflanzt, dann folgen die anderen Kräuter. In die Pflanzlöcher werden vorher Knochenmehl und Dünger oder Kompost eingearbeitet. Die Ringelblumen können Sie da einsetzen, wo Sie Platz finden. Umpflanzen Sie das Ganze mit Thymian.

4 Wässern Sie anschließend ausgiebig und legen Sie Rindenmulch auf.

PFLEGE

- Halten Sie das Beet unkrautfrei, und gießen Sie es regelmäßig.
- Generell sollen Kräuter nicht blühen, da sie sonst ihre ganze Energie für die Samenproduktion benötigen. Zwicken Sie die Blüten regelmäßig ab. Bei Kräutern wie Lorbeer, Rosmarin und Salbei spielt es keine Rolle, wenn diese blühen. Aber wenn Sie die Pflanze erhalten wollen, müssen Sie die Blätter vor der Blüte abernten. Die Ringelblume soll sogar blühen, aber entfernen Sie Verwelktes regelmäßig.
- Schneiden Sie die Thymianhecke im Spätfrühling und Sommer zurück, damit sie niedrig bleibt, aber kräftig nachwächst.

Beet für wuchernde Kräuter

Minzbeet

Die Minze-Arten wuchern zum Teil so stark, daß sie ihre Beetnachbarn schnell verdrängen, und kein Gärtner wünscht sich so etwas in seinem Kräuterbeet. Aber die Minze ist eine sehr nützliche Pflanze, und man sollte im Garten auf keinen Fall auf sie verzichten.

Es gibt eine Reihe von Möglichkeiten, das übermäßig starke Wachstum in Grenzen zu halten. Sie können im Beet einen Eimer ohne Boden in die Erde einsetzen und diesen mit Minze bepflanzen, so daß die Wurzeln sich seitlich nicht ausbreiten können. Wenn die Minze schon eingepflanzt ist, und Sie wollen das Ausbreiten eingrenzen, dann stecken Sie zwischen den einzelnen Pflanzen Dachziegel in die Erde, so daß diese sich überlappen und keine Lücken aufweisen.

Eine weitere Möglichkeit sehen Sie unten: ein Beet nur für verschiedene Minze-Arten. Hier können die Pflanzen gedeihen, ohne andere weniger wuchsstarke Gewächse zu verdrängen. Die Minze wächst im normalen Gartenboden und braucht keine pralle Sonne.

Alles Minze!

Dieses Minzbeet ist in einem schmalen, leicht schattigen Streifen entlang eines gepflasterten Weges angelegt. Die verschiedenen Minze-Arten wachsen nebeneinander, nur die Korsische Minze hat sich in den Fugen der Bodenplatten ausgebreitet. Die Pflanzen sind symmetrisch angeordnet. Die Pfefferminze ist die höchste Art und bildet den Mittelpunkt des Beetes. Kleine buschige Edelminzen sorgen auf beiden Seiten für Kontrast. Die Pfefferminze und die Buntblättrige Minze bilden jeweils den Abschluß.

1 Pfefferminze (*Mentha × piperata*)

2 Korsische Minze (*Mentha requienii*)

3 Krause Minze (*Mentha spicata* 'Crispa')

4 Edelminze (*Mentha × gracilis*), hier blühend im Sommer

5 Buntblättrige Minze (*Mentha suaveolens* 'Variegata')

PLANUNG UND ANLAGE

Zeitbedarf
1
Stunde

Werkzeug und Material

• Grabgabel • Spaten • Rechen • Knochenmehl • Dünger • Pflanzschaufel • Gießkanne oder Gartenschlauch • Rindenmulch

1 Kaufen Sie die Pflanzen. Wenn die Pflanzen nicht sofort eingesetzt werden können, sollten sie in der Zwischenzeit schattig und gewässert gelagert werden.

2 Bereiten Sie das Beet vor (siehe Seite 46)*, geben Sie Knochenmehl und Dünger dazu. Setzen Sie die Korsische Minze in die Plattenfugen oder am Rand ein.*

3 Plazieren Sie die restlichen Minze-Arten erst einmal auf den vorgemerkten Stellen, und wenn das Ergebnis Ihnen gefällt, können Sie sie einpflanzen (siehe Seite 32)*. Gießen Sie ausgiebig und legen Sie etwa 5 cm hoch Rindenmulch auf.*

PFLEGE

Falls eine der Minze-Arten stärker als die anderen wachsen sollte, können Sie diese vorsichtig ausgraben und in einen Eimer mit Abflußlöchern im Boden einsetzen. Die Erde sollte etwa 2,5 cm unter dem Eimerrand aufhören. Anschließend wird der bepflanzte Eimer wieder in den Boden versenkt. Dadurch können sich die Wurzeln nicht im ganzen Beet ausbreiten.

- Pflücken Sie die Blätter regelmäßig ab. Sie können die ganzen Blätter verwenden oder kleinschneiden und mit Wasser Eiswürfel herstellen, um damit Gerichte und Soßen zu verfeinern.
- Schneiden Sie die Minzen im Herbst bis auf den Grund zurück.
- Graben Sie im Herbst die stark gewachsenen Pflanzen aus, teilen Sie sie und setzen Sie sie wieder ein.
- Gießen und jäten Sie regelmäßig.

Kräuter für durchlässigen Boden

Ein Kräuter-Hochbeet

Wenn Sie Ihre eigenen Kräuter haben wollen zum Kochen, für den Haushalt, für Kosmetika oder als Heilmittel – dann legen Sie ein Hochbeet an. In weiten und flachen Bereichen wie Rasen oder Einfahrten sind Hochbeete besonders wirkungsvoll.

Ein Hochbeet eignet sich vor allem für solche Kräuter, die Staunässe nicht mögen, denn unter dem Beet kann das Wasser gut abfließen. Ein Hochbeet ist eine Art von Behälter. Legen Sie auf den Beetboden eine etwa 7,5 cm hohe Drainageschicht aus Kies oder Tonscherben auf, bevor Sie die Erde einfüllen; so kann das Wasser einfach abfließen.

Für das hier vorgestellte Hochbeet wurden alte Eisenbahnschwellen verwendet. Sie können aber auch neue Holzplanken in beliebiger Größe im gut sortierten Holzfachhandel kaufen. Wenn Sie für die Umrandung 25 cm breite Balken nehmen, können Sie sich später an den Beetrand setzen und die herrlichen Düfte der aromatischen Pflanzen einatmen.

Wählen Sie Pflanzen aus, die intensiv riechen, damit Sie sich jedes Mal beim Vorbeigehen ihres Aromas erfreuen können. Rosmarin, Lavendel und Thymian zum Beispiel eignen sich gut für ein Hochbeet.

Kräuterbeet in Violett, Blau und Weiß

Der hohe Borretsch mit leuchtend blauen Blüten und die weißblütige Nachtviole bringen Farbe in das Beet aus Rosmarin, Salbei und Thymian. Borretsch und Nachtviole säen sich jedes Jahr selbst aus. Die anderen Kräuter sind ausdauernd.

1 Rosmarin
(*Rosmarinus officinalis*)

2 Borretsch
(*Borago officinalis*)

3 Gewöhnliche Nachtviole (*Hesperis matronalis* 'Alba Plena')

4 Gartenthymian (*Thymus vulgaris* 'Silver Posie')

PLANUNG UND ANLAGE

Zeitbedarf **1/2** Tag

Werkzeug und Material

Alte Eisenbahnschwellen oder Holzplanken 12,5 × 25 cm in gewünschter Länge • spitze Holzpflöcke 5 × 5 × 45 cm • Gummihammer • 5 cm lange verzinkte Nägel • Hammer • Tonscherben • Substrat • Handschaufel • Gießkanne oder Gartenschlauch • Kies • Rechen

1 Machen Sie einen Entwurf und rechnen Sie aus, wieviel Holz Sie brauchen. Lassen Sie die gewünschte Länge zuschneiden.

2 Legen Sie die Balken so aufeinander, daß sie an den Ecken versetzt sind, um einen stabileren Aufbau zu erhalten.

3 Schlagen Sie die Holzpflöcke an der Innenseite an jeder Ecke ein, bis sie auf Höhe der Balken sind.

4 Nageln Sie die Holzpflöcke an der Innenseite des Hochbeets fest.

5 Legen Sie eine 7,5 cm hohe Schicht Tonscherben zuunterst und bedecken Sie das Ganze mit Substrat.

6 Setzen Sie die Pflanzen ein (siehe Seite 32). *Gießen Sie ausgiebig. Rechen Sie um das Beet herum ein wenig Kies glatt.*

5 Salbei (*Salvia officinalis* 'Purpurascens')

PFLEGE

- Halten Sie das Beet unkrautfrei und gießen Sie regelmäßig.
- Schneiden Sie im Frühjahr oder Sommer die wuchernden Triebe von Rosmarin, Salbei und Thymian zurück.
- Schneiden Sie Verblühtes der Nachtviole ab, um die Blühtätigkeit anzuregen. Lassen Sie einige Blüten Samen bilden, damit Sie nächstes Jahr neue Pflanzen haben.
- Entfernen Sie im Herbst den Borretsch und die Nachtviole.

Kräuter in Töpfen

Topf mit Basilikum

Obwohl die meisten Küchenkräuter mit relativ wenig Pflege im Garten wachsen werden können, erforden einige mehr Sorgfalt. Das Basilikum ist ein solch zartes Pflänzchen. Ursprünglich stammt es aus Indien, wo es kalte und nasse Sommer nicht gibt. In gemäßigten Zonen geht es, wenn Temperatur und Bodenverhältnisse nicht stimmen, leicht ein. Das Problem können Sie lösen, wenn Sie Ihr Basilikum im Topf ziehen und das Gefäß ins Haus tragen, wenn es draußen kalt wird.

Basilikum gibt es in verschiedenen Sorten: z.B. die rotblättrige Sorte, die buschig wachsende Varietät mit den kleinen Blättern, die krausblättrige Sorte 'Green Ruffles' und das Genueser Basilikum, bekannt für sein Aroma. Probieren Sie einige Sorten aus, um herauszufinden, welche Sie lieber mögen. Aber für alle Basilikumsorten gilt gleichermaßen: Sie lieben feuchten, gut durchlässigen Boden. Füllen Sie deshalb ausreichend Drainagematerial in die Kräutertöpfe ein.

Drei in einem

Das Genueser Basilikum in der Mitte ist die höchste von den drei hier verwendeten Sorten und verleiht dem Arrangement die nötige Höhe. Auch wird es in der Küche am häufigsten benützt. Es wird von der niedrigen, buschig wachsenden Sorte und dem rotblättrigen Basilikum umgeben. Die rotblättrige Varietät bildet zu den beiden anderen einen ungewöhnlichen Farbkontrast.

1 Genueser Basilikum (*Ocimum basilicum* 'Genovese')

2 Buschiges Basilikum (*Ocimum basilicum* var. *minimum*)

3 Rotblättriges Basilikum (*Ocimum basilicum* 'Purpurascens')

PLANUNG UND ANLAGE

Zeitbedarf
1+
Stunden

Werkzeug und Material

Gefäß • Kies, Kieselsteine oder Tonscherben • Topferde • Tonminerale • Langzeitdünger • Gießkanne

1 Geben Sie auf den Topfboden eine Drainageschicht aus Kies, Kieselsteinen oder Tonscherben.

2 Füllen Sie Topferde in das Gefäß; mischen Sie die Tonminerale und den Langzeitdünger nach Herstellerangaben unter das Substrat.

3 Setzen Sie das Genueser Basilikum in die Mitte des Topfes. Die rotblättrige Sorte kommt nach vorne und nach hinten und das buschige Basilikum an die Seiten.

4 Wässern Sie ausgiebig. Bei frostfreiem Wetter kann der Topf draußen stehen. Sonst gehört er ins Haus, an einen sonnigen und nicht zu trockenen Platz.

PFLEGE

Zwicken Sie die Triebspitzen des Basilikums regelmäßig ab, damit die Pflanze buschig wächst. Die abgezwickten Blätter können Sie in der Küche verwenden.

- Halten Sie den Topf feucht, aber vermeiden Sie Staunässe.
- Tragen Sie den Topf an kalten Tagen ins Haus.

Topf mit Petersilie

Petersilie zählt zu den Küchenkräutern, die in keiner Küche fehlen dürfen. Sie kann zwar problemlos im Garten wachsen, aber in einem Gefäß können Sie Petersilie im Herbst ins Haus bringen und den ganzen Winter ziehen. In diesem ungewöhnlichen Topf wurde Petersilie zusammen mit Tagetes gepflanzt. Tagetes schützen vor Schädlingen wie der Weißen Fliege und beleben den Topf mit ihrer leuchtenden Farbe.

1 Tagetes (*Tagetes patula* – orangebraune Sorte)

2 Krausblättrige Petersilie (*Petroselinium crispum*)

Kräuter für den Haushalt

Die Kräuterecke

Bei Kräutern denkt man zuerst an kulinarische Genüsse, doch diese Pflanzen sind sehr vielseitig einsetzbar: Sie können als köstliche Kräutertees, zur Seifenherstellung, als natürliche Farbstoffe und Insektenschutzmittel oder einfach als dekoratives Potpourri verwendet werden. Viele von ihnen sind auch medizinisch sehr wertvoll, aber Sie sollten doch zuerst zum Arzt gehen, bevor Sie sich mit Kräutern auskurieren.

In dem unten gezeigten Kräuterbeet finden sich Kräuter aus allen genannten Bereichen. Sie sehen vor allem deshalb so reizvoll aus, weil sie alle, mit Ausnahme von Lavendel, zur gleichen Familie gehören (Korbblütler) und eine Einheit bilden. Der Lavendel schafft hier einen Kontrast in Farbe, Form und Struktur. Tips zur Ernte dieser Kräuter und Verwendungsvorschläge finden Sie auf der nächsten Seite.

Kräuter in Silber, Blau und Gelb

Beifuß und Heiligenkraut (beides gute Insektenmittel) breiten sich hier üppig um die Lavendelpflanzen (für Duftkissen, gegen Motten und Stubenfliegen, gegen Kopfschmerzen) aus. Die Färberkamille sorgt im Hintergrund für die richtige Höhe und kann als gelber Farbstoff für Gewebe verwendet werden. Aus den Blüten der niedrigen Römischen Kamille läßt sich ein Tee zubereiten, der nach schwerer Gartenarbeit entspannend wirkt.

1 Färberkamille (*Anthemis tinctoria*)

2 Beifuß (*Artemisia pontica* 'Powis Castle')

3 Römische Kamille (*Chamaemelum nobile*)

4 Heiligenkraut (*Santolina chamaecyparissus* 'Lemon Queen')

Ernte und Anwendung der Kräuter

Römische Kamille
Aus den Blüten können Sie einen Tee zubereiten. Ernten Sie im Sommer ab, wenn die Kamille aufblüht. Geben Sie eine halbe Tasse mit Blütenköpfen in eine Teekanne und gießen Sie mit kochendem Wasser auf; nach fünf Minuten Ziehen gießen Sie den Tee durch ein Sieb. Auch Minze, Fenchel und Geißblatt-Blüten können auf diese Weise zubereitet werden.

Heiligenkraut
Es vertreibt die Kleidermotte. Schneiden Sie im Sommer Zweige mit Blättern und Blüten ab, binden Sie sie zusammen und hängen Sie die Sträuße an einem warmen Platz auf, bis sie trocken sind. Geben Sie eine Handvoll Blätter und Blüten in ein kleines Stoffbeutelchen. Auch mit Lavendel und Beifuß (*siehe unten*) können Sie ähnlich verfahren.

Färberkamille
Damit können Sie Stoffe aus Naturmaterialien färben. Ernten Sie die Blüten im Sommer ab. Hacken Sie sie klein und geben Sie sie in einen Musselinbeutel, den Sie in einer Schale mit heißem Wasser aufgießen und über Nacht ziehen lassen. Dann gießen Sie den Sud und den Beutel in einen Topf und lassen das Ganze etwa eine Stunde lang kochen. Werfen Sie den Beutel weg. Geben Sie den zu färbenden Stoff eine weitere Stunde in die kochende Flüssigkeit und rühren Sie dabei ständig um. Nach dem Abkühlen entnehmen Sie den Stoff und spülen ihn nach, bis das Wasser klar ist. Eine letzte Spülung erfolgt in heißem Salzwasser, wodurch die Farbe fixiert wird. Sie sollten den gefärbten Stoff später getrennt von der anderen Wäsche in kaltem Wasser waschen, falls die Farbe herausgehen sollte. Auch andere Pflanzen wie Mädesüß (schwarze Farbe), Sauerampfer (rosa Farbe) und Holunder (Purpurfarbe) lassen sich auf gleiche Weise verwenden.

Lavendel
Er vertreibt Stubenfliegen, Motten und andere Insekten. Schneiden Sie die Blütenstände ab, sobald sie aufblühen. In getrocknetem Zustand läßt sich der Lavendel ähnlich verwenden wie das Heiligenkraut. Auch Beifuß (*siehe unten*) können Sie auf diese Weise einsetzen.

Beifuß
Er ist gegen die Kleidermotte und andere Insekten wirksam. Pflücken Sie die Blätter und die Blüten im Sommer ab. In getrocknetem Zustand können Sie ihn ähnlich wie das Heiligenkraut verwenden.

5 Lavendel
(*Lavandula angustifolia* 'Hidcote')

PLANUNG UND ANLAGE

Zeitbedarf
1+
Stunden

Werkzeug und Material

Grabgabel • Rechen • Kompost oder Dünger • Pflanzschaufel • Rindenmulch

1 Kaufen Sie die Pflanzen. Falls diese nicht sofort eingepflanzt werden können, sollten sie an einem schattigen Ort und gewässert aufbewahrt werden.

2 Bereiten Sie das Beet vor (siehe Seite 46) *und setzen Sie die Pflanzen ein. Fangen Sie hinten an und arbeiten Sie sich nach vorne.*

3 Wässern Sie ausreichend und legen Sie dann eine Schicht Rindenmulch auf.

Pflanzvariationen

Kräuter in Gold

Setzen Sie anstelle des Heiligenkrauts eine Goldkamille ein – ein Aufguß dieser Pflanze wirkt antibakteriell und kann zur Bodenreinigung in Küche und Bad verwendet werden. Ersetzen Sie die Römische Kamille durch die Garbe, die für den Kompost gut ist und die Zersetzung beschleunigt. Pflanzen Sie statt der Färberkamille Bunte Margeriten ein – die getrockneten, zerriebenen Blütenköpfe können als Insektizid gegen Blattläuse, Ameisen, Wanzen, Küchenschaben, Fliegen, Mücken und Spinnmilben eingesetzt werden. Tauschen Sie den Lavendel gegen Rainfarn aus, er vertreibt Ameisen und Mäuse. Der Beifuß bleibt als Mittelpunkt des Kräuterbeetes.

1 Bunte Margeriten (*Tanacetum coccineum*)
3 Garbe (*Achillea* 'Coronation Gold')
4 Goldkamille (*Tanacetum parthenium* 'Aureum')
5 Rainfarn (*Tanacetum vulgare*)

PFLEGE

- Gießen Sie regelmäßig und entfernen Sie das Unkraut.
- Bringen Sie im Herbst das Beet in Ordnung und bringen Sie eine Schicht Kompost oder Naturdünger aus.

NATUR-GÄRTEN

Sie können einen schönen Beitrag zum Umweltschutz leisten, wenn Sie einen Teil Ihres Gartens mit heimischen Wildblumen bepflanzen. Damit bieten Sie nicht nur geschützten Pflanzen eine Heimat, sondern locken auch Tiere an, die Nahrung und Schutz suchen. Ein zusätzlicher Vorteil für den Freizeitgärtner ist, daß Wildblumen in der Regel weniger herkömmliche Pflege benötigen als Zier- oder Nutzgärten.

Holen Sie sich die heimischen Pflanzen niemals aus der Natur. Sehen Sie sich um, was in Ihrer Gegend alles wächst, und kaufen Sie die entsprechenden Samen oder Pflanzen im Gartencenter oder bestellen Sie per Katalog. Dieses Kapitel benennt Ihnen Pflanzen, die sich in unterschiedlichsten Lebensräumen wohl fühlen, – von einem heißen, trockenen Standort bis zur gemäßigten Wildblumenwiese.

Blühende Wildnis

Links: *In dieser Mischung aus Gartenpetersilie, rotem Mohn und Gräsern finden Schmetterlinge, Bienen und andere Tiere ihren Lebensraum.*

Wiese mit Wildblumen

Rasen mit Frühlingsblumen

Es gibt kaum einen schöneren Anblick als eine Wiese mit bunten Wildblumen. Wenn Sie einen Teil Ihres Rasens, wenn nicht sogar den ganzen Rasen, in eine Blumenwiese verwandeln, können Sie damit einigen selten gewordenen Pflanzen die Möglichkeit bieten, sich in Ihrem Garten anzusiedeln. Außerdem kommen Vögel und andere Tiere häufiger zu Besuch.

Pflanzen (oder säen) Sie Ihre Wildblumen an grasfreien Stellen ein und mähen Sie nicht mehr, damit diese Kolonien bilden können. Wenn Ihr Rasen üppig wächst, sollten Sie ihn etwas reduzieren, um anderen Wiesenpflanzen Platz zu schaffen. Hören Sie ein Jahr, bevor Sie die Wildpflanzen einsetzen, mit dem Düngen auf, und geben Sie keine Unkrautmittel mehr zu. Mähen Sie wie gewöhnlich.

Eine Frühlingswiese wie die hier gezeigte darf das erste Mal Mitte Sommer nach der Samenbildung gemäht werden. Bei Sommerwiesen sollte das Gras bis zum Spätfrühling etwa 7,5 cm hoch sein und danach nicht mehr gemäht werden, damit die Pflanzen sich entwickeln können. Im Herbst nach der Blüte können Sie wieder mähen.

Wiesenzauber

Ein gemähter Rasenweg führt zu einer rustikalen Gartenbank, die von Vorfrühling bis Frühsommer von herrlichen Pflanzen umgeben ist. Gruppen blauer, weißer und rosafarbener Blumen umsäumen den Weg; leuchtend gelbe Butterblumen hinter der Bank hellen das Ganze auf. Im Hintergrund ist das Laub der Wilden Narzissen, die als erstes blühen, zu sehen.

1 Wilde Narzisse (*Narcissus pseudonarcissus*)

2 Butterblume (*Ranunculus acris*)

3 Wiesenschaumkraut (*Cardamine pratensis*)

4 Gewöhnliches Leimkraut (*Silene vulgaris*)

5 Gamander-Ehrenpreis (*Veronica chamaedrys*)

PLANUNG UND ANLAGE

Zeitbedarf

1/2

Tag

Werkzeug und Material

• Pflanzschaufel oder Zwiebelpflanzer • kleine Grabgabel
• Gießkanne mit kleinen Gießlöchern

1 Mindestens ein Jahr vor der Umgestaltung Ihres Rasens sollten Sie keinen Dünger und kein Unkrautmittel mehr verwenden. Bei einem guten Rasen können Sie ruhig weiter mähen. Aber entfernen Sie den Grasabfall, da dieser sonst dem Boden Nährstoffe zuführen würde.

2 Kaufen Sie einige Wildpflanzen oder ziehen Sie sie aus Samen in Töpfen heran. Wählen Sie einheimische Arten aus. Aber graben Sie niemals in Naturwiesen Wildpflanzen aus oder holen dort Ihren Samen.

3 Verwenden Sie eine Pflanzschaufel oder einen Zwiebelpflanzer, um die Erde ein Stück zu heben (siehe Seite 31). *Plazieren Sie jede Pflanze und gießen Sie kräftig.*

4 Lockern Sie mit einer kleinen Grabgabel die Erde von kahlen Stellen im Rasen auf und streuen Sie Samen von Wildblumen aus. Gießen Sie, vor allem an heißen Tagen, mit einer Gießkanne mit sehr kleinen Gießlöchern.

PFLEGE

Schneiden Sie das Gras ab Mitte Sommer mit einer Sichel oder Grasschere. Ab Spätherbst kann der Rasen wieder regelmäßig gemäht werden.

Lassen Sie das Mähgut an der Sonne trocknen, bevor Sie es zusammenrechen.

• Falls Ihr Rasen einige kahle Stellen aufweist, können Sie hier Wildblumen wie Mohn oder Kornrade aussäen. Lockern Sie die Erde vor der Aussaat mit einer kleinen Grabgabel auf; legen Sie anschließend etwas Maschendraht auf die Stelle, damit Vögel und andere Tiere nicht an die Samen herankommen. Wenn die Jungpflanzen etwas größer sind, kann der Draht entfernt werden.

Wildblumen locken Insekten an

Ein nektarreicher Behälter

Viele Gartenliebhaber haben den Wunsch, Schmetterlinge, Bienen und andere Insekten in den Garten zu locken. Diese Tiere faszinieren den Betrachter und locken ihrerseits Vögel und kleine Säugetiere an.

Insekten wie Schmetterlinge und Bienen sind Blütenbesucher und produzieren süßen Nektar. Es müssen nicht unbedingt Wildblumen sein, Insekten gehen auch auf viele Kulturpflanzen. Beliebte Sträucher wie der Schmetterlingsstrauch (*Buddleia davidii*), Lavendel und Majoran ziehen viele Schmetterlingsarten förmlich an.

Wenn Sie nur wenig Platz haben, können Sie einen Behälter mit nektarreichen Gewächsen bepflanzen. Stellen Sie das Gefäß an einen sonnigen und geschützten Platz, denn Schmetterlinge lieben es windstill, und Sonne ist für die meisten Blütenpflanzen günstiger als Schatten. Ideal ist ein großer Container, in dem ein Mini-Lebensraum entstehen kann und der unbearbeitet und natürlich aussieht, wie zum Beispiel ein Steintrog. Wenn Sie keinen alten Behälter bekommen, streichen Sie einen neuen Betontrog mit einer wässrigen Düngerlösung, damit Moose und Flechten darauf wachsen können und so den Alterungsprozeß beschleunigen.

Alles in Rosa

Dieser verwitterte Betontrog – bepflanzt mit nektarreichen, rosa- und purpurfarbenen Blütenpflanzen – lockt den ganzen Sommer über Schmetterlinge, Bienen und andere Insekten an. Die Purpurfetthenne ist die höchste Pflanze dieser Komposition. Die graugrüne Farbe der Blätter und das Rosa der Blüten finden sich in den Federnelken im Vordergrund wieder. Vor dem rosafarbenen Storchschnabel wuchert der purpurrote Kriechende Thymian.

1 Fetthenne
(*Sedum spectabile* 'Brilliant')

2 Federnelke
(*Dianthus plumarius*)

Pflanzvariationen

Komposition in Gelb und Orange

Blumen locken Insekten durch ihre Farbe genauso an wie durch ihren Duft. Eine neue Farbzusammenstellung in Orange und Gelb wird Schwebfliegen anziehen, deren Larven Blattläuse fressen und damit nützlich für die Schädlingsbekämpfung sind. Anstelle der Fetthenne können Sie eine gelbblühende Nachtkerze einpflanzen. Ersetzen Sie die Nelken durch orangefarbene Tagetes, den Thymian durch gelbes Steinkraut und den Storchschnabel durch Scharfen Mauerpfeffer.

1 Nachtkerze (*Oenothera perennis*)
2 Tagetes (*Tagetes patula*)
3 Scharfer Mauerpfeffer (*Sedum acre*)
4 Steinkraut (*Aurinaria saxatile*)

3 Blutroter Storchschnabel
(*Geranium sanguineum* var. *striatum*)

4 Kriechender Thymian
(*Thymus praecox*)

PLANUNG UND ANLAGE

Zeitbedarf
1/2
Tag

Werkzeug und Material

Behälter • Tonscherben • Kompost • langsam wirkendes Düngergranulat • wasserspeicherndes Granulat • Pflanzschaufel • Gießkanne • Kiesmulch

1 Stellen Sie den Behälter an einen sonnigen Standort, und achten Sie darauf, daß das überschüssige Wasser durch das Drainageloch abfließen kann. Falls nötig, plazieren Sie das Gefäß auf Holzklötzen, damit das Wasser rasch ablaufen kann.

2 Kaufen Sie die Pflanzen. Falls sie nicht gleich eingesetzt werden können, bewahren Sie sie an einem schattigen Ort und bewässern Sie sie ausreichend.

3 Belegen Sie den Boden des Behälters vor dem Bepflanzen mit einer Schicht Tonscherben; dies dient als Drainage. Fügen Sie den Dünger und das wasserspeichernde Granulat nach Anleitung des Herstellers zum Kompost hinzu (siehe Seite 30).

4 Gießen Sie reichlich und streuen Sie Kiesmulch auf die Erde.

PFLEGE

- Achten Sie darauf, daß der Trog bewachsen und ausreichend feucht ist.
- Falls nötig, füllen Sie Kies nach.
- Schneiden Sie Verwelktes und Unerwünschtes ab.
- Entfernen Sie Verblühtes sofort, um neues Blütenwachstum zu fördern. Die Fetthenne kann den Winter über im Trog bleiben, da sie auch vertrocknet sehr dekorativ aussieht.

Wildblumen für trockenen Standort

Der Präriegarten

Wenn Ihr Garten im Sommer viel Sonne bekommt und einen trockenen Standort hat, Sie aber eine natürlich aussehende, wenig pflegebedürftige Bepflanzung bevorzugen, dann sollten Sie ihn in eine Prärielandschaft verwandeln. In einem solchen Garten herrschen, wie in den »Prärien« auch, Grasarten und lebhafte, ausdauernde Pflanzen vor. Sie werden in weitläufigen Gruppen eingesetzt. Verwenden Sie nur die Hälfte an Dünger, der sonst bei der Anlage von neuen Beeten ausgebracht wird; denn in einem nährstoffreichen Boden wächst auch viel Unkraut. Kieselsteine und ein felsiger Weg schaffen die richtige Atmosphäre. Der hier gezeigte Pflanzvorschlag würde entlang eines sonnigen Kiesweges sehr gut aussehen.

Ein Teil der Faszination liegt auch darin, wie ein solcher Garten im Laufe der Jahre wächst. Anders als in den meisten Gärten, wo regelmäßig Unkraut gejätet werden muß, das anderen Pflanzen Platz, Wasser und Nährstoffe streitig macht, können die Gewächse hier eigentlich sich selbst überlassen werden (*siehe PFLEGE*). Innerhalb von wenigen Jahren werden Gruppen von Wildgräsern und -blumen den größten Teil der Erde bedeckt haben.

Ein Meer von Gold und Violett

Hier gedeihen Gräser und starkwüchsige Stauden mit goldenen und violetten Blüten in einem Beet, das mit Kieselsteinen bedeckt ist. Diese und die flachen Steine, die in größeren Abständen um das Beet herum plaziert wurden, spiegeln den Lebensraum Prärie wider, in dem diese Pflanzen ursprünglich wachsen.

1 Alpendistel (*Eryngium agavifolium*)

2 Seidenpflanze (*Asclepias tuberosa*)

3 Prachtspiere (*Liatris spicata*)

PFLEGE

- Im ersten Jahr nach der Anlage sollte das Beet unkrautfrei sein. Später kann das Unkrautjäten reduziert werden. Haben sich die Pflanzen richtig eingelebt, können Sie sie weitgehend sich selbst überlassen. Trotzdem sollten Sie hartnäckige Unkrautarten wie Quecke, Löwenzahn und Winde immer wieder entfernen.
- Im Spätsommer, wenn die Blütezeit vorbei ist, werden die Pflanzen mit einer Sense bis auf den Grund zurückgeschnitten. Erledigen Sie diese Arbeit an einem trockenen Tag, damit sich das Schnittgut leicht entfernen läßt.

PLANUNG UND ANLAGE

Zeitbedarf
1
Tag

Werkzeug und Material

Grabgabel • Rechen • Spaten • Steine • Kompost, Naturdünger oder Knochenmehl • Gartenschlauch oder Gießkanne • Kies oder Kieselsteine

1 *Kaufen Sie die Pflanzen. Falls sie nicht sofort eingepflanzt werden, lagern Sie sie schattig und gewässert.*

2 *Bereiten Sie den Boden gründlich vor* (siehe Seite 46) *und legen Sie die Steine auf, um einen natürlich aussehenden Weg durch die »Prärie« zu gestalten.*

3 *Setzen Sie die Pflanzen ein und geben Sie in die Pflanzlöcher die halbe Menge an Kompost, Dünger oder Knochenmehl als sonst.*

4 *Gießen Sie ausgiebig. Legen Sie eine lockere Schicht von Kies oder Kieselsteinen auf, um das natürliche Aussehen einer Prärielandschaft zu vervollständigen.*

4 Mädesüß
(*Filipendula rubra*)

5 Rasenschmiele
(*Deschampsia caespitosa* 'Golden Veil')

6 Herbstaster
(*Aster × frickartii* 'Mönch')

7 Rutenhirse
(*Panicum virgatum*)

Pflanzvariationen

Ein Meer von Weiß und Gold

Um ein etwas verschwommen aussehendes, zarteres Farbenmeer zu kreieren, tauschen Sie die violetten Blumen gegen weiße und goldfarbene aus. Nehmen Sie anstelle von Mädesüß Riesenschleierkraut, das eine große Wolke winziger Blüten besitzt. Statt der einen Prachtspierengruppe können Sie Purpursonnenhut mit weißen Blüten einpflanzen; die andere Gruppe von Prachtspieren ersetzen Sie durch Sonnenhut, der gelbe Blüten besitzt. Und die Herbstaster wird mit Goldrute ausgetauscht. Die Gräser – Rasenschmiele und Rutenhirse – sowie die Seidenpflanze können bleiben, da ihre Farben und Strukturen mit den weiß- und goldblütigen Pflanzen gut harmonieren. Auch die Alpendistel kann bleiben, da ihre blaugrauen Blätter gut zu den weißen Blüten passen.

3 Purpursonnenhut (*Echinacea purpurea* 'White Swan')

4 Riesenschleierkraut (*Crambe cordifolia*)

6 Goldrute (*Solidago* 'Goldenmosa')

WALD-GÄRTEN

Laubbäume, Sträucher im Unterholz sowie bodenbedeckende Zwiebelpflanzen und schattenliebende Stauden: So stellt man sich normalerweise einen Wald vor. Aber auch wenn Sie in Ihrem Garten keine großen Bäume haben, können Sie sich den Traum vom Waldgarten verwirklichen. Die Bedingungen sollten allerdings denen einer Waldlandschaft sehr ähnlich sein: Der Garten muß beschattet sein, zum Beispiel durch ein Nachbarhaus. Mit Pflanzen, die bei Schatten und Sonne gedeihen, können Sie die Atmosphäre und die Stimmung einer Waldlandschaft auch ohne Bäume realisieren!

In diesem Kapitel finden Sie Pflanzvorschläge sowohl für zentrale Bereiche im Waldgarten als auch für Randbepflanzungen. Wie Sie einen natürlich aussehenden Weg aus Rindenmulch – umsäumt von Frühlingsblühern – anlegen können, wird ebenfalls beschrieben.

Ein schattiger Platz

Links: *Diese Waldlandschaft bietet vielen Schattenpflanzen einen Lebensraum. Die rundlichen Blätter der rosafarbenen Bergenie, das blaugrüne Laub der Funkien und die zartgrünen Farnwedel sorgen für ein eindrucksvolles Schauspiel unter dem großen Baum.*

Miniatur-Waldgarten

Hier fühlen sich Wildtiere wohl

Stellen Sie sich eine schattige Waldlandschaft in Ihrem Garten vor, in der Sie kühle Luft mitten im Sommer genießen können. Dafür brauchen Sie keine riesigen Flächen und nicht einmal große Bäume. Eine kleine Waldlandschaft in einem bereits existierenden Beet mit schattenwerfenden Sträuchern läßt sich ohne Probleme verwirklichen. Sie müssen nur etwas auslichten und einige Pflanzen sowie Bodendecker mit Waldcharakter einsetzen. Wenn Sie wenig Platz haben, sollten Sie nur kleine Baumarten auswählen. Weißdorn, eine kleinwüchsige Esche, Weißbirke und Holzapfel sind für kleinere Gärten geeignet und ziehen eine große Zahl von Insekten und Vögeln an. In großen Gärten können Sie zwischen den kleineren Bäumen auch eine Eiche einpflanzen.

Mit zusätzlichen Futter- und Nistplätzen wie Vogelhäuschen und Fledermauskästen locken Sie mehr Wildtiere in Ihren Waldgarten. Die Nistkästen sollten immer an einem schattigen Platz angebracht werden, damit sie nicht überhitzt werden. Befestigen Sie die Kästen an einem großen Baum mindestens 1,5 m vom Boden entfernt.

Pflanzen für den Kalkboden

Kalktolerierende Pflanzen bedecken den Boden zwischen Feldahorn und dem frühblühenden Japanischen Schneeball. Die Stinkende Nieswurz bringt im Vorfrühling langlebige Blüten hervor, gefolgt von Duftveilchen, die von Früh- bis Mitte Sommer blühen. Im Sommer öffnet die Gefleckte Taubnessel ihre Blüten. Im Spätsommer und Frühherbst wiegt sich die Silberkerze mit ihren weißen Blüten im Wind. Das Vogelhäuschen bietet Schutz vor Hauskatzen und anderen möglichen Feinden.

1 Silberkerze (*Cimifuga simplex*), hier im Spätsommer blühend

2 Stinkende Nieswurz (*Helleborus foetidus*)

3 Feldahorn
(*Acer campestre*)

4 Duftveilchen
(*Viola odorata*)

5 Japanischer Schneeball
(*Viburnum plicatum* 'Mariesii')

PLANUNG UND ANLAGE

Zeitbedarf
1
Tag

Werkzeug und Material

Spaten • Grabgabel • Rechen • Kompost oder organischer Dünger • Baumpfahl und Schnur • Pflanzschaufel • Rindenmulch • Lineal • Vogelhäuschen oder Fledermauskasten • 5 cm lange verzinkte Nägel • Hammer

1 *Bereiten Sie den Boden so vor wie bei der Beetanlage* (siehe Seite 46).

2 *Setzen Sie den Feldahorn ein. Binden Sie ihn mit der Schnur an den Baumpfahl, um ihn zu stützen* (siehe Seite 33).

3 *Pflanzen Sie den Schneeball sowie die anderen Gewächse ein. Gießen Sie ausgiebig und decken Sie den Boden mit Rindenmulch ab, um eine naturnahe Atmosphäre zu schaffen.*

4 *Messen Sie das Vogelhäuschen genau ab, damit es nicht zu breit für den Baumstamm ist.*

5 *Wenn der Baum noch sehr jung ist, bringen Sie das Häuschen am Baumpfahl an. Bei einem Durchmesser von mindestens 20 cm kann das Vogelhäuschen direkt am Stamm angenagelt werden.*

6 Gefleckte Taubnessel
(*Lamium maculatum*)

PFLEGE

- Halten Sie den neubepflanzten Bereich unkrautfrei, besonders bis sich die Bodendecker ausgebreitet haben.
- Schneiden Sie unerwünschte Triebe ab, damit die Pflanzen gleichmäßig wachsen.
- Legen Sie im Spätsommer Rindenmulch nach.
- Entfernen Sie mit dem Rechen sanft die auf die Pflanzen herabgefallenen Blätter.

Randbepflanzungen

Bunter Schattengarten

Pflanzen, die sich für den Rand eines Waldgartens eignen, unterscheiden sich etwas von den Pflanzen mittendrin. Ein stark bewaldeter Bereich ist die meiste Zeit des Jahres zu schattig, und nur bestimmte Pflanzen fühlen sich hier wohl. Am Rand eines Waldgartens hingegen kommt die Sonne an bestimmten Stellen durch und scheint manchmal sogar direkt darauf. Der Boden ist in der Regel fruchtbar und feucht, da hier – anders als im Waldboden – die Baumwurzeln nicht das ganze Wasser entziehen und kein Blätterdach den Regen abhält. Dadurch haben Sie mehr Auswahl an Pflanzenarten. Für ein naturnahes Aussehen sorgen Gewöhnlicher Schneeball, Hundsrose, Fingerhut, Primeln, Farne und köstliche Wilderdbeeren. Für mehr Ziergartencharakter können Sie schattentolerierende Gartenpflanzen wie Funkien, Etagenprimeln und rauchfarbene Nieswurz einsetzen. Als Alternative können Sie auch, wie unten gezeigt, Wild- und Gartenpflanzen kombinieren. Eine Schicht Rindenmulch verhindert das Wachstum von Unkraut und schafft eine zusätzliche Waldatmosphäre.

Lichtung in Violett und Gold

Bei dieser bunten und üppigen Bepflanzung – hier im Frühsommer – ragt der hohe Fingerhut über die gelben, orange- und purpurfarbenen Etagenprimeln, während der Gefleckte Aronstab und der Salomonssiegel für eine ruhige Stimmung sorgen. Die Duftveilchen säen sich im Beet selbst aus und bilden eine dichte Bodenbedeckung.

1 Salomonssiegel (*Polygonatum × hybridum*)

2 Duftveilchen (*Viola odorata*)

3 Gefleckter Aronstab (*Arum maculatum*)

4 Gelbe Etagenprimeln (*Primula prolifera*)

9 Fingerhut (*Digitalis purpurea*)

8 Straußfarn (*Matteuccia struthiopteris*)

PLANUNG UND ANLAGE

Zeitbedarf
1/2
Tag

Werkzeug und Material

Grabgabel • Rechen • Knochenmehl • Kompost • Pflanzschaufel • Rindenmulch

1 *Bereiten Sie den Boden so vor wie für ein neues Beet* (siehe Seite 46) *und reichern Sie ihn mit gut zersetztem Kompost an.*

2 *Setzen Sie die größten Pflanzen zuerst ein – Straußfarn, Frauenfarn, Salomonssiegel, Fingerhut und Aronstab. Dann werden die Primeln eingepflanzt. Den Abschluß bilden die Duftveilchen, die die Lücken im Beet füllen.*

3 *Decken Sie den Boden zwischen den Pflanzen und um das Beet mit Rindenmulch ab.*

7 Orangefarbene Etagenprimeln (*Primula bulleyana*)

6 Frauenfarn (*Athyrium filix-femina*)

5 Purpurfarbene Etagenprimeln (*Primula japonica* 'Millers Crimson')

PFLEGE

- Halten Sie das Beet unkrautfrei und gießen Sie an heißen Tagen regelmäßig.
- Halten Sie Ausschau nach Schnecken, falls nötig, stellen Sie Bierfallen auf, aber verwenden Sie kein Schneckenkorn, da es den Wild- und Haustieren schadet.
- Entfernen Sie Verwelktes regelmäßig.
- Schneiden Sie abgestorbene Pflanzenteile im Herbst vor dem Mulchen ab.

Ein Weg durch den Waldgarten

Pfad aus Rindenmulch mit Zwiebelpflanzen

Ein sonniger Frühlingsmorgen ist der richtige Zeitpunkt für einen gemütlichen Spaziergang entlang eines gewundenen Waldpfads. Auch wenn Sie nur wenig Bäume oder große Sträucher haben, können Sie solch einen Weg auf einer kleinen Fläche in Ihrem Garten gestalten. Das einzige, was Sie tun müssen, ist die Anlage eines Pfads aus Rindenmulch, der sich gemächlich durch die Bäume und Sträucher schlängelt, sowie die Bepflanzung des Wegrandes mit im Frühling blühenden Zwiebeln. Der Weg sollte schon richtig angelegt sein, denn ein einfacher Pfad würde sich nach jedem Regen in eine Schlammasse verwandeln und das Unkraut leicht wuchern lassen.

Viele Zwiebelpflanzen, wie auch die hier gezeigten Arten, sind Frühjahrsblüher. Sie profitieren von der Wärme und dem Sonnenschein des Frühlings, bevor die Laubkrone des Baums den »Waldboden« beschatten kann. Die Zwiebeln ziehen nach der Blüte ein.

Ein Meer von Weiß, Blau und Gelb

Gruppen von weißem Dreiblatt und violettblauen Strahlenanemonen breiten sich am Rand des sich dahinschlängelnden Wegs aus, während hinter ihnen eine Woge aus Glockenhyazinthen und dem sonnengelben Hundszahn entsteht. Blau und Weiß sind kühle Farben, die gut zu der schattigen, ruhigen Waldlandschaft passen, während die gelben Tupfer in der Frühlingssonne leuchten.

1 Glockenhyazinthe (*Hyacinthoides hispanica*)

2 Strahlenanemone (*Anemone blanda*)

3 Hundszahn (*Erythronium* 'Pagoda')

PFLEGE

- Jäten Sie Unkraut und ergänzen Sie den Rindenmulch, falls nötig.
- Lassen Sie die Zwiebeln nach der Blüte einziehen.
- Mulchen Sie den Boden, nachdem die Zwiebeln verblüht sind, mit Kompost oder organischem Dünger.

4 Dreiblatt (*Trillium grandiflorum*)

PLANUNG UND ANLAGE

Zeitbedarf **1/2** Tag

Werkzeug und Material

Spaten • Gummihammer • vier zugespitzte, flache Holzpflöcke, 5 × 5 × 45 cm • verzinkte Nägel • zwei Holzbretter 12,5 × 2,5 × 100 cm • unkrautdichte Folie • Drahthaken • grober Rindenmulch • Pflanzschaufel oder Zwiebelpflanzer

Die Zeitangabe bezieht sich auf einen Weg von 10 m Länge.

1 Heben Sie einen Graben für den Weg aus. Er sollte 15 cm tief und 1 m breit sein.

2 Schlagen Sie mit einem Holzpflock und dem Gummihammer in jeder Ecke des Wegs ein Loch in den Boden.

3 Die Enden des Wegs sollten gleich hoch sein. Nageln Sie einen Holzpflock an jedes Ende der beiden Holzbretter.

4 Drücken Sie die Pflöcke in die Löcher und schlagen Sie Bretter und Pflöcke in den Boden ein. Legen Sie den Boden des Grabens mit der Folie aus und befestigen Sie diese mit den Drahthaken.

5 Füllen Sie den Graben mit Rindenmulch auf.

6 Setzen Sie entlang des neu angelegten Wegs auf beiden Seiten mit Hilfe einer Pflanzschaufel oder eines Zwiebelpflanzers die Zwiebeln ein (siehe Seite 31).

WASSER-GÄRTEN

Eine Wasserstelle kann jeden Garten in eine üppigblühende und friedvolle Oase verwandeln. Das sanfte Plätschern des Wassers und das leise Summen der Insekten läßt den Wassergarten zum Lieblingsplatz des Gartenfreundes werden.

Ist der Wassergarten erst einmal angelegt, ist seine Pflege recht einfach. Es gibt natürlich immer wieder Dinge, die getan werden müssen – wie das Auslichten stark wuchernder Unterwasserpflanzen und das Entfernen abgestorbener Seerosenblätter. Auch um die Fische, die im Teich leben, muß man sich kümmern. Aber Sie können sich diese Arbeiten meist nach eigenem Ermessen einteilen.

Dieses Kapitel gibt Ihnen einen Überblick über verschiedene Teichformen und Sumpfpflanzen. Und Sie erfahren, wie Sie einen Kieselteich mit einer Fontäne anlegen können.

Ein idyllischer Teich

Links: *Dieser Wassergarten, der eine Uferbepflanzung von großer Artenvielfalt aufweist, wird viele Vögel und andere Tiere anlocken. Die kleinblättrige Seerosenart hilft, das Wasser klar zu halten; die rosafarbenen und roten Blüten der Primeln und des Fingerhuts zaubern eine besondere Farbenpracht in diese friedvolle Atmosphäre.*

Klassischer Teich

Blickfang für den Garten

Ein streng angelegter Teich, in dem eine weiße Seerose schwimmt, ist von klassischer Eleganz und sorgt für eine besondere Atmosphäre. Für eine klassische Gestaltung ist Symmetrie wichtig. Daher sollten Sie, bevor Sie mit den Arbeiten beginnen, einen sorgfältigen Lageplan machen. Wird der Teich in der Nähe des Hauses angelegt, sollte er parallel zum Haus stehen und nicht im Winkel. Auch die Abdeckplatten für den Teichrand sollten symmetrisch sein.

Die Platten sollten über den Teich hinausragen, damit man die Ränder nicht sieht, müssen aber aus Sicherheitsgründen festgemörtelt werden. Einfacher geht es, wenn Sie die Platten auf groben Sand legen und zwar auf gleiche Höhe wie der Teichrand oder maximal 12 mm über den Rand ragend (*siehe nächste Seite*).

1 Kalmus (*Acorus calamus*)

2 Japanische Prachtiris (*Iris ensata*)

Wassergarten in Gelb und Purpur

Die Wirkung des Teichs beruht auf dem Formenkontrast von spitzblättrigem Kalmus und Japanischer Prachtiris, Sumpfdotterblumen mit herzförmigen Blättern und Seerosen. Am Rand wachsen Thymian, Stiefmütterchen und Stachelnüßchen und mildern die Strenge der Steinplatten ab.

3 Thymianart (*Thymus herba-barona*), – hier im Sommer in Blüte

4 Stiefmütterchen (*Viola tricolor*)

5 Sumpfdotterblume (*Caltha palustris*)

6 Weiße Seerose (*Nymphaea* 'Virginalis')

PFLEGE

- Halten Sie den Teich algenfrei und lichten Sie wuchernde Unterwasserpflanzen aus.
- Füllen Sie an heißen und trockenen Tagen Wasser nach.
- Lichten Sie die Seerosenblätter gelegentlich aus, damit sie die Wasseroberfläche nicht vollständig bedecken.
- Entfernen Sie im Herbst das Laub und andere Pflanzenteile aus dem Teich.
- Falls Sie im Teich eine Pumpe installiert haben, reinigen Sie den Filter einmal im Jahr.
- Lichten Sie wuchernde Pflanzen regelmäßig aus.

7 Stachelnüßchen (*Acaena microphylla*)

PLANUNG UND ANLAGE

Zeitbedarf
2
Tage

Werkzeug und Material

Meßband • Wasserwaage • Spaten • Sand • Fertigbecken • Wasserschlauch • Rechen • Abschlußplatten • Kitt • Kies

1 Heben Sie das Teichloch aus. Die Zugabe für das Sandbett sollte etwa 10 cm hoch sein. Kleiden Sie den Untergrund mit einer Sandschicht aus.

2 Legen Sie das Becken in die Vertiefung. Überprüfen Sie den Stand mit einer Wasserwaage. Füllen Sie Wasser ein.

3 Füllen Sie die Hohlräume ringsherum mit feinem Sand. Schieben Sie ihn nach unten, damit das Becken geschützt und gefestigt ist.

4 Entfernen Sie rundherum Erde, um den Boden für die Abdeckplatten zu ebnen. Kleines Bild: *Verteilen Sie eine 5 cm starke Kiesschicht in dem Bereich für die Steinplatten und ebnen Sie sie mit einem Rechen.*

5 Legen Sie die Steinplatten auf, so daß ein schönes Muster entsteht und diese nicht geschnitten werden müssen.

6 Prüfen Sie mit der Wasserwaage nach, ob alle Steinplatten eben sind. Durch Zugabe oder Wegnahme von Sand werden die Platten auf gleiche Höhe gebracht und fixiert.

7 Verteilen Sie an Stellen, wo der Beckenrand noch sichtbar ist, etwas Kitt und verdecken Sie diese mit Kies.

8 Breite Fugen zwischen den Platten können bepflanzt und mit Kies gemulcht werden. Die Anleitung, wie Sie Wasserpflanzen einsetzen, finden Sie auf Seite 31.

Pflanzen für den feuchten Boden

Das Sumpfbeet

Hohe elegante Schwertlilien in Blau und Gelb, das dekorative Mammutblatt mit seinen schirmähnlichen Blättern, prächtige weiße Gartenlilien: Das sind nur einige der schönen Pflanzen, die Sie einsetzen können, wenn Ihr Garten einen feuchten Boden hat.

In der Natur kommen diese Arten in Sumpfgebieten in der Nähe langsam fließender Gewässer vor. Nur wenige Gartenfreunde haben das Glück, ein fließendes Gewässer im eigenen Garten zu besitzen. Aber Sie können die Bedingungen für diese Pflanzen schaffen, indem Sie ein Sumpfbeet aus Teichfolie anlegen. Geben Sie dem Ganzen eine ungleichmäßige Form, so daß der Sumpfgarten natürlich wirkt. Sorgen Sie für gleichmäßige Bewässerung, damit der Boden ständig feucht bleibt, aber nicht unter Wasser steht. Wenn Sie bereits einen Teich besitzen, ist es noch einfacher: Gestalten Sie die Oberfläche des Sumpfbeetes etwas niedriger als den Wasserstand des Teiches, so kann jede Überschwemmung den Sumpfbereich befeuchten.

Bepflanztes Sumpfbeet

In diesem leicht schattigen Sumpfgarten dominieren die langen spitzen Blätter und gelben Blüten der Schwertlilie sowie die kleineren gebogenen Blätter der orangegelben Taglilie. Die herzförmigen Blätter dieser niedrigen Hostie-Arten mildern die Wirkung der spitzblättrigen Pflanzen. Ein Meer von blauem Kriechendem Günsel am Rand rundet das Ganze ab und verhindert zudem das Wachsen von Unkraut.

1 Blauer Kriechender Günsel (*Ajuga reptans* 'Atropurpurea')

2 Funkie (*Hosta ventricosa* 'Aureomarginata')

3 Taglilie (*Hemerocallis* 'Stella d' Oro')

4 Gelbe Schwertlilie
(*Iris pseudacorus*)

PLANUNG UND ANLAGE

Zeitbedarf
2+
Stunden

Werkzeug und Material

Spaten • Schutzvlies • dicke Folie aus Kunststoff • Ziegelsteine • Grabgabel • Gartenerde • Kompost oder Dünger • Gießkanne oder Gartenschlauch • Pflanzschaufel • Rindenmulch oder Kieselsteine

1 Heben Sie ein Loch mit einer natürlich fließenden Form aus. Es sollte in der Mitte etwa 30–40 cm tief sein und am Rand schräg ansteigen. Entfernen Sie spitze Steine.

2 Kleiden Sie das Loch mit dem Vlies aus. Dies sollte etwa 15 cm über den Rand der Vertiefung ragen.

3 Breiten Sie die Folie über das Schutzvlies aus und beschweren Sie sie mit den Ziegelsteinen. Passen Sie die Folie am Rand ein. Stanzen Sie mit der Grabgabel Löcher in die Folie ein, damit überschüssiges Wasser ablaufen kann.

4 Füllen Sie Gartenerde von guter Qualität ein und heben Sie etwas Kompost oder Dünger unter. Die Höhe der Oberfläche sollte wie die der Umgebung sein. Den Folienrand darf man nicht sehen.

5 Bewässern Sie das Sumpfbeet einige Tage vor der Bepflanzung, damit sich Wasser absetzt.

6 Setzen Sie die Pflanzen ein und legen Sie Rindenmulch oder Kieselsteine auf.

5 Funkie
(*Hosta* 'Golden Tiara')

PFLEGE

- Halten Sie den Boden feucht, aber nicht überflutet. Kontrollieren Sie ihn bei warmem Wetter regelmäßig.
- Halten Sie das Sumpfbeet unkrautfrei. Lassen Sie den Günsel nicht überwuchern.
- Schützen Sie die Pflanzen, besonders die Funkien, vor Schnecken (*siehe Seite 36*).
- Schneiden Sie Verblühtes ab; so bringen Sie die Pflanzen häufiger zum Blühen.
- Entfernen Sie im Herbst die abgestorbenen Blätter.
- Legen Sie im Herbst eine Rinden- oder Kiesmulchschicht auf.

Attraktion im Wassergarten

Ein Kieselbrunnen

Plätscherndes Wasser, glitzernde Steine, üppig grünes Laub: Auch im kleinsten Garten findet sich ein Platz für ein dekoratives Wasserspiel wie diesen Kieselbrunnen, den Sie als Fertigbauteil kaufen können.

Echte Sumpfpflanzen, die ständige Feuchtigkeit benötigen, eignen sich hierfür nicht. Aber es gibt eine Reihe von Pflanzen wie Funkien, einige Iris- und Farnarten, die im normalen Gartenboden wachsen, sich aber in einer feuchten Umgebung, geschaffen durch einen Brunnen, sehr wohl fühlen.

Für ein natürliches Aussehen sorgen Kieselsteine und Muscheln zwischen den Pflanzen. Viele Steine und Muscheln, die Sie übrigens im Urlaub sammeln können, haben im nassen Zustand schönere Farben.

1 Schildfarn (*Polystichum setiferum* Divisilobum-Gruppe)

2 Frauenmantel (*Alchemilla mollis*)

Schattiger Mittelpunkt

Farnwedel und Frauenmantel umsäumen den Kieselbrunnen und bilden mit Liriope muscari *größere Pflanzeneinheiten. Schaumblüte und Gefleckte Taubnessel breiten sich über die Kieselsteine aus.*

3 Schaumblüte (*Tiarella cordifolia*)

4 *Liriope muscari* (hier im Spätsommer)

5 Gefleckte Taubnessel (*Lamium maculatum* 'White Nancy')

PLANUNG UND ANLAGE

Zeitbedarf
2
Stunden

Werkzeug und Material

Spaten • altes Teppichstück • Kieselbrunnen als Fertigbauteil (enthält Niedervolt-Tauchpumpe, Transformator, Fontäne, Einsatz und Deckel) • Wasserwaage • Ziegelsteine • Kieselsteine oder Muscheln • Schlauch • Pflanzschaufel • Kiesmulch

1 Suchen Sie einen geschützten Standort aus und entfernen Sie die Pflanzen und das Unkraut.

2 Graben Sie ein Loch, das etwas tiefer ist als der Einsatz. Kleiden Sie die Vertiefung mit dem Teppich aus, um den Kunststoff zu schützen. Prüfen Sie, ob der Einsatz gerade steht.

3 Plazieren Sie die Pumpe in der Mitte des Einsatzes und beschweren Sie sie mit Ziegelsteinen. Verbinden Sie die Pumpe nach Anleitung des Herstellers mit der Stromquelle.

4 Verteilen Sie auf dem Brunnenboden Kieselsteine oder Muscheln. Füllen Sie den Einsatz mit Wasser. Probieren Sie die Fontäne aus und drehen Sie dann das Wasser ab.

5 Der Einsatz und das Pumpenkabel werden mit weiteren Kieselsteinen verdeckt.

6 Bepflanzen Sie den Bereich um den Brunnen und mulchen Sie eine Kiesschicht unter.

Pflanzvariationen

Sonnenanbeter

Wenn Ihr Kieselbrunnen einen sonnigen Standort hat, umgeben Sie ihn mit Pflanzen, die Sonne lieben. Anstelle der Schaumblüte können Sie Bartiris nehmen, die Liriope durch orangerote Fackellilie und den Farn durch gelb-orangeblütige Taglilie ersetzen. Der Frauenmantel fühlt sich auch in der Sonne wohl. Die weiße Taubnessel ist ein guter Lückenfüller.

1 Taglilie (*Hemerocallis* 'Golden Chimes')

3 Bartiris (*Iris germanica*)

4 Fackellilie (*Kniphofia* 'Samuel's Sensation')

PFLEGE

- Pflegen Sie die Pflanzen, die den Kieselbrunnen umsäumen, und wässern Sie sie an heißen Tagen.
- Entfernen Sie die verwelkten Blüten und Blätter regelmäßig.
- Füllen Sie die Kiesschicht im Herbst oder im späten Frühling nach.
- Reinigen Sie die Pumpe nach Herstelleranleitung.

Pflanzen für verschiedene Zwecke

Hier finden Sie eine Auflistung von Pflanzen, die für bestimmte Bereiche im Garten geeignet sind. Der Hauptnutzen der Pflanzen wird immer angegeben. Wenn keine Angaben vorhanden sind, werden die Pflanzen wegen ihres dekorativen Laubs eingesetzt. Sollte eine Pflanze kalkfreien (sauren) Boden benötigen oder bevorzugen, ist sie mit »S« gekennzeichnet.

Falls verschiedene Arten oder Sorten innerhalb einer bestimmten Gattung für den Vorschlag geeignet sein sollten, wird nur der Gattungsname angegeben. Die Gattung *Hebe* (Strauchveronika) zum Beispiel hat verschiedene Arten und Sorten, die sich als immergrüne Sträucher für Gefäße eignen – in dieser Auflistung wird nur die Gattung angegeben. Lesen Sie die Pflanzenschilder genau durch oder sehen Sie in einer Pflanzenenzyklopädie nach, ob die Gewächse, die Sie einsetzen wollen, geeignet sind.

Ist eine bestimmte Art angegeben (zum Beispiel Lorbeer, *Laurus nobilis*), so bedeutet das, daß nur diese Art – und falls vorhanden, die meisten Sorten und Hybriden davon – in Frage kommt. Es kann aber vorkommen, daß eine Sorte für den angegebenen Zweck doch ungeeignet ist – wenn sie zum Beispiel wuchert oder ihre Form unpassend ist –, deshalb erkundigen Sie sich vor dem Kauf ganz genau.

Gelegentlich ist die Varietät angegeben – zum Beispiel *Glechoma hederacea* 'Variegata'. In diesem Fall ist die Pflanze generell nur in dieser Varietät erhältlich, oder aber diese Varietät ist als einzige Form dieser Pflanzenart für den angegebenen Zweck passend.

Die folgende Auflistung bezieht sich auf Pflanzvorschläge, die Sie in diesem Buch finden und beinhaltet noch andere geeignete Pflanzen.

Immergrüne Sträucher für Gefäße

Immergrüne in Töpfen können sehr dekorativ sein. Sie bilden das ganze Jahr den grünen Hintergrund für andere Pflanzen. Manche sind so attraktiv, daß sie selbst zum Blickfang werden.

Immergrüne Sträucher für Gefäße an der Sonne

Brandkraut (*Phlomis fruticosa*) – Sommerblüher
Buchsbaum (*Buxus sempervirens*)
Heiligenblume (*Santolina*) – Sommerblüher
Keulenlilie (*Cordyline australis*)
Lavendel (*Lavandula*) – Sommerblüher
Lorbeer (*Laurus nobilis*)
Neuseeländischer Hanf (*Phormium tenax*)
Palmlilie (*Yucca gloriosa*)
Rose (*Rosa*) – Sommerblüher
Rosmarin (*Rosmarinus officinalis*) – Frühlingsblüher
Salbei (*Salvia officinalis*) – Sommerblüher
Strauchveronika (*Hebe*) – Sommerblüher
Thymian (*Thymus*) – Sommerblüher
Wilder Majoran (*Origanum*) – Sommerblüher

Immergrüne Sträucher für Gefäße im Schatten

Buchsbaum (*Buxus sempervirens*)
Kamelie (*Camellia*) – Winter- oder Frühlingsblüher (S)
Kriechspindel (*Euonymus fortunei*)
Rhododendron – Frühlingsblüher (S)
Zimmeraralie (*Fatsia japonica*)
Zwergmispel (*Cotoneaster*) – Sommerblüher, Beeren im Herbst; manche Arten sind immergrün

Mehrjährige Stauden für Gefäße

Obwohl diese Pflanzen keine so lange Blütezeit wie die Sommerblumen haben, sind einige von ihnen sehr dekorativ und gedeihen auch unter eingeschränkten Gefäßbedingungen sehr gut.

Stauden für Gefäße im Schatten

Christrose (*Helleborus*) – Winter- und Frühlingsblüher
Frauenmantel (*Alchemilla mollis*) – Sommerblüher
Funkie (*Hosta*)
Günsel (*Ajuga*) – Sommerblüher
Löffelblatt (*Bergenia*) – Frühlingsblüher
Purpurglöckchen (*Heuchera*) – Sommerblüher
Taubnessel (*Lamium*) – Sommerblüher
Weicher Schildfarn (*Polystichum setiferum*)

Stauden für Gefäße in der Sonne

Iris
Katzenminze (*Nepeta*)
Nelken (*Dianthus*)
Schmucklilie (*Agapanthus*)
Segge (*Carex*)
Storchschnabel (*Geranium*)

Kräuter für Gefäße

Es ist eine gute Idee, Kräuter in einem Gefäß in der Nähe der Küche einzupflanzen. Immer wenn Sie Kräuter zum Kochen benötigen, können Sie schnell welche holen. Viele Kräuter bilden flache Wurzeln und brauchen einen gut durchlässigen Boden. In Gefäßen können Sie ihnen die bevorzugten Bedingungen leicht bieten.

Kräuter für Gefäße in der Sonne

Beifuß (*Artemisia*)
Lorbeer (*Laurus nobilis*)
Salbei (*Salvia*)
Schnittlauch (*Allium schoenoprasum*)
Thymian (*Thymus*)
Wilder Majoran (*Origanum*)
Zitronenstrauch (*Aloysia triphylla*)

Kräuter für Gefäße im Schatten

Basilikum (*Ocimum*)
Kerbel (*Anthriscus cerefolium*)
Liebstöckel (*Levisticum officinale*)
Minze (*Mentha*)
Petersilie (*Petroselinum*)

Sommerblumen für Gefäße

In Gartencentern werden jedes Jahre viele einjährige Sommerblumen angeboten. Oft handelt es sich um gezüchtete Sorten, die besonders lang blühen. Viele von ihnen eignen sich für Gefäße sehr gut. Die meisten Sommerblumen lieben Sonnenplätze. Aber einige von ihnen können auch im Schatten gut gedeihen.

Sommerblumen für Gefäße im Schatten

Fleißiges Lieschen (*Impatiens*)
Fuchsie (*Fuchsia*)
Gauklerblume (*Mimulus*)
Hainblume (*Nemophila*)
Männertreu (*Lobelia erinus*)
Nemesia
Petunie (*Petunia*)
Stiefmütterchen (*Viola × wittrockiana*)
Ziertabak (*Nicotiana*)

Sommerblumen für Gefäße in der Sonne

Blaue Margerite (*Felicia bergeriana*)
Diascia
Dreimasterblume (*Tradescantia fluminensis*)
Geranie (*Pelargonium*)
Gundelrebe (*Glechoma hederacea* 'Variegata')
Heliotrop (*Heliotropium peruvianum*)
Kapuzinerkresse (*Tropaeolum majus*)
Löwenmaul (*Antirrhinum*)
Männertreu (*Lobelia erinus*)
Prachtwinde (*Convolvulus*)
Strauchmargerite (*Argyranthemum*)
Strohblume (*Helichrysum petiolare*)
Tagetes

Winterharte Stauden

In der Regel benötigen winterharte Stauden einen sonnigen Platz; einen nährstoffreichen, feuchten, durchlässigen Boden sowie Windschutz. Es gibt viele Stauden, unter denen Sie auswählen können. Hohe bis mittelhohe Arten werden im Beet weiter hinten eingepflanzt, während die mittelhohen bis niedrigen Arten im vorderen Bereich Platz nehmen. Für Schattenplätze sind Sträucher und Bodendecker besser geeignet.

Hohe bis mittelhohe Sommerstauden für Sonnenbeete

Anemone (*Anemone × hybrida*)
Aster (*Aster × frickartii*)
Büscheliges Haargras (*Deschampsia caespitosa*)
Euphorbia
Fackellilie (*Kniphofia*)
Nachtkerze (*Oenothera fruticosa*)
Prachtscharte (*Liatris spicata*)
Riesenschleierkraut (*Crambe cordifolia*)
Rutenhirse (*Panicum virgatum*)
Seidenpflanze (*Asclepias tuberosa*)
Sonnenbraut (*Helenium*)
Taglilie (*Hemerocallis*)
Weicher Akanthus (*Acanthus mollis*)

Mittelhohe bis niedrige wachsende Sommerstauden für Sonnenbeete

Fette Henne (*Sedum spectabile*) – Sommer-/Herbstblüher
Frauenmantel (*Alchemilla mollis*) – Sommerblüher
Goldnessel (*Lamium galeobdolon*) – Sommerblüher
Katzenminze (*Nepeta × faassenii*) – Immergrün
Liriope (*Liriope muscari*) – Herbstblüher
Löffelblatt (*Bergenia*) – Immergrün; Frühlingsblüher
Nachtviole (*Hesperis matronalis*) – Sommerblüher
Purpurglöckchen (*Heuchera micrantha*)
Schaumblüte (*Tiarella cordifolia*) – Sommerblüher
Storchschnabel (*Geranium*) – Sommerblüher
Taubnessel (*Lamium maculatum*) – Sommerblüher
Wolliger Ziest (*Stachys byzantina*) – Immergrün

Bodendecker gegen Unkraut

Solche Pflanzen sind ideal für den Gärtner, der wenig Zeit zum Unkrautjäten oder Säen hat. Sie eignen sich gut, um den Boden zwischen Bäumen und Sträuchern oder einen Bereich, der schwer zu mähen ist, zu bedecken. Die hier angegebenen Pflanzen gedeihen im Schatten wie in der Sonne und tolerieren weitgehend alle Böden.

Efeu (*Hedera helix*) – Immergrün
Falsche Alraune (*Tellima grandiflora*) – Immergrün; Sommerblüher
Kleines Immergrün (*Vinca minor*)
Kriechender Günsel (*Ajuga reptans*) – Sommerblüher
Löffelblatt (*Bergenia*) – Immergrün; Frühlingsblüher
Purpurglöckchen (*Heuchera*) – Immergrün; Sommerblüher
Schaumblüte (*Tiarella cordifolia*) – Immergrün; Sommerblüher
Storchschnabel (*Geranium*) – Sommerblüher
Taubnessel (*Lamium maculatum*) – Sommerblüher
Wacholder (*Juniperus × media*) – Immergrün
Wacholder (*Juniperus squamata*)
Wiesenknöterich (*Persicaria bistorta*) – Immergrün; Sommerblüher

Einjährige, die sich selbst aussäen

Viele Pflanzen verstreuen ihre Samen, und diese entwickeln sich meistens zu neuen Pflanzen und blühen, ohne daß der Gärtner eingreifen muß. Diese Einjährigen haben den Vorteil, daß sie nicht sehr tief wurzeln und so den anderen Pflanzen keine Nährstoffe entziehen.

Borretsch (*Borago officinalis*)
Kalifornischer Mohn (*Eschscholzia californica*)
Klatschmohn (*Papaver rhoes*)
Löwenmaul (*Antirrhinum majus*)
Ringelblume (*Calendula officinalis*)
Scheinmohn (*Meconopsis cambrica*)
Schleifenblume (*Iberis amara*)
Sommersteinbrech (*Lobularia maritima*)
Wilde Stiefmütterchen (*Viola tricolor*)

Pflegeleichte Sträucher

Für einen pflegeleichten Garten sind Sträucher unentbehrlich. Die hier empfohlenen Arten brauchen sehr wenig Pflege; Sie müssen sie nur unkrautfrei halten, gut düngen, regelmäßig gießen und ab und zu stutzen.

Pflegeleichte Sträucher für Sonne

Berberitze (*Berberis*) – Frühjahrsblüher; Beeren im Herbst; einige Berberitzen sind immergrün

Brandkraut (*Phlomis fruticosa*) – Immergrün; Frühlingsblüher
Hartriegel (*Cornus alba*) – Winterzweige
Heiligenblume (*Santolina*) – immergrün; Sommerblüher
Lavendel (*Lavandula*) – Immergrün; Sommerblüher
Lorbeer (*Laurus nobilis*) – Immergrün
Neuseeländer Hanf (*Phormium tenax*) – Immergrün
Orangenblume (*Choisya ternata*) – Immergrün; Frühlingsblüher
Palmlilie (*Yucca filamentosa*) – Immergrün; Sommerblüher
Perückenstrauch (*Cotinus coggygria*) – Sommerblüher
Rosmarin (*Rosmarinus officinalis*) – Immergrün; Frühlingsblüher
Salbei (*Salvia officinalis*)- Immergrün; Frühlingsblüher
Schneeball (*Viburnum*) – Winter- oder Frühlingsblüher; manche tragen Beeren im Herbst
Strauchveronika (*Hebe*) – Immergrün
Wacholder (*Juniperus*) – Immergrün
Zwergmispel (*Cotoneaster*) – Frühlingsblüher; Beeren im Herbst; manche Arten immergrün

Pflegeleichte Sträucher für Schatten

Eichenblättrige Hortensie (*Hydrangea quercifolia*) – Sommerblüher
Kamelie (*Camellia*) – Immergrün; Winter- oder Frühlingsblüher (S)
Schneeball (*Viburnum*) – Winter- oder Frühlingsblüher; manche im Herbst mit Beeren; manche immergrün
Zimmeraralie (*Fatsia japonica*) – Immergrün; Sommerblüher
Zwergmispel (*Cotoneaster*) – Frühjahrsblüher; Beeren im Herbst; einige sind immergrün

Heckenpflanzen

Es lohnt sich, den Boden in Ihrem Garten genau zu untersuchen, bevor Sie die Arten auswählen, die hier gut gedeihen. Manche Heckenpflanzen tolerieren schweren Boden, andere benötigen lockere, gut durchlässige Böden. Die Endhöhe der Pflanzen ist auch ein wichtiges Auswahlkriterium; informieren Sie sich genau, bevor Sie die Pflanzen kaufen. Als Umrandung für Wege oder Beete sollten Sie eine Pflanze nehmen, die kleiner als 60 cm wird.

Heckenpflanzen für schwere Böden

Berberitze (*Berberis*) – Frühjahrsblüher; Beeren im Herbst; manche sind immergrün
Buche (*Fagus sylvatica*)
Feuerdorn (*Pyracantha*) – immergrün; Frühjahrsblüher; Beeren im Herbst
Fingerstrauch (*Potentilla*) – Sommerblüher
Garrya elliptica – immergrün; Kätzchen im Frühling
Kirschlorbeer (*Prunus laurocerasus*) – Immergrün
Stechpalme (*Ilex*) – immergrün; Beeren im Winter
Wildrose (*Rosa rugosa*)
Zwergmispel (*Cotoneaster*), Frühjahrsblüher; Beeren im Herbst; einige sind immergrün

Heckenpflanzen für gut durchlässige Böden

Eibe (*Taxus baccata*) – immergrün
Fuchsie (*Fuchsia*) – Sommerblüher
Kamelie (*Camellia*) – immergrün; Winter- oder Frühlingsblüher
Strauchrose (*Rosa*) – Sommerblüher; Winterfrüchte
Strauchveronika (*Hebe*) – immergrün; Sommerblüher

Zwergwüchsige Heckenpflanzen

Buchsbaum (*Buxus sempervirens*) – immergrün
Heiligenblume (*Santolina*) – immergrün; Sommerblüher
Lavendel (*Lavandula*) – immergrün; Sommerblüher
Thymian (*Thymus vulgaris*) – immergrün
Ysop (*Hyssopus vulgaris*) – immergrün

Kletterpflanzen

Manche Kletterpflanzen öffnen ihre Blüten nur in der Sonne, obwohl ihre Wurzeln es lieber schattig haben. Andere hingegen gedeihen auch im Schatten sehr gut. Viele rankende Pflanzen und Sträucher – zum Beispiel Rosen und Clematis – sollte man am besten einfach klettern lassen. Andere können geschnitten werden. Dafür sollten Sie Pflanzen auswählen, die das Schneiden gut vertragen. Sie haben relativ kleine Blätter, die dicht wachsen und eine Einheit bilden.

Kletterpflanzen für die Sonne (Wurzelbereich im Schatten)

Clematis – Blüten im Frühling, Sommer oder Herbst; Fruchtstände im Herbst; manche immergrün
Duftwicke (*Lathyrus odoratus*) – einjährige Kletterpflanze
Geißblatt (*Lonicera*) – Blüten im Frühling oder Sommer; manche immergrün
Gelbblättriger Hopfen (*Humulus lupulus* 'Aureus') – Blüten im Herbst
Glyzine (*Wisteria*) – Sommerblüher
Kapuzinerkresse (*Tropaeolum*) – einjährige Kletterpflanze
Kiwi (*Actinidia kolomicta*) – Blätter im Sommer
Prachtwinde (*Ipomoea rubrocaerulea*) – einjährige Kletterpflanze
Rose (*Rosa*)
Rostrote Rebe (*Vitis coignetiae*) – Blätter im Herbst

Kletterpflanzen, die Schatten tolerieren

Baumwürger (*Celastrus orbiculatus*)
Efeu (*Hedera helix*) – immergrün
Feuerdorn (*Pyracantha*) – immergrün; Frühlingsblüher; Beeren im Herbst
Geißblatt (*Lonicera japonica* 'Halliana') – immergrün; Blüten im Frühjahr
Kletterhortensie (*Hydrangea anomala* ssp. *petiolaris*) – Sommerblüher
Wilder Wein (*Parthenocissus*) – Blätter im Herbst

Kletterpflanzen und Sträucher für Spaliere

Efeu (*Hedera helix*) – immergrün
Feuerdorn (*Pyracantha*) – immergrün; Frühjahrsblüher; Beeren im Herbst
Säckelblume (*Ceanothus*) – immergrün; Frühlings-, Sommer- oder Herbstblüher
Spindelstrauch (*Euonymus*) – immergrün

Zierquitte (*Chaenomeles japonica*) – Frühlingsblüher

Duftende Sommerblumen und Sträucher

Wohlriechende Pflanzen schaffen eine ganz besondere Atmosphäre in jedem Garten – besonders in der Nähe von Sitzplätzen oder Wegen; jedesmal, wenn sie vorbeigehen, können Sie die Düfte einatmen.

Duftende Sommerblumen

Duftwicke (*Lathyrus odorata*) – manche Sorten duften
Levkojen (*Matthiola*)
Petunien (*Petunia*) – einige Sorten duften
Ziertabak (*Nicotiana*)

Duftende Sträucher

Falscher Jasmin (*Philadelphus*) – Frühlings- oder Sommerblüher
Lavendel (*Lavandula*) – immergrün; Sommerblüher
Schneeball (*Viburnum*) – Winter- oder Frühlingsblüher; Beeren im Herbst; manche Arten immergrün
Seidelbast (*Daphne*) – Frühlings- oder Sommerblüher; manche immergrün
Zaubernuß (*Hamamelis*) – Winter- oder Frühlingsblüher

Zwiebelpflanzen für natürliches Aussehen

Zwiebelpflanzen, die im Frühjahr, Herbst oder Winter blühen, sehen im Rasen oder unter den Bäumen und Sträuchern sehr natürlich aus und verdeutlichen die jahreszeitlichen Veränderungen. Sie bringen in einer Zeit, in der es nur wenig Blüten gibt, Farbe in Ihren Garten. Die hier aufgeführten Zwiebelpflanzen vermehren sich und bilden große Kolonien.

Alpenveilchen (*Cyclamen*) – Herbst- oder Winterblüher
Anemone – Frühlingsblüher
Blaustern (*Scilla*) – Frühlingsblüher
Dreiblatt (*Trillium*) – Frühlingsblüher
Glockenhyazinthe (*Hyacinthoides*) – Frühlingsblüher
Hundszahn (*Erythronium*) – Frühlingsblüher
Kaiserkrone (*Fritillaria*) – Frühlingsblüher
Krokus (*Crocus*) – Winter- oder Frühlingsblüher
Maiglöckchen (*Convallaria*) – Frühlingsblüher
Narzissen (*Narcissus*) – Frühlingsblüher
Schneeglanz (*Chinodoxa*) – Frühlingsblüher
Schneeglöckchen (*Galanthus*) – Winter- oder Frühlingsblüher

Wiesenblumen im Frühling und Sommer

Die hier vorgeschlagenen Pflanzen gedeihen fast unter allen Bedingungen. Wenn Sie etwas experimentieren, entdecken Sie bald Ihre heimischen Wildblumenarten.

Butterblume (*Ranunculus acris*) – Frühlings- und Sommerblüher
Echte Schlüsselblume (*Primula veris*) – Frühlingsblüher
Gänseblümchen (*Bellis perennis*) – Frühlings- und Sommerblüher
Gamander-Ehrenpreis (*Veronica chamaedrys*) – Frühlings- und Sommerblüher
Garbe (*Achillea millefolium*) – Sommerblüher
Kornblume (*Centaurea cyanus*) – Sommerblüher
Kuckucksblume (*Cardamine pratensis*) – Frühlingsblüher
Leimkraut (*Silene vulgaris*) – Frühlings- und Sommerblüher
Wiesenmargerite (*Leucanthemum vulgare*) – Sommerblüher
Wiesenstorchschnabel (*Geranium pratense*) – Sommerblüher

Bäume für kleine Gärten

Ein Baum ist für jeden Garten eine Bereicherung. Aber Arten mit breitem Wurzelgeflecht können auch Schäden anrichten, wenn die Wurzeln Abflußrohre kaputtmachen und Risse im Fundament des Hauses verursachen. In dieser Liste finden Sie attraktive Bäume, die nichts beschädigen können. Erkundigen Sie sich vor dem Kauf über die endgültige Höhe: Setzen Sie den Baum in gebührendem Abstand zum Haus, damit Sie ganz sicher sein können, daß die Wurzeln keine Schäden verursachen.

Ahorn (*Acer*)
Apfel (*Malus*) – Frühlingsblüher; im Herbst Früchte
Ätna-Ginster (*Genista aetnensis*) – Sommerblüher
Birne (*Pyrus*) – Frühlingsblüher; im Herbst Früchte
Eberesche (*Sorbus*)Frühlingsblüher; im Herbst Früchte
Haselnuß (*Corylus avellana*) – Frühlingsblüher

Wasserpflanzen

Verschiedene Wasserpflanzen wachsen in unterschiedlichen Tiefen.

Teichpflanzen, die mehr als 30 cm Tiefe benötigen

Seerose (*Nymphaea*) – Sommerblüher
Wasserähre (*Aponogeton distachos*) – Sommerblüher

Teichpflanzen, die in 5–30 cm Tiefe gedeihen

Dotterblume (*Caltha palustris*) – Sommerblüher
Goldkeule (*Orontium aquaticum*) – Sommerblüher
Japanische Sumpfiris (*Iris laevigata*) – Sommerblüher
Kalmus (*Acorus calamus*) – Sommerblüher
Kardinalslobelie (*Lobelia cardinalis*) – Sommerblüher
Kleiner Rohrkolben (*Typha minima*)
Sumpfschwertlilie (*Iris pseudacorus*) – Sommerblüher
Tausendblatt (*Myriophyllum aquaticum*)
Wassersalat (*Pistia stratiotes*)
Wasserschwaden (*Glyceria maxima*)
Zwergwasserlilie (*Nymphaea pygmaea*) – Sommerblüher

Pflanzen, die bevorzugt im Sumpfboden leben

Funkie (*Hosta*)
Gefleckter Aronstab (*Arum maculatum*) – Sommerblüher
Günsel (*Ajuga*) – Sommerblüher
Primel (*Primula*) – Sommerblüher
Salomonssiegel (*Polygonatum × hybridum*) – Sommerblüher
Straußfarn (*Matteuccia struthiopteris*)
Taglilie (*Hemerocallis*)

Register

A

B

C

U

V

W

Y

Z

Danksagung und Bildnachweis

Mein Dank gilt allen, die an der Entstehung dieses Buches beteiligt waren – besonders Ken Davis, ohne den dieses Buch nicht realisiert worden wäre, für seine Hilfe und seinen Rat; Liz Dobbs für ihren Beitrag zu dem Kapitel Praktisches Gärtnern und den Schritt-für-Schritt-Abbildungen; Phil Binks, Val Burton, Ruth Chivers, Anne de Verteuil und Andy Francis für ihren Einsatz bei den Schritt-für-Schritt-Fotos; Brian Mathew und Janet Swarbrick für die Überprüfung der Pflanzenfotos und der -nomenklatur; Marie Lorimer für die Erstellung des Registers; Hozelock Ltd. für die Bereitstellung der Gartenausrüstung und Stephen Morgen für die Pflege der Pflanzen. Sarah Hogget, Julia Ward-Hastelow, Alison Lee und Corinne Ashgar von Collins & Brown danke ich für ihren Einsatz und ihre Geduld.

Bildnachweis

Alle Photos in diesem Buch wurden von Sampson Lloyd, Geoff Dann und Mark Gatehouse für Collins & Brown aufgenommen, mit Ausnahme der folgenden:

Seite 1 Lynne Brotchie/The Garden Picture Library (GPL); Seite 2 Steven Wooster; Seite 5 Steven Wooster; Seite 6 unten links, Steven Wooster; Seite 7 oben links, oben rechts, Steven Wooster; Seiten 12–13 Steven Wooster; Seite 35 John Glover/GPL; Seite 36 Brian Carter/GPL, Chris Burrows/GPL, Nigel Francis/GPL, JS Sira/GPL; Seite 37 Holt Studios International (Nigel Cattlin), Holt Studios International (Nigel Cattlin), Neil Holmes/GPL, Neil Holmes/GPL, Holt Studios International (Nigel Cattlin); Seiten 44–45 Holt Studios International, Brian Carter/GPL; Seiten 52–53 Steven Wooster; Seiten 54–55 Steven Wooster; Seiten 56–57 1 Brian Carter/GPL, 2 Patrick Mason/Collins & Brown, 3 Andrew Lawson, 4 Chris Burrows/GPL; Seiten 58–59 1 Clive Nichols/Old Rectory, Berkshire, 2 John Glover/GPL, 3 Patrick Mason/Collins & Brown, 4 Chris Smith/Collins & Brown, 5 A-Z Botanical Collection/Neil Joy, 6 Harry Smith Collection; Seiten 60–61 1 J. S. Sira/GPL, 2 Patrick Mason/Collins & Brown, 3 Neil Holmes/GPL, 4 Harry Smith Collection; Seiten 62–63 1 Andrew Lawson, 2 Patrick Mason/Collins & Brown, 3 Patrick Mason/Collins & Brown, 4 Harry Smith Collection, 5 Howard Rice/GPL; Seiten 64–65 1 John Glover/GPL, 2 Harry Smith Collection, 3 Howard Rice, 4 Patrick Mason/Collins & Brown; Seiten 66–67 1 Harry Smith Collection, 2 Harry Smith Collection, 3 Patrick Mason/Collins & Brown, 4 David Russell/GPL; Seiten 68–69 1 Patrick Mason/Collins & Brown, 2 Brian Carter/GPL, 3 Harry Smith Collection; Seiten 70–71 Ron Sutherland/GPL; Seite 72 Steven Wooster; Seite 73 Steven Wooster, Neil Campbell-Sharp; Seiten 78–79 1 Patrick Mason/Collins & Brown, 2 Clive Nichols Garden Pictures, 3 Clive Nichols Garden Pictures, 4 Patrick Mason/Collins & Brown, 5 Andrew Lawson; Seiten 84–85 Steven Wooster; Seiten 86–87 Steven Wooster; Seiten 88–89 1 Neil Holmes/GPL, 2 Patrick Mason/Collins & Brown, 3 Patrick Mason/Collins & Brown, 4 Clive Nichols Garden Pictures; Seiten 90–91 1 Jacqui Hurst, 2 Clive Nichols Garden Pictures, 3 Andrew Lawson, 4 Brian Carter/GPL; Seiten 92–93 1 Howard Rice, 2 Patrick Mason/Collins & Brown, 3 Vaughan Fleming/GPL; Seiten 98–99 Steven Wooster; Seiten 100–101 Steven Wooster; Seiten 102–103 1 Patrick Mason/Collins & Brown, 2 Vaughan Fleming/GPL, 3 Sampson Lloyd/Collins & Brown; Seiten 104–105 1 Clive Nichols Garden Pictures, 2 Howard Rice/GPL, 3 Patrick Mason/Collins & Brown; Seiten 106–107 1 Steven Wooster, 2 Andrew Lawson, 3 Neil Holmes/GPL, 4 Patrick Mason/Collins & Brown; Seiten 108–109 1 Andrew Lawson, 2 Patrick Mason, 3 Patrick Mason/Collins & Brown; Seiten 110–111 1 Zara McCalmont/GPL, 2 Andrew Lawson; Seiten 112–113 Patrick Mason/Collins & Brown; Seiten 114–115 Patrick Mason/Collins & Brown; Seiten 116–117 1 Andrew Lawson, 2 Steven Wooster, 3 Howard Rice; Seiten 118–119 Steven Wooster; Seiten 120–121 Steven Wooster; Seiten 122–123 Steven Wooster; Seiten 124 –125 1 John Glover/GPL, 2 Robert Estall/GPL, 3 Harry Smith Collection, 4 Andrew Lawson, 5 Andrew Lawson, 6 Patrick Mason/Collins & Brown, 7 Chris Smith/Collins & Brown, 8 Patrick Mason/Collins & Brown; Seiten 126–127 1 Harry Smith Collection; Seiten 128–129 1 Harry Smith Collection, 2 Brian Carter/GPL, 3 A-Z Botanical Collection, 4 Harry Smith Collection; Seiten 130–131 1 Harry Smith Collection, 2 Chris Smith/Collins & Brown, 3 David Askhan/GPL, 4 Howard Rice/GPL, 5 Jacqui Hurst; Seiten 132–133 1 Patrick Mason/Collins & Brown, 2 Steven Wooster, 3 Andrew Lawson, 4 Howard Rice/GPL, 5 Patrick Mason/Collins & Brown 6 Patrick Mason/Collins & Brown, 7 Densey Clyne/GPL, 8 Chris Smith/Collins & Brown, 9 Patrick Mason/Collins & Brown; Seiten 134–135 1 Vaughan Fleming/GPL, 2 Andrew Lawson, 3 Clive Nichols/GPL, 4 Photos Horticultural, 5 Patrick Mason/Collins & Brown, 6 Howard Rice, 7 Andrew Lawson, 8 Chris Smith, 9 Clive Nichols; Seiten 136–137 Steven Wooster, Neil Campbell-Sharp; Seiten 138–139 1 Patrick Mason/Collins & Brown, 2 Christopher Fairweather/GPL, 3 Chris Burrows/GPL; Seiten 140–141 1 John Glover/GPL, 2 John Glover/GPL, 3 Andrew Lawson, 4 Steven Wooster, 5 John Glover/GPL, 6 Harry Smith Collection; Seiten 142–143 1 Clive Nichols/Dinmore Manor, Worcs, 2 Andrew Lawson, 3 Mayer/Le scanff/GPL, 4 Chris Smith/Collins & Brown, 5 Andrew Lawson, 6 Andrew Lawson, 7 Harry Smith Collection; Seiten 144–145 Steven Wooster; Seiten 146–147 Steven Wooster; Seiten 148–149 1 Jacqui Hurst, 2 Harry Smith Collection, 3 Andrew Lawson, 4 Jerry Pavia/GPL, 5 John Glover/GPL, 6 Harry Smith Collection, 7 Chris Smith/Collins & Brown, 8 Jacqui Hurst/GPL, 9 Juliette Wade/GPL; Seiten 150–151 1 John Glover/GPL, 2 Vaughan Fleming/GPL, 3 Patrick Mason/Collins & Brown, 4 John Glover/GPL, Photos Horticultural; Seiten 152–153 1 John Glover/GPL, 2 Juliette Wade/GPL, 3 Patrick Mason/Collins & Brown, 4 Andrew Lawson, 5 Harry Smith Collection; Seite 154 1 Sampson Lloyd, 2 Photos Horticultural, 3 Joan Dear/GPL; Seite 155 1 Harry Smith Collection, 2 Juliette Wade/GPL; Seiten 156–157 1 Harry Smith Collection, 2 Harry Smith Collection, 3 Patrick Mason/Collins & Brown, 4 Patrick Mason/Collins & Brown, 5 Steven Wooster; Seiten 158–159 Steven Wooster; Seiten 160–161 1 Didier Willery/GPL, 2 Jacqui Hurst/GPL, 3 Jacqui Hurst/GPL, 4 Michael Howes/GPL, 5 Geoff Dann/GPL; Seiten 162–163 1 Patrick Mason/Collins & Brown, 2 Jerry Piava/GPL, 3 Patrick Mason, 4 Harry Smith Collection; Seiten 164–165 1 Patrick Mason/Collins & Brown, 2 Harry Smith Collection, 3 Ron Sutherland/GPL, 4 Clive Boursnell/GPL, 5 Didier Willery/GPL, 6 Chris Smith/Collins & Brown, 7 Harry Smith Collection; Seiten 166–167 Steven Wooster; Seiten 168–169 1 Andrew Lawson, 2 Clive Nichols Garden Pictures, 3 Patrick Mason/Collins & Brown, 4 Steven Wooster, 5 Jacqui Hurst, 6 Didier Willery/GPL; Seiten 170–171 1 Steven Wooster, 2 Jacqui Hurst, 3 Harry Smith Collection, 4 Juliette Wade/GPL, 5 Steven Wooster/GPL, 6 Howard Rice/GPL, 7 Howard Rice/GPL, 8 Mayer/Le scanff/GPL, 9 Steven Wooster; Seiten 172–173 1 Steven Wooster, 2 Clive Nichols, 3 Steven Wooster, 4 Chris Smith; Seiten 174–175 Steven Wooster; Seiten 176–177 1 Jerry Pavia/GPL, 2 Howard Rice, 3 Andrew Lawson, 4 A-Z Botanical Collection/Peter Etchells, 5 Patrick Mason/Collins & Brown, 6 Harry Smith Collection, 7 Harry Smith Collection; Seiten 178–179 1 Steven Wooster/GPL, 2 Patrick Mason/Collins & Brown, 3 Patrick Mason/Collins & Brown, 4 Steven Wooster, 5 Jacqui Hurst; Seiten 180–181 1 Joan Dear/GPL, 2 Patrick Mason/Collins & Brown, 3 Clive Nichols Garden Pictures, 4 Andrew Lawson, 5 Steven Wooster

Es wurden alle Anstrengungen unternommen, bestehende Bildrechte sorgfältig zu recherchieren und zu honorieren. Sollten dennoch Unstimmigkeiten auftreten, setzen Sie sich bitte zur Klärung mit dem Verlag in Verbindung.